参与式语文教师培训资源

丛书主编 ○ 王荣生

"十二五"上海市重点图书

阅读教学教什么

主编 ◎ 王荣生
执行主编 ◎ 高　晶

华东师范大学出版社
·上海·

图书在版编目(CIP)数据

阅读教学教什么/王荣生主编.—上海:华东师范大学出版社,2016.4
(参与式语文教师培训资源)
ISBN 978-7-5675-5072-8

Ⅰ.①阅… Ⅱ.①王… Ⅲ.①阅读课-教学研究-中小学-师资培训-教材 Ⅳ.①G633.332

中国版本图书馆 CIP 数据核字(2016)第 081961 号

参与式语文教师培训资源

阅读教学教什么

主　　编　王荣生
执行主编　高　晶
责任编辑　吴海红
责任校对　胡　静
装帧设计　卢晓红

出版发行　华东师范大学出版社
社　　址　上海市中山北路 3663 号　邮编 200062
网　　址　www.ecnupress.com.cn
电　　话　021-60821666　行政传真 021-62572105
客服电话　021-62865537　门市(邮购)电话 021-62869887
地　　址　上海市中山北路 3663 号华东师范大学校内先锋路口
网　　店　http://hdsdcbs.tmall.com

印刷者　常熟高专印刷有限公司
开　　本　787毫米×1092毫米　1/16
印　　张　17
字　　数　280 千字
版　　次　2016 年 8 月第 1 版
印　　次　2025 年 6 月第 21 次
书　　号　ISBN 978-7-5675-5072-8
定　　价　49.00 元

出版人　王　焰

(如发现本版图书有印订质量问题,请寄回本社客服中心调换或电话 021-62865537 联系)

参与式语文教师培训资源编委会

王荣生　徐雄伟　李海林　郑桂华　吴忠豪　高　晶　夏　天
李冲锋　陈隆升　邓　彤　童志斌　步　进　李　重　申宣成

主题学习工作坊授课专家

于　漪　　当代语文教育家，曾任上海市教科文卫委员会副主任
张民选　　上海师范大学原校长，研究员，博士生导师
钟启泉　　华东师范大学终身教授，博士生导师
崔允漷　　华东师范大学课程与教学研究所所长，教授，博士生导师
方智范　　华东师范大学教授，博士生导师
倪文锦　　杭州师范大学教授，博士生导师
黄灵庚　　浙江师范大学教授，博士生导师
王栋生　　南京师范大学附属中学教师，特级教师，教授级高级教师
程红兵　　广东省深圳市明德实验学校校长，特级教师，教育部"国培计划"专家库专家
陈　军　　上海市市北中学校长，特级教师，教育部"国培计划"专家库专家
谭轶斌　　上海市教委教研室副主任，特级教师，教育部"国培计划"专家库专家
褚树荣　　浙江省宁波市教育局教研室教研员，特级教师，教授级高级教师
宋冬生　　合肥师范学院副教授，教育部"国培计划"专家库专家
邓　彤　　上海市黄浦区教育学院教研员，特级教师，教育部"国培计划"专家库专家
倪文尖　　华东师范大学副教授
童志斌　　浙江师范大学副教授
叶黎明　　杭州师范大学副教授
申宣成　　河南省基础教育教学研究室教研员
陈隆升　　台州学院副教授
周子房　　上海知明教育信息咨询有限公司教学总指导
杨文虎　　上海师范大学教授，博士生导师
谢利民　　上海师范大学学科教育研究所所长，教授，博士生导师
李海林　　上海新纪元双语学校校长，教育部"国培计划"专家库专家

郑桂华　上海师范大学教授,教育部"国培计划"专家库专家
吴忠豪　上海师范大学教授,教育部"国培计划"专家库专家
王荣生　上海师范大学教授,博士生导师,教育部"国培计划"专家库专家

课例研究工作坊执教教师和提供案例教师

钱梦龙　著名语文教学专家
郑桂华　上海师范大学教授
李海林　上海新纪元双语学校校长,教育部"国培计划"专家库专家
黄厚江　江苏省苏州中学教师,特级教师,教授级高级教师
曹勇军　江苏省南京市第十三中学教师,特级教师,教授级高级教师
马　骉　上海市虹口区教育学院副院长,特级教师
朱震国　上海市杨浦高级中学教师,特级教师
薛法根　江苏省吴江市盛泽实验学校校长,特级教师
王崧舟　杭州师范大学教授
岳乃红　江苏省扬州市维扬实验小学副校长,特级教师
蒋军晶　浙江省杭州市天长小学副校长,特级教师
茹茉莉　浙江省嵊州市城南小学校长,特级教师
周益民　江苏省南京市琅琊路小学教师,特级教师
邓　彤　上海市黄浦区教育学院教研员,特级教师
张广录　上海市浦东新区教育发展研究院教研员,高级教师
童志斌　浙江师范大学副教授
季　丰　浙江省富阳中学教师,高级教师
任富强　浙江省慈溪市慈中书院校长,特级教师
周子房　上海知明教育信息咨询有限公司教学总指导
申宣成　河南省基础教育教学研究室教研员
荣维东　西南大学副教授
郭家海　江苏省常州高级中学教师,特级教师
袁湛江　浙江省宁波市万里国际学校校长,特级教师
邓玉琳　广东省深圳市南山实验学校教师,高级教师

李金英　辽宁省鞍山市铁西区共同小学教师,高级教师
范景玲　河南省商丘市民权县程庄镇一中教师,中学一级教师
刘学勤　河南省商丘市民权县实验中学教师,高级教师

共同备课工作坊合作专家

王荣生　博士,上海师范大学教授
高　晶　博士,上海师范大学讲师
李冲锋　博士,中国浦东干部学院副教授,博士后
胡根林　博士,上海市浦东新区教育发展研究院教研员
陈隆升　博士,台州学院副教授
袁　彬　博士,南通大学副教授
于　龙　博士,上海师范大学副教授
李　重　博士,上海师范大学副教授
申宣成　博士,河南省基础教育教学研究室教研员
周子房　博士,上海知明教育信息咨询有限公司教学总指导
陆　平　博士,南通大学副教授
步　进　博士,江苏师范大学副教授
周　周　博士,贵州师范学院讲师
邓　彤　博士,上海市黄埔区教育学院教研员,特级教师
童志斌　博士,浙江师范大学副教授
孙慧玲　博士,上海市闵行区教科所教师,博士后
代顺丽　博士,闽南师范大学副教授,博士后
王从华　博士,赣南师范学院副教授,博士后

前 言

一年多前,"参与式语文教师培训资源"丛书启动,在第一次编务会,我就想好了丛书前言的第一句话:

这是值得你慢慢读的书,这是需要你用笔来读的书。

当我说出这一句话时,编务会的同伴们一致称好,因为这句话贴切地体现出这套"参与式语文教师培训资源"的特色。

这是值得你慢慢读的书

这是一套"语文教师培训资源"系列丛书,是在语文骨干教师培训实践中逐渐积累的优质课程资源。

从 2010 年起,"上海师范大学语文课程研究基地"承担教育部"国培计划"示范性集中培训项目,凭借强大的专业团队和积极投入的事业心,成为"国培计划"实施中语文学科的引领性标杆。

"上海师范大学语文课程研究基地"有四位教授入选"国培计划"专家库专家,2010—2013 年,承担的教育部"国培计划"示范性集中培训项目 30 个班,涵盖语文学科的所有子项目,培训了来自全国各地师范院校、教师进修学校、教研室和中小学的培训者和骨干教师 1500 多名。

"国培计划"2010 示范性集中培训项目
　　——中小学骨干教师研修项目(高中语文)50 人
　　——中小学骨干教师研修项目(小学语文)150 人

"国培计划"2011 示范性集中培训项目
　　——中小学骨干教师研修项目(高中语文)100 人
　　——中小学骨干教师研修项目(小学语文)100 人
　　——(云南省)中西部教师培训项目(初中语文)100 人

"国培计划"2012 示范性集中培训项目
　　——培训者团队研修项目(语文)50 人
　　——免费师范毕业生培训项目(语文)150 人
　　——中小学骨干教师研修项目(高中语文教研员)50 人
　　——中小学骨干教师研修项目(高中语文教师)50 人
　　——中小学骨干教师研修项目(初中语文)50 人
　　——中小学骨干教师研修项目(初中语文教研员)50 人
　　——中小学骨干教师研修项目(初中语文教师)50 人
　　——中小学骨干教师研修项目(小学语文教研员)100 人
　　——中小学骨干教师研修项目(小学语文教师)100 人

"国培计划"2013 示范性集中培训项目
　　——培训者团队研修项目(语文)50 人
　　——中小学骨干教师研修项目(高中语文教研员)50 人
　　——中小学骨干教师研修项目(高中语文优秀教师)50 人
　　——中小学骨干教师研修项目(初中语文教研员)50 人
　　——中小学骨干教师研修项目(小学语文教研员)50 人
　　——骨干教师高端研修项目(小学语文)108 人
　　——(重庆市)小学语文骨干教师异地研修培训项目 50 人

这套丛书,立足于"上海师范大学语文课程研究基地"培训专家近年的研究成果,取材于上海师范大学2010—2013年所承担的教育部"国培计划"示范性集中培训项目的系列培训课程。

该系列课程聚焦"新课程实施中语文教学的有效性"这一主题,针对"教学内容的合宜性"和"教学设计的有效性"这两个核心问题。研修课程由三个互补的"工作坊"组成:

```
                    主题学习工作坊

    共同备课工作坊              课例研究工作坊
```

主题学习工作坊:体现专业引领。安排有教育研究者"专家报告",语文教育研究者"专家视角",语文课程与教学的博士和博士研究生"博士论坛",以及课堂的互动交流。

共同备课工作坊:合作专家、参与学校和研修学员共同开展教学研究活动。与一线语文教师共同备课的"沉浸式体验",教研员和优秀教师的"交流与分享",按"散文阅读教学"、"小说阅读教学"、"文言文和古诗文教学"、"写作教学"、"语文综合性学习"和"高中语文选修课教学"等专题展开。

课例研究工作坊:专家教师和实践探索者的"教学示例与研讨"。研究者与一线教师的多重对话:"从教学内容角度观课评教",侧重在教学内容的合宜性;"以学的活动为基点的课堂教学",侧重在教学设计的有效性。

上述三个工作坊,由"主题学习"引领,"共同备课"和"课例研究"为双翼,相辅相成。"课例研究工作坊"与"共同备课工作坊"呼应互补,平行进行(有个别分册因主题的缘故,只包括上述一或两个工作坊)。

2013年,征得授课专家的同意,我们着手编撰这一套"语文教师培训资源",把实施"国培计划"的课程录像、录音,转录成文字,并加以精选、整理,以供广大中小学语文教师共享。

丛书有如下 8 本：

《语文教师专业发展十四讲》　　执行主编　李　重　博士
《阅读教学教什么》　　　　　　执行主编　高　晶　博士
《散文教学教什么》　　　　　　执行主编　步　进　博士
《小说教学教什么》　　　　　　执行主编　李冲锋　博士
《实用文教学教什么》　　　　　执行主编　陈隆升　博士
《文言文教学教什么》　　　　　执行主编　童志斌　博士
《写作教学教什么》　　　　　　执行主编　邓　彤　博士
《语文综合性学习教什么》　　　执行主编　申宣成　博士

这是需要你用笔来读的书

这是一套"参与式语文教师培训资源"，你不仅是读这些文字、知道一些信息，你必须参与其中，就像是培训中的一员。

如何将培训现场的情境性元素，在纸质的书上加以体现？这是我们在编撰丛书时着重要解决的问题，也是这套丛书有别于其他同类书籍的一个亮点。

在这套书中，在不同板块，你会碰到不同的人，他们是不同的角色。

首先是授课专家。在"主题学习工作坊"，你会看到专家的授课实录。其中"专家报告"，编入《语文教师专业发展十四讲》；"专家视角"，就是每一分册的"主题学习工作坊"的学习内容。在"课例研究工作坊"，你会看到授课的专家教师以及他们的研究课实录，还有在教学现场及丛书编撰过程中提供教学案例的老师及他们在实践探索中形成的教学案例。

其次，你会遇到培训现场的老师，你的同行，或许是同事。他们聆听专家的讲座，观摩授课教师的研究课，他们思考着，边听边做笔记，他们发表自己的见解，提出自己的疑问，与专家交流互动。在"共同备课工作坊"，他们与合作专家一起，讨论一篇课文的教学内容，反思自己对语文教学的理解，交流和分享教学经验，也会流露在教学实践中遭遇的困难和疑惑。

在"共同备课工作坊"，你会见到一些备课合作专家，他们是上海师范大学和华东师范大学的博士，有四位还是博士后。在进入备课教室之前，备课专家组已经对课文做了充分的研讨，但他们清楚地知道自己的职责：备课合作专家，并不是比语文教师高明的人,他们只是在与语文教师共同备课时,提供一个可能有别于教师的视角,以启发参与备课的教师以新的眼光来对待备课的课文。备课合作专家所做的工作主要是两项:第一项,问"为什么呢?"通常备课伊始,教师们对一篇课文教什么,会有不同的经验和见解,但这些经验和见解很少经过反思。张老师说,应该教这个;李老师说,应该教那个。这时,备课合作专家就会行使职责,他会问,往往是追问:"为什么呢?"也就是专业的理据,在追问和进一步研讨中,促使教师反思自己的经验和见解。第二项,提议"这么看,行不行呢?"当备课的教师陷入"常规思维"时——往往是被不合适的教学习俗所钳制,或者当备课的教师们争执不下、陷入僵局时,备课合作专家就会基于他们事先对课文的研讨,提出思考和解决问题的思路,引导教师从一个新的方向、换一种新的眼光来看待这篇课文,去选择合宜的教学内容。

是的,你一定意识到了:共同备课,并不是追求一篇课文的"最佳设计"。事实上,在"国培计划"实施中的"共同备课",尤其第一次"共同备课工作坊",往往是一个半天过去,备课小组对这篇课文"教什么"、"怎么教"还没理出头绪来。"共同备课工作坊"的目的,是促使教师反思自己的经验,是希望教师尝试着运用"主题学习工作坊"所学的理论。因此,"共同备课"的成效,主要表现在备课教师经验的获得上:(1)哦,原来我这样做,是不对的!(2)哦,教学内容原来是这么来的!

显然,在"共同备课工作坊",如果你把自己当"旁观者",如果你只是被动地追随书中的文字,如果你读了以后只是知道了张老师说过什么、李老师说过什么,以及备课合作专家说了什么,那么,你将毫无所获,或不得要领,或买椟还珠。

你必须把自己当备课小组中的一员:你应该事先熟悉课文并进行教学设计的尝试,或在看书时带上你的教案(如果你原来上过这篇课文的话);你要发表自己的见解,对别人的发言你要作出回应;当备课合作专家问"为什么呢?"你要回答问题;当备课合作专家说"这么看,行不行呢?"你要回味你这时的心理反应。

不但是"共同备课工作坊",在"主题学习工作坊",在"课例研究工作坊",如果你只是知道了某位专家说过什么,只是知道了某位授课教师的课是这样的,这就没有把握住要点,因而也不会有什么用。要点在于:专家这么说,对你、对你的教学,意味着什么?要点在于:授课教师这篇课文教这些,为什么呢?道理何在?或没有教那些(如果你过去恰好在教那些),为什么呢?道理何在?

语文教师是专业人员。什么是"专业人员"?专业人员就是依据专业知识行事的人。培训不是听某位专家一个讲座,听另一位专家一个讲座,看一个专家教师的课,看另一个专家教师的课;培训的目的不在这些。培训的目的,是发展自己的专业知识和专业能力。而这,需要参与培训的人去明白道理,去探寻学理,去改善自己的学科教学知识,从而改善教学,惠及学生。

显然,读这套书,你必须始终"在场",就像自己在培训现场。拿起笔,你将经历的,是学术性的阅读。

这对你可能有些难。于是,"参与式语文教师培训资源"最重要的人物出场了。

他就是你读的这本书的"执行主编"。在你拿起笔阅读的时候,他陪伴着你。他会告诉你,在听讲座之前、在观摩授课教师的课之前,在进入共同备课之前,你需要做什么;他会提醒你,在阅读过程中什么地方你应该停下来,想一想;他还会要求你,在听讲座、观摩课、共同备课,以及读完这些文字以后,你还需要做什么。

请你按照"执行主编"的提示,展开这套丛书的阅读。

因此,在展开书阅读之前,你有必要了解书的编排方式:

1. "主题学习工作坊"编排方式

【专家简介】

【热身活动】相当于预习作业。引导读者联系自己的教学实践,进入后续的学习。

【学习目标】指明通过这一主题报告的学习,教师能解决语文教学中的什么问题,谋求语文教学哪些方面的改善。

【讲座正文】用序号和小标题,使讲座正文更具条理。用双色,凸显讲座正文的重点内容,尤其是在讲座正文的学习中需要关注的地方。

【要点提炼】"要点提炼"用方框呈现。"要点提炼"起辅导员的功能:梳理讲座的内容条理,提炼正文中的关键语句。对正文中说得较为复杂的,予以归纳;理解正文需要某些背景的,介绍相应的背景资料;有些内容在正文中可能没有展开,加以解释和延展;有些地方讲座者未必直接点明结论,逻辑地引申出结论。

【反思】聚焦主题讲座的内容对改善语文教学的意义。相应设计反思活动,引导教师在反思的过程中,把讲座的内容与自己的教学实践勾联起来,思考如何改善语文教学。反思活动的设计,有三个要素:(1)明确反思的点;(2)提供反思的支架;(3)对反思的成果形式提出具体要求。

讲座正文	要点提炼	学习笔记(「我」的思考和反思)（提供样例供研修教师参考）
讲座正文	要点提炼	
讲座正文	要点提炼	

【要点评议】执行主编对主题报告的评议。执行主编相当于这场主题报告的评论员:指出报告的内容对改善语文教学的意义;必要时,围绕某一要点做较深入的讨论,或做进一步的解释。

【资源链接】提供进一步研究该主题的学习参考书目。

【后续学习活动】结合讲座的内容,联系教学实践,用"任务1—任务2—任务3"的形式,列出需要完成的作业,并提供支架和相关资料。

2. "共同备课工作坊"编排方式

【教学现状描述】(1)课文介绍;(2)评价性地描述这篇课文的教学现状;(3)解释为什么要选这篇文章进行共同备课,并指明通过这次共同备课着重要解决的问题(用正标题呈现出来)。

【热身活动】尽可能让读这本书的教师也能够进入这篇课文的备课状态。

【备课进程】叙述+实录。对共同备课的进程加以切割,使用小标题使其条理化。正文的紧要处,用专色加以突出。执行主编相当于备课过程的讲解员:描述备课的过程,解说现场的实况,用方框和云图帮助理解备课过程中所涉及的问题,以及参与备课教师的实践性知识反思和转变的表现。

【要点评议】执行主编对这次共同备课的评议。围绕共同备课所涉及的问题,凸显备课过程中需要教师明了的"学理":这篇课文的教学目标和教学内容应该是什么?为什么?或不应该是什么?道理何在?要点评议,也包括对共同备课的行为进行评议,分两个方面:(1)对合作专家的行为予以解释;(2)对参与备课教师的行为状态作出判断。

【反思】引导参与式阅读,随着共同备课的进程,指引教师反思自己的学科教学知识(PCK):在日常教学中自己是怎么备课的?这篇课文原来是如何教学的?教学目标和教学内容该如何确定?教学环节的依据什么?等等。

备课进程

要点评议

备课进程

要点评议

备课进程

要点评议

参与性意见和评论（"我"的见解及启发）
（提供样例供研修教师参考）

【问题研讨】聚焦在这类教学的道理。重点是教学目标的确定，教学内容的选择和教学环节的组织。

【后续学习活动】用"任务1—任务2—任务3"的形式：(1)提供一篇新的课文及该课文教学现状介绍。(2)建议研修教师（备课组）按共同备课样式备课讨论。(3)形成共同备课成果（教案）。(4)进行试教和研讨。(5)撰写备课反思。

3. "课例研究工作坊"编排方式

执教教师简介

【课例导读】(1)介绍课文，包括版本和年级；(2)介绍这类课文的教学现状，指出这类课文在教学中容易出现的问题；(3)指明通过课例学习，要解决什么问题。

【热身活动】相当于预习作业。引导读者联系自己的教学实践,进入后续的学习。

【教学实录/实施过程】用小标题梳理教学环节。正文中的重要部分,尤其是随后将要讨论的点,用专色凸显出来。执行主编相当于这堂课的观察员:解说这堂课的教学目标和教学内容;解释教学环节的意图和效果;指出教师指导的关键处和学生重要的回答;用方框和云图提示教师看明白这堂课的紧要处。云图,提醒听课教师的注意点。方框,是"要点提炼"。

【反思】反思是自己经验的打开。反思内容包括两部分:对照课例,对如何确定教学目标和教学内容的反思;对应该如何听评课的反思。

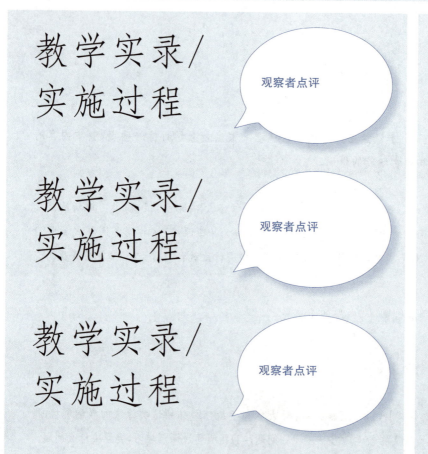

【要点评议】执行主编对这堂课的评议。指明这堂课所阐发的道理,这些道理教师在课例中未必能看出来。

【问题研讨】落到这一类教学上,重点是教学目标的确定,教学内容的选择和教学环节的组织。

【资源链接】按照学习的主题,提供进一步研究的资源目录。

【后续学习活动】结合课例学习,联系教学实践,用"任务1—任务2—任务3"的形式,列出需要完成的作业,并提供支架和相关资料。

"参与式语文教师培训资源"丛书,得到各方面的支持,在此一并表示感谢。

感谢上海师范大学领导和教育学院领导的支持。上海师范大学实施"国培计划"示范性集中培训项目,丛玉豪副校长任项目负责人,部门负责人是教育学院陈永明院长、夏惠贤院长、徐雄伟副院长。因为培训经费全部用于教学,才能使我们的培训保持较高水准。

感谢历年应允承担上海师范大学"国培计划"的授课专家、教学专家,是专家的智慧和才华,创造了这些优质课程资源。

感谢参与上海师范大学"国培计划"培训的1500多名老师。正是你们在培训中取得的成效、你们的肯定和鼓励,使我们看到了自己工作的价值,从而有信心编撰这套语文教师培训资源丛书。

感谢华东师范大学出版社。丛书启动伊始,王焰社长、高教分社翁春敏社长等领导就对这套丛书寄予厚望,积极筹划申报"'十二五'上海市重点图书"。吴海红编辑数次全程参与编委会的编写会议,对丛书的内容和版式提供了很好的建议。

感谢我们的团队。"上海师范大学语文课程研究基地",不仅是一所学校的一个研究机构,它聚集着一批有追求、有担当的志同道合的校内外同仁,其中有一群视语文课程与教学研究为安身立命的博士们。正是这一股生机勃勃的力量,使我们有资本去成就响当当的事业。

王荣生

2014年8月2日

目　录

主题学习工作坊 / 1

- 阅读教学研究的新进展 / 3
- 文本的教学解读及其要领 / 34
- 教学内容的选择与教学环节的组织 / 54
- 阅读教学的三个层面 / 69

共同备课工作坊 / 83

- 语文教师学科教学知识的状态
  ——《黄山奇松》共同备课的启示 / 85
- 体式：文本内容和形式交涉处
  ——《花脸》共同备课的启示 / 105
- 教语言：从特点的概括转向对情感的体验
  ——《端午的鸭蛋》共同备课的启示 / 134
- 在阅读中学习写作是怎么回事
  ——《回忆鲁迅先生》共同备课的启示 / 153

课例研究工作坊 / 175

- 小学低段阅读教学中的识字写字
    ——茹茉莉《小猴子下山》课堂教学研讨 / 177
- 阅读教学设计的关键：在关键语词上"大"做文章
    ——周益民《一起看声音》课堂教学研讨 / 197
- 教师教学改善的关键迹象
    ——《陋室铭》课堂教学研讨 / 221
- 经典的细节魅力
    ——《孔乙己》课堂教学研讨 / 239

主题学习
工作坊

阅读教学研究的新进展

专家简介

王荣生，文学硕士、教育学博士。研究方向：语文课程与教学论，语文教师专业发展。现为上海师范大学教育学院教授、博士生导师，上海师范大学语文课程研究基地负责人。著有《语文科课程论基础》(教育科学出版社)、《语文课程内容与教学内容》(教育科学出版社)、《语文教学内容重构》(上海教育出版社)、《听王荣生教授评课》(华东师范大学出版社)、《求索与创生：语文教育理论实践的汇流》(山东教育出版社)、《阅读教学设计的要诀》(中国轻工业出版社)等。

热身活动

阅读本专题之前，请你完成以下任务：

1. 阅读理论性较强的文章时需要区分日常情境中所使用的词语和作为研究概念的词语。你能说说它们之间的区别吗？

_____

_____

2. 阅读研究性文章中的概念，你认为应该采用以下哪种态度？(　　)

A. 利用自己原有的经验和认识，理解并解释词语的意义。

B．理解研究性论文中对概念的解释，修正自己的认识。

学习目标

通过本专题的学习，你能够：
1. 澄清阅读教学的关键概念。
2. 明确阅读教学的基本路径。
3. 了解阅读教学的设计理路。

讲座正文

今天我讲座的题目是，阅读教学研究的新路径。

我想要讲的第一个话题是阅读教学中的几个基本概念。我认为这对阅读教学和阅读教学的研究都重要。阅读教学中的一些概念，大家虽然都耳熟能详，但是，长期以来，由于定位不准确、不清晰，造成我们在研究和实践中的很多混淆。因此，今天的讲座，首先就是对基本概念进行澄清。

一、对阅读教学的基本认识

对阅读教学的基本认识，要讨论五组基本概念。第一组概念是阅读与理解，第二组概念是阅读能力，第三组概念是阅读取向与阅读方法，第四组概念是阅读方法与文本体式，第五组概念是文学鉴赏与实用文章阅读。

（一）阅读与理解

我们每天都在阅读，都在开展阅读教学，但其内涵我们不一定很清晰。

什么是阅读理解？阅读的核心是理解，这是阅读心理学研究和阅读领域研究的一个共识。正如阅读研究专家詹森所指出的："阅读和理解之间的区别仅仅是语义上的区别，因为没有理解，阅读就只是在追随书页上的记号。"所以，我们讲的"阅读"，其实质就是"阅读理解"。学习阅读，实质是学习如何理解语篇，即如何与文本对话。

研究阅读教学要聚焦其核心——"理解"。这里"理解"的含义，既包含心理学意义上的，偏向于理性部分，也包含我们语文教学中所讲的感受和体会。

我用图1先解释**什么是"阅读"**。

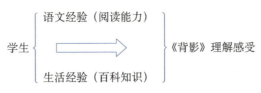

图 1　阅读活动示意图

先解释括号外面的部分。一个是阅读主体,语文教学中指的就是学生。一个是阅读对象,就是学生读到的一篇一篇课文,比如我这里选了一篇大家非常熟悉的《背影》。简单地说,阅读,就是一个学生阅读一篇课文,产生了他的理解与感受。

因此,讨论阅读和阅读教学,必须同时关联两个要点——阅读主体和阅读对象,也就是"谁在读"和"读什么"。"谁在读",是初中的学生还是小学的学生,小学的学生是三年级的学生还是五年级的学生。"读什么",是一篇散文,还是一首儿歌,还是一篇小说。阅读教学的过程中,阅读主体和阅读对象的变化,都势必导致教学内容的变化。

再解释括号里面的内容。括号内就是阅读活动在头脑中所发生的事情。学生在头脑中"理解",要凭着两种经验。一是生活经验,就是社会生活中的百科知识。比如小学生读不懂一篇物理的材料,初中学了物理之后再读这个材料可能就会读懂。这是阅读主体的百科知识丰富了,阅历增长了。另一个是语文经验,对阅读来说,就是阅读能力。学生凭着他原有的阅读能力来理解与感受这篇课文,产生自己的理解和感受。

关于阅读过程中"理解"的含义,现在的研究主要是来源于海外阅读心理学(包括香港地区)的成果。

综合心理学的研究,阅读理解的过程大致可以描述为:[①]

> 【要点提炼】1. 阅读的核心是理解,"阅读",其实质就是指"阅读理解"。
>
> 2. 学习阅读,其实质是学习如何理解语篇。
>
> 3. 阅读,就是一个学生阅读一篇课文,产生了他的理解与感受。
>
> 4. 讨论阅读和阅读教学,必须同时关联阅读主体和阅读对象,即"谁在读"和"读什么"。
>
> 5. 学生在头脑中"理解",要凭着两种经验:一是生活经验,二是语文经验。

---

① 参考谢锡金,等.儿童阅读能力进展——香港与国际比较[M].香港:香港大学出版社,2005:21.

◎ 字词辨识,句子处理,读者把握语篇的字面讯息。

◎ 读者根据语篇的字面讯息,推论字里行间没有明言的隐含讯息。

◎ 连贯篇章和建立语篇结构,使语篇衔接并连贯成为一个可理解的整体。

◎ 读者把所理解的内容与自己的生活经验对照与结合,扩展和丰富对世界的认识,进而对语篇进行评价。

目前,心理学对阅读过程的概括,这是最清楚的一种。我将其转化成图2再来解释一下。阅读过程中的"理解"实际上包含着"解码"和"解释"这两个互为关联的领域。

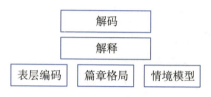

图2 阅读过程中的理解

第一层"解码",即认字识词,建立符号和语义的链接。比如:"亲爱的,你放在冰箱里的两颗葡萄,我把它吃了。"理解这句话就必须认识"冰箱"、"葡萄"这些字,必须知道"冰箱"、"葡萄"所指代的事物。如果不了解这些字词的指代,就要借助于上下文加以推论:"葡萄"是食物,"冰箱"是放食物的地方。这就进入"解释",即理解语句和语篇的意义。

理解字面的意思其实也包含"解释"的部分。比如,药盒的说明书或者医院的体检报告中的有些数据,医生看得明白,我们不理解。这就是"解码"的问题。

第二层"解释"。从"解释"的角度,大致可以将"理解"分为三种状态。

① 表层编码:能够理解语篇中的表层信息,能够复述语篇中的文字和语句。比如学生课堂抄笔记,考试背笔记,这种学习状态就处于理解的表层编码状态。我讲的语文教学中"阅读的低层次理解",主要就是指"理解"的这一状态。

② 篇章格局:是对语篇进行文意的理解。对于稍长的语篇,能够积句义成段义,联系段义归纳为语篇意义。对同一语篇,不同的读者应该能够读出一致的篇章格局。

③ 情境模型:是语篇的命题表征与读者原有的知识结构和生活经验相关联,经推论而形成的关于语篇内容的心理表征。

不同的读者阅读同一篇文章,根据各自知识结构和生活经验建构出不尽相同的意义。"情境模型",相当于个人化的篇章格局。比如,上述便条就有多种可能的理解:

或许是告知葡萄的去向;或许是对其冒失行为表示道歉;或许是借此增进彼此的情感;或许只是开一个幽默的玩笑。上述种种理解,在语境未确定的情况下都能成立。

"表层编码"、"篇章格局"和"情境模型",是"阅读理解"结果的三种表征,揭示出"为阅读而阅读"和"从阅读中学习"这两种阅读观的实质性差别。

"为阅读而阅读",只满足于"篇章格局",甚至停留在"表层编码"。有些学生能强记资料,但却对熟记的资料毫不明白。有些学生似乎能理解文意,能复述、转述、概括,或者还能延伸到课文的思想教育意义,比如高尚品德、奋发精神等等,但却未能建立"情境模型"。光有连贯的"篇章格局"不足以促进"从阅读中学习",读者还必须尽可能地将篇章的表达与自己已有的知识联系起来,建立情境模型,这样才能保证学习的发生。

【要点评议】

前一部分的关键是,阅读的核心是理解。阅读行为的主体是学生,学生凭着生活经验和语文经验阅读一篇课文,产生了他的理解与感受。那么,学生通过自己的阅读活动,产生了理解与感受,是否意味着阅读就不需要教学了?也就是说,阅读教学的意义何在?

这一部分,从心理学的角度,将"理解"区分出了三种状态,即"阅读理解"结果的三种表征。这实际为我们讨论阅读教学提供了前提。区分"理解"状态,对阅读教学的意义在于,明确了有效的阅读教学的评价标准——学生在教学前、后"理解"状态的改进和"阅读理解"结果的改善。

讲座中提到的"低层次的阅读理解"和"高层次的阅读理解","为阅读而阅读"和"从阅读中学习"这两组相对的表述,都是为了帮助我们区分并聚焦阅读教学的关键区域。

"表层编码"、"篇章格局"和"情境模型",似乎也可以看成是理解语篇的三个心理表征阶段。良好的读者,通过"表层编码"建立"篇章格局",在理解语篇命题的基础上建构"情境模型"。一般的读者,或者未能建立"篇章结构",将语篇看作散乱语句的堆积,或"好词好句"的集锦;或者跳过"篇章结构",把所读的东西强行拉入自己原有的知识和经验,以"疑邻窃斧"的姿态,径直以"情境模式"解读"表层编码"。尤其是在阅读与自己的思想和文化观念相冲突的文章时,更是"感情预先介入",甚至连"表层编码"

都置之度外。

> 【反思】
> 　　所谓"走向高层次的阅读理解",是指阅读教学是要促进学生的"理解"到达哪个层次?
> ＿＿＿＿＿＿＿＿＿＿＿＿＿＿＿＿＿＿＿＿＿＿＿＿＿＿＿＿＿
> ＿＿＿＿＿＿＿＿＿＿＿＿＿＿＿＿＿＿＿＿＿＿＿＿＿＿＿＿＿

以上的梳理告诉我们,"理解"有三个层次:

第一个层次叫表面理解,也就是字面理解。我想,大家应该有这种的经验:大学学了很多科目,有些就是字面理解。比如,我问你"什么是哲学",你会回答"哲学是世界观和方法论"。你看,虽然能复述,其实你并不理解这句话说了什么。所谓哲学是世界观和方法论,也就是说它是我们看待生活、看待社会、看待人的一种眼光和一种方式方法。简单地说,哲学就是处理事情的一种方式方法。

如果能用自己的语言解释,"理解"的状态就已经到**第二个层次:篇章结构的理解。**在这个层次,学生的"理解"不只是死记硬背,而是对自己读到的材料能够从整体上作解释。

第三个层次,读者能够结合社会经验对所读到的材料有深刻的、自己的理解。
我举个例子,散文《明天不封阳台》。

因为家住得比较高,"我"想把阳台封起来,也已经联系好了装修队。今天,儿子去阳台一看,原来阳台有个旧家具,里面不知道怎么会有个鸽子,鸽子正在孵蛋。孩子产生恻隐之心,试探性地问:"爸爸,你真要封阳台吗?"想了很多,如果今天封阳台了,这些鸽子就不能住下去了,想到人和自然等等。最后,明天暂时不封阳台。

课堂上,老师请同学们快速阅读课文,找到这篇课文的线索。其实,找到一篇散文的线索是很难的。但是,我们的学生"训练有素",班级里面总有聪明的学生,说不定班级里某个学生课前还看过教参。而且,我们的语文课上,只要有一个学生找到了,老师就认为全体学生都找到了。这节课,老师问题问完,就有学生马上举手回答:明天要封阳台——明天要封阳台吗——明天暂时不封阳台。

学生找到了线索之后,老师又问,这篇课文写了鸽子的哪些方面呢?学生又去课文里找鸽子,然后你找一点,我找一点。老师不断追问,还有哪里啊?学生一听就明白,老师是要我们继续找。这节课,老师不停追问,到最后学生实在是找不到了。不过,有个学生很聪明,回答说,老师,还有对话描写。这一点,老师也没想到,对话描写在哪里啊?他说,这个鸽子"咕咕"叫了两下。有冒号,有引号,是对话啊。

这就是我们目前阅读教学的现状,学生根据教师的指令在课文里找表面的信息。从小学到中学,情况都差不多,阅读教学都停留在第一层的表层信息,这是"理解"的最低水平。我最近的研究结论是,阅读教学不能仅仅满足于表层的信息,要走向高层次的理解。高层次的阅读理解,指的就是"理解"的第二层次和第三层次。

(二)阅读能力

根据以上对"阅读和阅读理解"含义的分析,阅读能力至少包括三个部分。一是需要具备认识字词和理解语句这样的解码能力。二是需要具备相应的背景知识,比如说百科知识和生活经验。三是需要掌握阅读能力的核心——阅读方法。

阅读能力,大致相当于阅读方法,即关于"如何阅读"的方法。这句话其实也不是我说的,叶圣陶早年虽然不是用科学的研究方法,但凭着对语文教学的理解和认识说得非常明白。他说:"国文教学有它的根本任务,就是阅读和写作的训练。"注意,"训练"是当时背景下用的词,其含义是:"第一,必须讲究方法。怎样阅读才可以明白通晓,摄其精华。怎样写作才可以清楚畅达,表其情意,都得让学生心知其故。"叶圣陶这里指的是明晰式的学习,这也是当时的认识。我们今天知道,学习还有潜藏的方式,还有建构的方式。"第二,必须使种种方法成为学生终身以行的习惯。"也就是说,方法最后要能够成为学生的行为。我们现在用"方法"一词就是指"知道是什么,然后要会用"。叶圣陶后面讲的是,"国文教学成功与否,就看这两点"。我个人体会是,到现在来看,叶圣陶先生对语文教学的这个定位,还是非常准确的。

"方法"这个词的含义,在我们的汉语语境中其实很笼统,大致对应的一些英文单词有 method、means、way、process。可以看出,"方法"实际上跟技能、技巧、艺术相关。所谓的阅读技能、阅读技巧、阅读艺术,实际上都指的是阅读的方法,即"如何阅读"。

为避免在词语上不必要的纠缠,下面使用"如何阅读"代替"阅读能力"和"阅读方法"的概念来进行解释。

阅读,是眼睛"看"文字。"如何阅读",从行为的角度,其实是眼睛怎么"看"的问题。阅读过程中实际上存在两条视线,一条是生理性的外部视线,是眼睛的事情。一条是心理性的内部视线,是大脑的事情。外部视线的"注视点",其实就是内部视线的"意识点"。因此,要提高学生的阅读能力,让学生掌握阅读方法,不是简单的外部行为的改变,主要是改变他的内部意识。

对此,章熊的说法是,"通过视线的扫描,筛选关键性语言信息,结合读者头脑中储存的思想材料,引起连锁性思考,这就是阅读过程"。这段话说得非常清楚。阅读,概括起来,其核心就是抓住关键语句。但哪些是关键语句呢?要靠我们头脑去定位。因此,"如何阅读"大致分为两个方面。一方面是如何找到语句和文本的关键处,另一方面是对这些关键处如何进行深度的加工。

【要点提炼】1. 阅读能力,包括_____。

2. 阅读的核心,就是抓关键语句。

3. "如何阅读"是指_____。

那么,"如何阅读"可以描述为两句话。第一句,拿到一个作品,应该看什么地方。比如,一篇散文应该看什么地方。有老师说散文很好解读,抓主干,这错了。散文之所以散,是在枝叶上,如果去掉枝叶,这就看错了地方,就是我们讲的文本解读错误。文本解读的对错之分,实际上就看这个文本有没有看对地方。第二句,从这些地方应该看出什么东西来。读者由于阅读能力的强和弱,生活经验的丰富与否,所看出的东西就会有多少之分。这是我讲的第二个概念,阅读能力。

(三)阅读取向与阅读方法

我要讲的第三个概念是,阅读取向与阅读方法。

阅读能力要分成两个层面来讨论。第一个层面是阅读取向,相当于阅读方式、阅读姿态,或者说是阅读目的,就是指阅读主体抱着什么目的,怎样看待文本。第二个层面是具体的阅读方法,即如何阅读的方法,就是在文本的什么地方,看出什么内容。

阅读能力的第一个层面,阅读取向,就是阅读主体采取哪一种阅读——抱着什么目的,怎样看待文本。阅读取向非常重要。

大家都听说过"快速阅读"。有些学校还进行了这方面的探索,却把它应用在了错误的文本类型上。"快速阅读"适合的阅读主体是两类人,科技研究工作者和政府工作人员。由于论文或文件太多,信息量太大,因此要训练他们快速阅读。同时,"快速阅读"的阅读对象是论文和公文。研究性的论文和政府公文都是格式化的,看什么地方是很明显的,而我们阅读教学的大部分课文是散文,散文是变化的,要体会、体验,不能采用快速阅读的方式,这就是阅读取向的问题。

我把阅读取向分为三种。

第一种叫常态,是正常的人正常情况下的阅读方式。或者说,具有较高阅读能力的人通常采用的阅读方式。学生要学习的就是常态取向的阅读。《理解儿童文学》中就提到这一点,说得非常好,"阅读是什么呢?作者写作是希望读者分享他们表达的意思,从而成为相互理解群体中的一分子"。学习阅读就是要加入这个群体。

以我们之前的材料为例:

亲爱的:你放在冰箱里的两颗葡萄,我把它吃了。

很显然,常态的阅读取向,会把它当成一个便条,理解方式是一种获取信息的方式,知晓了一件事情:冰箱里有两个葡萄,原来不是给他吃的。他吃掉了,为了表示道歉,他写了这个便条加以说明。这是我们的正常理解。

第二种阅读取向是异态,是在特殊情况下采用的阅读方式。

还是刚才的便条,如果现在的任务是,区分出这一段话有多少个词,你的理解方式就成为了对每一个词做划分:

亲爱/的:你/放/在/冰箱/里/的/两颗/葡萄,我/把/它/吃/了。

你看的地方完全不一样,你看的是词的分隔线。我把这种取向称为异态,是在特殊情况下采用的阅读取向。

再比如,从古代作品当中寻找古代的名吃有什么,这就是特殊的任务。有人研究《红楼梦》的饮食文化,这种阅读方式显然跟读《红楼梦》小说的方式是不一样的。异态的阅读方式是可接受的,因为这个阅读任务可接受。

我个人认为,学生因为经验不足在阅读时出现的问题往往就在这里,而在阅读教学中,学生是从不那么合适的方式到学会采用合适的方式。

第三种阅读取向,我称之为"变态"。这是只有在语文教学中才会出现的,由于某种错误的观念,我们的语文教师长期地、习惯性地采取的一种奇特的阅读方式。语文教学中,很多老师说不会解读文本,我认为问题就出在这里。

我举个例子。一篇散文中,作者写窗外下起了淅淅沥沥的雨,语文老师会问:为什么会写窗外下起雨?作者自己的回答是,我写作的时候正好窗外下雨了,没有什么意思。它是一种美感,是场合当中形成的美感、意境和情境,并不表达什么很深刻的思想。

再比如,老师随便拿一篇议论文就问,同学们,这个观点正确吗?正确。论据充分

【要点提炼】
➢ "为阅读而阅读",甚至"为语文考试(为答阅读测试题)而学习阅读",往往导致变态的阅读取向。
➢ 良好的阅读,阅读方法与阅读取向具有一致性。
➢ 不良的阅读,往往方法与取向分裂,甚至南辕北辙。比如:以抽象概括的方法"体会"作者的情感,用朗读的方法"获取"新闻的信息,用扫读法、跳读法"品味"散文,以论点、论据的标签法"学习"古文等。

吗?充分。论据严密吗?严密。然后我要问,这篇课文还没读,怎么知道呢?这种现象就很奇怪。你还没有读就知道是对的,这是怎么回事呢?这是一种什么样的阅读姿态?

我有时候说,我们老师的文本解读错了,什么意思呢?我就是讲的阅读取向问题,采用了违背常态经验下的阅读方式。阅读目的决定了阅读的姿态。语文教师采用的阅读方式,是为阅读而阅读,甚至为考试而阅读。我们解读错的地方可能就在这里——用概括的方法来体会情感,用朗读的方法来获取信息。而这些是正常人阅读从来不做的事情。

关于语文教师文本解读的问题,我随后的专题讲座中会展开。这里要说的是,我们阅读教学很大问题在于阅读取向。很多老师会认为,我们这么教主要是因为考试,应试教育的问题。但如果明天全部取消统一考试,你会教吗?上海小学没有统一考试,结果小学老师教的还是那一套。因为语文老师已经形成这样的阅读姿态了。

下面我讲阅读能力的第二个层面,即如何阅读的具体方法,它主要受制于文章的体式。还是这个材料:

亲爱的:你放在冰箱里的两颗葡萄,我把它吃了。

你阅读的方法是信息获取的方法。现在,我重新排列了一下:

  亲爱的
   你
  放在冰箱里的
   两颗葡萄
    我
   把它吃了

很自然地,你会把它当成一首诗,采用阅读诗歌的方法,眼睛看的地方跟刚才获取信息时看的地方完全不同。阅读诗歌,你的聚焦点不会是"葡萄"在不在。"葡萄"肯定是意象,你可能会寻求诗的意味,建立"你和我"之间的关联。你看,体式不同,我们看的地方就不同。

我们讲,阅读要抓住关键语句,这句话没有错。任何阅读都要抓住关键语句,关键是关键语句在哪里。这是我们讲的阅读方法。

阅读其实是体式思维。**阅读能力都是具体的**,因为阅读对象是不同的文体。你会读这个,未必会读那个,甚至会读这个,反而干扰了你读另外的文本。

我们过去在语文教学研究中讲"培养学生的阅读能力",是抱着抽象的阅读观,好像有一种抽象的东西叫阅读能力。这是不对的。阅读能力实际上很具体,是和阅读对象——文章体式相关的。

我再举一个例子。七八十年代出现了朦胧诗,很多读者根本不知道该怎么读,因为他以前读过的诗歌都是——"啊!祖国啊!伟大的祖国!"现在让他读另外的一种诗,就读不明白了。所以,阅读能力是具体的。

阅读能力既取决于阅读取向,又取决于体式。与文体相关的具体阅读方法,是我们要梳理的。

【要点评议】

第一组概念,阅读与理解。阅读的核心是理解,理解有不同的状态和水平。理解的不同水平,指明阅读教学就是促进学生教学前、后理解水平的发展。阅读教学的研究以前没有明确区别阅读理解的水平,或者说,含糊了阅读理解的水平,导致了阅读教学始终徘徊在阅读理解的低层次水平。这可能是阅读教学低效的重要原因。

第二组概念,阅读能力。阅读教学要培养学生的阅读能力。以往语文教学对阅读能力的研究,持有的是抽象的阅读能力观。几乎每篇课文、每堂课,语文教师所设计的活动都大致相同,朗读、概括大意、品味语言等等。其逻辑是,阅读教学,用不同课文培养学生几种核心的阅读能力。

而阅读能力与阅读对象相关。阅读能力的核心是阅读方法。阅读方法,即如何阅读,可以概括为,应该看什么地方和从这些地方应该看出什么来。这一阅读能力观对语文教师备课提出的要求是,发现这一文本应该看什么地方以及从这些地方看出什么来。阅读教学就是让学生在不同的文本中学会看不同的地方以及看出不同的内容。就是在这样的过程中,学生获得阅读能力的提高。

第三组概念,阅读取向和具体的阅读方法。阅读能力包括两个层面,阅读取向与具体的阅读方法。目前语文教学内容的问题,主要原因不在于语文教师文本解读的能力差,而是语文教师采用了错误的阅读取向。

(四)阅读方法与文本体式

阅读能力的第一个层面——阅读取向、阅读目的,讲的是阅读方式,第二个层次是具体的阅读方法。古人讲的"阅读方法"不是严格的概念,但是讲得很清楚,就是"点划评注"。"点"和"划"是什么意思?就是眼睛往哪里看,要看到评注点。"评"和"注"是什么意思?就是从这里看出什么东西来。阅读方法就是"点划评注"。"点"哪里,"划"哪里,既取决于阅读目的,又取决于文本体式。

阅读方法和文本体式的关联性,是我们这里要讲的。对文本类型,我采用的分类是最大的类,将文本分为四大类。

① 诗歌、小说、戏剧等纯文学作品,包括古典、现代和译作。
② 中国古代散文,这里主要指中小学语文教材中的文言文。
③ 现当代散文,含散文、随笔的译作。
④ 现当代在言语表达方面较为出色的实用文章,包括原创与译作,简称"好文章"。

这种分法主要采用的是西方的文学观念。中国传统的文学观是杂文学观,与西方的文学观不同。大家知道,古代文学的主体是散文,唐宋八大家。古代小说和戏剧是不入流的。而西方所讲的纯文学,是诗歌、小说、剧本,还有综合性的电影。西方的文学理论也称之为诗学。我们现在学的文学理论采用的是西方的体系。

我们把古代散文先拿掉,待会解说。

第一类,文学作品,即"纯文学"。这个词不是我发明的,是朱自清。朱自清说过两句话,我认为说得非常到位:阅读当学纯文学,写作当学报章体。但是当时没有引起关注。

【要点提炼】 具体的阅读方法是与具体的文本类型相关联的。

第二类,实用文章,这是理性阅读的大类。但是我们的中小学几乎完全放弃了,我们现在大量读的是散文。散文其实在整个文章世界里是很小的类，占很小的部分，在我们中小学教学中却被无限扩大。我们的写作教学中写的其实也是散文，无非是低级的散文，其实是带有哲学性的议论文，我们都看作是散文。为什么中国的学生要写散文？从来没有人论证过，从来没有人提出来过。但这里有很大的问题。我们近几年的努力方向就是散文研究。

第三类，散文。散文一定要阻截、分流，一定要降低在整个教材所占的比重。只有把它降下来，纯文学才可以进来，实用文学才可以进来。大家看，就像一间房子，空间就么大，散文把位置都占满了，其他的好东西就放不进来了。

我们现在的分类，为什么要把散文单独分出来呢？什么是散文，其实就是两句话。第一句是我概括的，很多人都说过的，叶圣陶先生也说过，什么是散文？定义是，除诗歌、小说、戏剧之外的都叫散文。这个定义是什么意思？凡是说不清楚的，被剩下来的，没人要的就是散文。散文的定义类型从来都是否定式的概念。第二句是南帆先生说的，他是散文写作的专家，也是散文研究的专家，他说"散文无规范"。

我们语文老师教不好语文，这可能跟我们课程的整个战略有关系。我们选了最难教的文体，散文，把它当作阅读、写作教材的主体。同时对散文的研究又几乎没有。如果是这种状态，任何国家的教师其实都不会教，也都教不好。

把散文单独分出来，我刚才讲了理由。凡是文学理论的研究都跟散文没有什么关系。我们现在散文研究之所以落后，其中一个原因是发现西方的文学理论根本不适合我国的现代散文。我国古代的散文和现代的散文根本是两种事物。现代的散文无规范。散文就是"散"文，一个作家一个样式，一个时代一个样式，一个人一个样式，没有规范。古代的散文是讲究章法的，集中的体现就是八股文。

【反思】

"散文无规范"，意味着散文教学没有可遵循的、相对固定的阅读方法。散文研究相对落后，意味着相关研究领域不能提供现成的研究成果，去说明散文阅读的要点是什么。

那么，你认为，散文该怎么教呢？

_____

_____

我们散文教学的问题是,往往用了现代散文的术语去解读古代散文,又用了古代散文的一些章法知识比如首尾呼应、铺垫等等去解读现代散文。现代散文没有这样的写法。巴金说,文无定法。巴金很擅长散文,巴金的小说也是散文化的。他讲的"文无定法"并不是指所有的"文",对不对? 公文就是严格的固定格式,是不是?

这种分类在学理上是不是成立,我认为不重要。关键是对我们语文教材来说,这样的分法可以帮助我们更容易地把握。这里讲的是文类,就是分成这样四种文类来讨论。

我这里尤其要强调**实用文章**。语文教学史上,不能说不重视实用文章。早年叶圣陶先生提出,**阅读教学,除了文学以外,还有普通文**。他说的"文学"主要是指古典的作品,他说的"普通文"主要是指现代的白话文。**关于"普通文",叶老先生说了两句话,第一句,"普通文要写清楚",第二句是,"并且带一点文学意味的文章,这就好了"**。写实再加上文学的意味,这就是散文。张志公先生后来在很多地方也强调实用文章,他用的概念是**"实用性文体"**。张志公在《现代汉语》中说,实用性文体不是一般常说的那种"应用文",它与**"文艺性文体"**对举,"除了文艺性文体之外的,都是实用性文体"。"各行各业都有自己处理各种问题的实用文。"意思是说,文体有两种,一是实用性文体,一是文艺性文体。在《汉语辞章学论集》中,张志公是这样区分两种文体的:**文学作品"主要诉之于情"**,而各种**"应用性的文章"是"主要诉之于理"**的。无论是政治的(宣传什么或反对什么)、科学的(介绍什么、说明什么、反驳什么)、社会交际的(公关)以及日常应用的(信、公文等),都属于应用性的体裁。我有时候感觉我们的语文教学好像没有历史观。朱自清、叶圣陶、张志公等前辈提出的一些合理内容,我们真的要非常慎重地对待。

第四类,文言文。

有一次,我连听了四堂文言文的课,感觉问题很大。第一堂是《劝学》,第二堂是《师说》,第三堂是《石钟山记》,第四堂是《六国论》。第一堂课的核心内容是比喻论证;第二堂课的核心内容是类比论证;第三堂课的核心内容是举例论证。你看,老师们把这几篇都当成议论文,讲论证。

在评课时候,我描述了一下我们老师上的课:同学们,你们看,荀子同学这篇作文写得很好,用了比喻论证。韩愈同学这篇文章很出色,类比,大家可以学一学。我的意思是,我们的老师根本没有把这几篇当作古代经典文化的文学水平来对待。把这些历史长河中的经典降到了什么位置? 降到了学生优秀作文的水平。按照西方论证的这一套概念去解读,这三篇课文都成立不了。规则一,比喻不能独立地论证道理。规则二,类比不能独立地论证道理。规则三,孤立的事件不能论证任何道理。严格来说,这三篇议论文都是不能成立的。我们只有按照古代文章的阅读方式来解读。

好的阅读教学往往基于合适的文本解读。合适的文本解读建立在合适的阅读技巧上。不那么好的阅读教学,其原因往往是不顾文本体式,采用了莫名其妙的解读方法。这个莫名其妙的解读方法,主要是指语文教师长期以来形成的一种职业的阅读方式。但我的意思并不是说,语文教师素质低。我的基本假定是,我们语文教师中有优秀的,同时我也承认语文教学确实有问题,问题是教师的想法错了,采用的阅读姿态错了,所以,出路就是要改善其专业知识。

专业知识和阅读经验是相吻合的。专业知识的改善难度没有这么大,只要老师能够尊重自己的阅读经验,我觉得就可以了。没有人采用的阅读方式是像语文老师备课的方式。读议论文,我们常态阅读是不是用快速阅读?找到论点、论据就认为可以了?没有人这样读。议论文的要点就在论据部分,论点能不能接受的关键就在于论据部分。而我们议论文教学的重点是找出论点,论据部分快速阅读,其实是把论据部分抽取掉。这样地阅读,就是简单地获取信息的阅读方式。如果把议论文当成获取信息的阅读,学生其实就不会读议论文,永远也学不会读议论文。这就是我要讲的主要内容,阅读方法和体式的关联性。

文本分类,其实也有更复杂的分类方法。比如PISA,它是世界流行的阅读测试的一种。

表1　PISA 测试框架

文本 学生需要阅读哪类文本?	媒介 环境 文本形式(文本的呈现方式) 文本类型(文章的体式)
认知方面 读者阅读文本的目的和方法是什么?	获取与检索 整合与解释 反思与评价
情境 从作者的观点来看,文本的用途是什么?	个人应用 公共应用 教育情境 职业情境

PISA分类当然更科学。比如,有一篇阅读材料,讲的是一个故事,而其核心是讲一个道理。这篇文章是记叙文还是议论文啊?传统上认为是记叙文,其实是议论文。记叙文和议论文有一个区分点,就是从作者的观点来看文本的用途是什么,也就是从功能角度来定位。文本类型是从功能角度来定位的,不完全跟表达方式相对应。

这里讲的"文本形式",就是文本的呈现方式,有四种形式。连续性文本,就是大家读的一般文章。非连续性文本,简单地说,就是一点文字,加一点图表,或者说文本的内容主要是图表。混合文本,是既有连续性的文字,又有一些图表的文本。多重文本,指的是几个相同主题的文本、语篇,相当于电脑的链接。

【要点提炼】阅读方法与文本体式相关联。不同体式、不同类型的作品,应该看的地方不一样,看出来的内容也不一样。好的阅读教学,往往基于合适的文本解读。不那么好的阅读教学,究其原因往往是不顾文本体式,采用了莫名其妙的解读方式、阅读方法。

我国目前的阅读教学中,"文本形式"不是优先要解决的问题。关注文本类型,就是我们讲的文本体式——文学作品、实用文章、散文、文言文,可能更有价值。前面我们说过,文本类型的教学差不多一百年都没有讲清楚,而这些文本类型里孰轻孰重应该要分清楚。

(五)文学鉴赏与实用文章阅读

第五组概念,文学鉴赏与实用文章阅读。

1. 文学鉴赏

作为阅读取向的文学鉴赏,是一种与实用文阅读有本质差异的阅读方式、阅读姿态以及相应的阅读方法。由于文学作品的类型不同,其阅读取向及方法也不相同。

对应于文学作品的不同类型,我尝试概括一下文学鉴赏的要点:

第一,以文学的姿态来阅读诗歌、小说、戏剧等文学作品。

以文学的姿态阅读诗歌、小说、剧本等文学作品,主要指以下两种情形:

状态一:浸润式感知。

最明显的例子就是上课的时候有学生偷偷地在看小说,沉浸其中,这实际上是阅读文学的原始状态,也是最后要回归的状态。学文学并不是学知识,主要是回归到浸润式感受的状态上。具体含义是指:

① 接纳作者虚构的世界,并浸润其中,享受阅读的过程和乐趣,这是文学鉴赏的基本样式。

② 感知由文字、声音唤起的形象和情感,而不仅仅是了解内容,这是文学鉴赏的主要标志。

③ 充分地体验和分享文学作品所传递的人生经验和语文经验,在具象化的感知中,"看到"作者对社会和生活的"观念",并与自己的人生价值和生活意义相关联,这是文学鉴赏的较高境界。

状态二: 借助文学解读的工具或行家的指点,扩展、加深对作品的理解与感受。具体含义是:

① 文学研究已经发展出文本解读的一系列工具,包括文学的观念、文学要素、文学解读理论、文学鉴赏的规则和策略等。学习并运用这些文学解读的工具,扩展、加深对产品的理解和感受,这是语文课程中"文学鉴赏"学习的主要内容。

② 借助行家的指点,实际上是借助行家的眼睛看到自己原本看不到的地方、看不出的意思和意味。

这两种状态是交互的,通过文学解读的知识,读者逐渐丰富对作品的感知。

【要点评议】

以文学的姿态阅读文学,包括沉浸式感知,和借助文学解读的工具或行家的指点,扩展、加深对作品的理解与感受。这两种状态是交互的。

这对语文教学的启示是,阅读教学中教知识的目的不是让学生掌握知识,而是帮助学生抵达更深层次的沉浸式感知。也就是说,语文知识功能是工具。

阅读教学的目的是,促进学生的理解与感受从低层次走向高层次。其中,沉浸式感知既是指阅读的目的——学生阅读是为了获取理解和感受,也是指阅读的方式——学生自主阅读就是通过沉浸式感知的方式获取理解和感受。

但是,学生的理解和感受无法通过沉浸式感知的方式自然而然地走向深层次,而需要引入新语文经验或新生活经验。新语文经验的主要形式就是语文知识。

第二,现当代散文的文学鉴赏,要体味精准的言语表达,分享作者在日常生活中感悟到的人生经验。

现当代散文的文学鉴赏,与诗歌、小说、剧本等纯文学的文学鉴赏有实质性差异。散文写的是作者日常生活的事情。散文鉴赏的核心是体味和分享。

比如散文《散步》,很多语文老师读出的是,妈妈最好,儿子很可爱,外婆也很可爱,我也很好,总之我们家很和谐,一个"五好家庭"。

散文最难读的地方,或者说,好散文之所以是好散文的地方,就是作者的感受和经验超越了我们常人。阅读散文,就应该读出作者的这份独特的经验。这篇散文虽然不是很深刻,但作者反映了一种中年的状态所体验到的家庭伦理的价值。对老师们来说,这种情感是好理解的,但对学生来说其实是很难的,因为生活经验对接不上。

散文的文学鉴赏,包括形式方面精准的言语,还包括作者精准的言语所表达出的细腻的人生经验。我们体会优秀散文的精准语言,最后要落实在对作者感悟到的人生经验的领会和分享上。

【要点评议】

我们回顾一下阅读能力的概念,简单地说就是,知道看什么地方,以及在这些地方看出什么来。散文文学鉴赏的关键——要体味精准的言语表达,分享作者在日常生活中感悟到的人生经验。

因此,散文阅读,应该看的地方就是言语表达精准的地方,在这些地方应该看出的就是作者日常生活中感悟到的人生经验。

第三,文言文的文学鉴赏,要理解古人情怀,赏析古文章法,感受文言美感。

语文教材中的文言文在当时的时代都有具体的写作目的。随着时代的变迁,对现代中小学生而言,古代散文(文言文)原本具有的文章功能在很大程度上已经丧失了。

我们现在读文言文已经不仅仅是读一个作品,而是读一个作品所代表的语言以及民族精神。学习文言文,是体认它们所言之志、所载之道。而文言文的特点,首先体现在文言上。所以,学习文言文,先有一个理解文言的阶段,然后再在理解文意的基础上鉴赏。

古代散文作品的文学性,主要体现在语言的锤炼和章法的考究这两个方面。这一点,大家可以看一些教古人学习古文的书就会明白,比如《古文笔法》,或者更早的《文章轨范》,就是宋朝开始供学生学习写作的技巧。

阅读文言文,其实是学习文言文,在疏通文字的基础上,通过赏析章法考究处、炼字炼句处,理解古人的情怀——在其所言志、所载道其间贯穿的对文言美感的感受。比如《岳阳楼记》,研究文学的专家认为中间两段写景的部分写得并不好,陈词滥调,但是并不妨碍现代人感受文言的美感。

第四,评鉴好文章的言语表达功力及效果

对于一般文章,要欣赏好文章的表达。我总结这一点的时候,在看一本小册子《怎样阅读古文》,我推荐大家把这本书作为文言文教学的参考书。当时大概是凌晨两三点钟,看完之后我的感觉是通体透彻!人家把我们老师烦得不得了的事情,讲得清清楚楚。好的理论,应该是把问题讲得很清楚、很明白、很通俗。我们有很多研究没有把问题想清楚,当想清楚的时候,把其中的讲出来实际上就会很简单的。这就是对一般文章进行文学鉴赏的阅读。

> 补充:
> 鲍善淳.怎样阅读古文[M].上海:上海古籍出版社,1982.

2. 实用文章阅读

下面讲实用文章阅读。根据阅读取向、阅读目的,我区分出实用文章阅读的四种类型。

第一种,快速阅读,也就是跳读。阅读目的是获取信息,了解字面意思。

第二种,理解性阅读,就是国外文献中的分析性阅读。这是实用文章阅读的主要类型,阅读的目的就是理解作者说了什么。

第三种,操作性阅读。阅读的目的是把文本与自己关联起来。其中一种文本,比如说明书。回忆一下你阅读说明书的经验就清楚了。手机说明书,怎么看?看说明书不光是看说明书,还要带着行为和动作,要一边看说明书,同时操作,才能看懂。另一种文本,比如如何鉴赏文学作品的文章。作者讲如何鉴赏文学作品,讲的是方法,我们读的时候不仅仅是理解,这种文章阅读必须延伸到把作者所说的、你认可的方法,转化为你的阅读行为。总之,操作性阅读不仅是知道作者说了什么,还要把作者所说的与自己的实践相关联

第四种，批判性阅读。批判性阅读其实是和理解性阅读相互纠缠的，区分出来是要作为不同的类强化其不同侧面的。批判性阅读，很简单，用理性的标准来评估你的阅读材料。这句话有两个关键点，第一个是理性的标准。第二个是阅读的目的是评估。阅读的对象包括两种，一种是议论性的文章，一种是媒体文章。

第五种，研究性阅读。这是抱着解决问题的目的采用的一种阅读方式。写过论文的老师应该都知道，写论文时候的阅读是与平常阅读不一样的。很多研究生很难学会这种阅读。他告诉我看了很多书，我回答说，你看的书一本都没用，因为知道围绕什么问题才能找到你要看的书。

关于实用文章的阅读，我们的语文课程重视得很不够。老师们只要看一下国外的课程标准就能了解其中的差距。日本的语文阅读材料分为两部分，一部分是我们讲的"文学"，还有一部分是"说明性的文章"。人家在大概七八十年代就已经说清楚了。你看一看，美国高中生读什么书？美国高中生在课堂里读什么课文？美国学生必须读的30本书，其中有一本是《共产党宣言》。大家能想象吗？这是我们跟人家的差距。

我们的语文教学当然有很多改善的地方，但凡是大部分老师教不好的，一定是课程的问题，一定是教材的问题，因为这么多努力的老师不可能干不好一件事。事实应该是，这么多老师去努力做了一件本来就做不好的事。问题不在老师，在课程。我们的语文课程可能比较落后。

二、明确阅读教学及其路径

（一）关于阅读教学

澄清以上这些基本概念是非常重要的，这是我们研究阅读教学的基本起点，是我们沟通阅读教学研究成果的基础平台，是我们深入研究实现累进式进步的前提。

接下来，我想介绍关于阅读教学的部分。阅读教学在最近几年的研究中很多方面得到了明晰。

1. 阅读教学

首先还是讲概念：阅读教学。

学生读一篇课文产生了自己的理解和感受，这篇课文为什么还拿到课堂上来教？为什么还拿到课堂上来学？答案是，学生凭着他们原有的生活经验和阅读能力来理解这篇文章，不足以达到理解的目的。课文是作者通过他的语言文字传达各式各样的认识和情感的文本，学生凭着现有的经验和阅读能力无法实现对接，或者说，学生不太明白这种文章应该去看哪些地方，应该看出什么来。

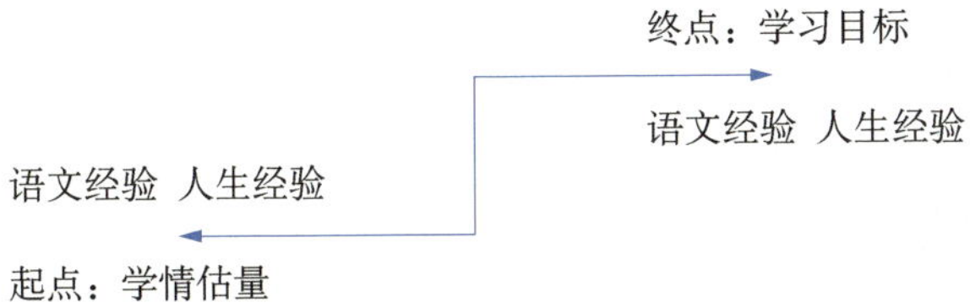

```
                              终点：学习目标
                         ┌────────→
                         │       语文经验  人生经验
       语文经验  人生经验  │
                   ←─────┘
       起点：学情估量
```

图 3　阅读教学的内在规定性

学生和课文之间形成了一个落差。语文教学的规定性在这里,语文教学的确定性也在这里。作者表达的内容,我们可以找出来;学生现在的理解状况,我们也可以判断出来。也就是说,阅读教学的起点和终点是确定的,那就是阅读教学的内在确定性。其实,阅读教学就是要解决这个落差,使学生的能力和经验得到提升,提升到作者的水平,能够理解课文。这是语文阅读教学的一个基本原理。

【反思】

　　根据"阅读教学"的概念,谈一谈教学内容确定性的含义是什么？教学内容确定性的含义是指阅读教学的唯一性和正确性吗？

　　_____

　　_____

　　_____

2. 课文

如果上述论证成立,那我们就能定义什么是"课文"了。是不是读的任何一篇文章都能叫"课文"？什么叫"课文"？课文是学习的材料,学习的要素包含在其中的材料。

"课文"有两个特点。第一,课文不仅是学习的材料,而且是学习的对象。比如说历史,历史教科书是学习的材料,它的学习对象是什么？是历史事实。地理也有课文,课文是学习材料,学习对象是什么？是地质风貌。而语文的课文和其他学科课文的差别在于,学习的对象不在这个材料之外,就在材料中。

我们为什么采用文选型的教材？其实也是有道理的。叶圣陶先生早年的理解是,课文里既可以学语言,也可以学修辞,还可以学叙事的角度,可以学很多东西。

一篇材料学什么不是由课文单独来决定的。一篇课文学什么由两个方面来决定,一是课文有什么,二是课文里学生最需要学习的是什么。

有老师很困惑,一篇课文高一、高二、高三都可以教,怎么把握它的程度。一篇课文教到什么程度,不是由老师来把握的,而是由学生来决定的,你的学生现在最需要学习的是什么,碰到最大的困难和问题是什么。所以,课文的第一个特点是,学习的对象包含在课文当中。老师的任务就是要找出学生最需要的内容。其实,这也是课程的任务,规定某年段学生的学习内容。

第二,课文当中包含可能高于学生现有语文经验的因素。简单地说,课文是学生凭着目前的经验读不懂,或者是读不好的。当然,学生与课文之间落差的大小,有不同的差异。有的落差大一点;有的落差小一点;有的凭着老师的引导,学生跳一跳就可以过去;有的落差是老师通过合适的方法能教会的;有的落差可能很难教会。这也把教学方法的运用原则讲明白了。

什么样的课文需要运用讲解的方法呢?我曾经听过黄玉峰老师的一堂课,《世间最美的坟墓》。黄玉峰老师凭着自己的知识和搜集到的大量材料,采用讲解的方法进行教学。黄玉峰老师首先讲的是课文的背景:当时苏联被世界各国封锁,为了宣传苏联的社会主义建设成就,苏联政府邀请一些正义人士来访问,参观了很多地方,比如大农场等等展示社会主义建设火热成就的地方。课文开头的第一句话作者茨威格写的是,"我在俄国所见到的景物再没有比托尔斯泰墓更宏伟、更感人的了"。作者这里写的是"俄国",而不是"苏联"。接下来黄玉峰老师讲托尔斯泰,托尔斯泰是被资产阶级打倒的人。

这篇文章到底在讲什么?如果老师不讲,学生根本看不懂。这堂课黄玉峰老师上得非常精彩。学生凭着现有的水平很难去和作者对接的文章,就需要老师凭着自己的知识和搜集到的大量材料,选择讲解的方法。这就是教学方法选择的原则。再比如,什么样的课文要选择自主合作的教学方式?落差较小,通过自主、合作的学习学生就能够实现理解的课文。所以,选择什么样的教学方法,要根据学生与课文之间的落差。

【要点提炼】教学内容的确定,就是确定教学终点、起点及其路径的过程。

阅读教学和课文,这两个概念清楚之后,所谓的教学内容实际上就是确定两点,第一是终点,就是课文最要紧的地方在哪里?理解这篇文章必须要理解的地方在哪里?第二是起点,就是学生目前需要学习的是什么?学生读课文可能犯的错误是什么?我们做的大量的课例研究表明,这两点之间是相互对应的,课文最需要理解的地方往往是学生不会的地方。

(二)阅读教学的路径

接下来,我们就要回答:如何确定教学的起点和终点,以及怎样从起点到达终点。

怎样确定一篇课文的教学内容? 也就是,如何确定教学的终点和起点?根据我们的研究可以提出,第一条是依据文本体式来确定教学内容,也就是教学终点。即这种体式的文章该如何阅读,关键词句在哪里,怎么去把握。第二条是根据学生学情来确定教学内容,也就是教学起点。即学生自己能看懂哪部分,看不懂哪部分,自己能体会的是什么,不能体会的是什么。教学生自己看不懂,理解不了,自己不能感受,自己不能欣赏的地方。这是我讲的第一个问题,合理的教学内容的确定,教学起点和教学终点落差的确定。

> 【要点提炼】阅读教学的路径就是填补起点到终点之间落差的方式。

第二个问题是关于阅读教学的路径,就是回答怎样让学生从起点到达终点。"路径"包含"到哪里去"和"怎么去"。"到哪里去",就是教学终点在哪里,就是要理解这篇课文必须理解的地方;"路径"主要是"怎么去"的问题。下面我详细介绍这部分内容。

阅读教学的路径就是建立学生与这一篇课文的链接点或链接通道。阅读教学是基于学生的"学"。从学生的阅读能力现状和发展看,在班级授课制的教学情境中,根据我们的研究,阅读教学的基本路径有以下三条。三条路径,殊途而同归。

第一,唤起、补充学生的生活经验。

我讲小学的一个课例,篇目是《三个馒头》。说的是这样的故事:六一儿童节学校给每个学生发了三个馒头,"我"信誓旦旦——妹妹一个,娘一个,我一个!回家路上,"我"走着走着,饿得忍不住了,想了想,决定把自己的那个馒头吃掉,但是连馒头的味道都没尝出来。"我"又继续往家走,走着走着,想起来,妈妈说她不想吃馒头。妈妈的这句话什么意思?我们都能读出其中的意味:那个年代,家里有两个小孩,家里就一点粮食,妈妈把干粮都给小孩子吃了,就说自己不喜欢吃干饭,喜欢吃稀饭。小孩子不懂事啊,就想妈妈说不喜欢吃干饭,这个馒头是干的。"我"总算找到一个理由,就把妈妈的这个馒头吃掉了。接下来是省略号。我们不知道他是怎么想的。我估计他现在想也想不起来了。总之,走到家里的时候,三个馒头都吃掉了,连馒头屑都没剩下。

老师问,同学们你们怎么看这个小朋友的所作所为?马上有学生说:"贪吃!这么小的一个小朋友吃掉三个馒头。"注意啊,小朋友这里说"贪吃"的时候,是对一个人品格的评价,说一个人贪吃是很坏的一个品格。有小朋友说:"不诚实。"总而言之,学生对课文中的"我"的所作所为都是负面的品格评价。但这显然不是作者要说的意思。

【反思】

在这个案例中,可以看出,阅读教学中,学生根据其已有的生活经验和语文经验,获得自己的理解和感受,就完成了阅读。因此,读不懂的地方,学生自己很难自知、自言、自判,需要教师通过学生阅读理解的结果来评判。这是教师专业的工作内容之一。

在判断学情上,你有哪些经验?

_____
_____
_____

这篇课文学生哪里没读懂?课文有一句话,"我在五里外的村上小学"。这堂课,我是在上海听的,上海的小朋友不知道"村"的概念。"村"已经很偏了,五里外的村就更偏了。可能是山路,可能是田埂路,可能是没有路。但是上海的学生,脑子算得很快——五里,也就是不到三公里,不到出租车起步价。这么近的路他怎么就吃掉三个馒头?上海的学生无法理解。这就是我们讲的"理解",学生可以背诵,可以概括,但是他不理解。

这篇课文,"我在五里外的村上学"是学生的难点。只有理解了这句,才能理解作者想表达的。我们现在的学生没有饿的感觉,而课文中的"我"可能天还没亮就要去上学,走很久才到。到了之后就上课,上完课中午吃点稀饭,下午再上课,下课后,手里捧着三个馒头,顶着落日往回走。这里需要组织学生写体验:你又渴又累,嗓子冒烟,你怎么不买两瓶矿泉水喝?只有组织教学活动让学生体验又渴又饿的感受,这篇课文学生才能理解。

我用这个例子说明,学生对一篇课文的理解出现落差,其中一个主要原因就是他的生活经验与理解课文所需要的生活经验之间有落差。因为人是生活在特定的时空里的,你不理解他的时空,就没有办法去理解他的故事。备课就是要把学生不能理解的地方找出来,教学时就是要讲这些地方。

以上阐述的是,阅读教学的路径之一是补充、唤起学生的生活经验。这是第一句话。第二句话是,语文教师要把看起来是生活经验的问题转换为阅读方法的问题。

【要点提炼】如果不能将学生生活经验的问题转化为阅读方法的问题,一味在阅读课上补充学生的生活经验,语文课就会成为生活常识课。

我们再来研究,课文里提到"工分",上课的时候有个学生问:"什么是工分?"另外一个学生说,"我知道,'工分'就是钱很少的意思"。我们现在来看看,这个学生怎么知道"工分"就是钱?怎么看出来的?他是借助生活经验,同时也在运用一种阅读的方法。他的生活经验是妈妈挣钱的单位是"元"。他的阅读方法是语文教师教过的,碰到不理解的词语可以利用上下文语境来猜测。上文讲在打猪草,下文讲我们家很穷,没有钱。结论是这个"工分"指的就是钱。我们知道学生原来是这样理解的,但这个理解是错的。

学生的理解为什么会出现错误呢?我们想想看,一个从来没有见过鼠标的人,碰到"鼠标"这两个字会怎么理解?他绝对猜不出来。一个从来没有吃过龙眼的人,怎么能猜出"龙眼"是什么呢?语言学知识告诉我们,名词的命名是随意的。这个东西叫鼠标就是叫"鼠标",那种水果叫"龙眼",这其中没有什么道理。所以,看到不知道的名词,绝对不能猜。利用上下文猜测不理解的词语,学生原来的这种阅读方法,在这里就需要进一步加以精细化。在汉语里,看到动词可以猜,看到形容词可以猜,看到量词也可以猜,但是名词不能猜。这就成了阅读方法的问题。

还有刚才说到的"我在五里外的村上小学",这看起来就是一个生活经验的问题。文学理论说,文本中有很多留白。这个知识讲的就是阅读的方法——阅读需要读者用自己生活经验去填补文本中的空白。理解"我在五里外的村上小学"这句话,需要读者调动想象去补白路途的遥远和漫长。语文教学中,教师就需要在这里设计活动,让学生学习这一阅读方法。

以上是我们说的阅读教学的第一条路径,补充、唤起学生的生活经验。语文教师的专业性就体现在,教学中将看起来生活经验的问题转换为阅读方法的问题、语文能力的问题。

第二条路径,指导学生学习新的阅读方法。

> 【要点提炼】学习新的阅读方法,就是指导学生注意到以前没注意的地方,看出以前没看出来的内容。

先把这句话的字面意思理解一下,"学习新的阅读方法",谁在学习?学生。老师的任务是什么?指导学生学习。什么叫阅读方法?前面讲过,就是关键的地方在哪里,从这些地方看出什么东西来。什么叫新的阅读方法?就是学生原来不会,原来不具有的。

我讲一个课例,《风筝》。这篇课文我们都很熟悉,鲁迅的一篇回忆性散文,讲的是:鲁迅是他们家族里面的长子长孙,爷爷被打入大牢,父亲身体很差,常年卧病。鲁迅当时的思想很保守,对两个弟弟管教比较严格,尤其是小弟弟。小孩子当然喜欢玩。当时的鲁迅认为小孩子不应该贪玩,应该抓紧时间学习。小弟弟看到别人放风筝非常开心,因为鲁迅不允许,就偷偷摸摸做风筝,被鲁迅发现。课文中写道,鲁迅把那个没有做完的风筝"冲进去夺过来,扔在地上,一脚踩破"。当时觉得快意,解恨。这是一篇回忆性的散文,鲁迅写这篇文章的时候已经在反思,觉得自己当时犯了一个不可饶恕的罪过。课文的后面部分写道,鲁迅一直觉得这件事对不起弟弟,有一次他跟弟弟聊天时说起这件事情,结果弟弟一脸茫然,已经完全忘记了。鲁迅非常感慨,觉得当时的中国人被人如此踩躏很悲哀,但到最后,一点记忆都没有了。这就是我们的国民性。这篇散文的核心是作者表达的情感,老师就是要教学生把握情感。

我听的这堂课,教师设计了三个教学环节。第一个环节,自由诵读,把握全文大意。这个环节实际上就是学生利用自己的生活经验自主理解这篇课文。那么,把握全文大意,学生一方面是了解课文讲了一件什么事,一方面是学生感受到了作者的什么情感。这是教学的第一环节,最靠近教学起点,在课堂教学中应该不占用很长的时间。

这堂课的核心在第二环节,用点划评注的方式,把握作者情感。注意这句话有两个要点,第一个要点,学习目标和内容是把握作者情感。第二个要点,用点划评注的方法来把握作者情感。学生要学会这个方法。点划评注是很多老师都在教的,但是这位老师比人家高明。他认为,<u>点划评注不仅仅是阅读方法的问题,在哪里点,在哪里划,在哪里评,在哪里注,关乎阅读的内容、教学的内容</u>。

"把握作者的情感",那么,作者的情感从哪里看出来?作者的情感是什么呢?这就是这堂课教师让学生学习的内容——让学生学会从点划评注的地方,看出作者的情感。我们前面说过,教师的任务是指导学生学习。怎么指导呢?这堂课教师用了两个示例。

第一个示例：

北京的冬季,地上还有积雪,灰黑色的秃树枝丫杈于晴朗的天空中。

这是课文第一段的第一句。语文老师一看就会想到两句话,第一句话是散文中的写景就是抒情;第二句话是散文先要定情感的基调。那么教学的重点就是在哪里定基调？定的什么基调？

于是,这位教师请同学划重点,意思就是说眼睛要看"积雪"、"灰黑色"、"秃"、"晴朗"这些形容词。看出什么东西来呢？就是评和注的内容：当我们想到晴朗和积雪,头脑中应该是一片明亮的温暖的色彩,但是作者中间插入了"灰黑色"、"秃"。灰黑色的秃树枝使这个明亮的色彩陡然变得暗了起来。这个词语一开头就给文章添上了灰色沉重的一笔。

通过点划,发现"灰黑色"是情感基调的关键词。评注的部分,我认为非常好,正所谓景为情生,景语蕴涵着作者沉重悲哀的情感。"蕴涵"的意思是说情感就在词语中。感受作者的情感,不是把情感抽出来,而是去感受词语所蕴涵、所包含的情感。

一个示例,学生可能还没有学会。于是,教师出示了第二个示例：

他只是很重很重地踩着踩着。

在"重"和"踩"上划线,意思是眼睛要往这里看。看出什么呢？就是评注的内容：第一层,重、踩用了反复的手法。大家看,我们上课的时候光讲这是反复的手法是没有用的,关键是,从反复的手法中看出什么东西来。我们继续看评注：与前面的轻快相照应,可见作者当时的心情是多么地沉重。这沉重是由于扼杀了弟弟的童心造成的。因为一直补过,所以这块铅始终压在心上。"很重很重","踩着踩着",情感就在这两个词的反复中,情感不在外面,就在词语中。下面的评注说得好："重"、"踩"是第四声,读起来就有沉重的感觉。你看,情感不在外面,就在声调里。

我们老师教学的时候,诗歌要朗读,散文要朗读。为什么要朗读啊？朗读就是让学生去体验、感觉由声音传递的情感。学生从两个示例中就会了解、把握作者的情感,原来,是从词语中、从词语的声调中,去看、去体会、去感受。

通过老师点划评注的示例,学生再去看课文。原来看不到的地方,现在看到了;原来有点看不明白的地方,现在看明白了;原来看得比较肤浅的地方,现在理解比较深了。学生对课文的理解,对作者情感的把握,加深了。如果这堂课上到这里,已经相当不错。这个老师真的很厉害,他觉得不够,对鲁迅的作品来说不够。

教师启动了第三个环节：阅读下列五则有关鲁迅作品的材料，请在文中找到与这些材料相一致的地方，并加以评注，评注时要学会运用这些资料中的重要信息。

这个环节的意图是什么呢？让学生进一步来感受作者的情感。用什么办法呢？用的就是借助于教师提供的五则资料。

第一则材料是关于鲁迅的语言。第二则材料是关于鲁迅的白描手法。第三则材料是关于准确地运用动词和形容词。第四则材料，我念一下：鲁迅的散文不仅有独特的话题，更有独特的话语方式。换言之，阅读《风筝》，必须读到它独特的地方，就是鲁迅独特的话题和话语方式。那么，鲁迅独特的话题和话语方式是什么呢？下面写道：鲁迅先生曾说过，我的确解剖过别人，然而更多的是解剖我自己。通过反思自己，来反思我们的国民性。初中老师应该看过《一件小事》，所以读鲁迅的作品必须读到他对自我的解剖。第五则材料是关于《风筝》的材料。材料有什么用？能看出什么来？老师举了个例子：

又将风轮掷在地上，踏扁了。

这是讲小弟偷偷摸摸做风筝被鲁迅发现的事。这句话能看出什么呢？他借助两个材料，第一个材料是鲁迅的语言。一个短句，两个动词，就把当时的情景生动地再现出来，让我们感受到材料里面所说的鲁迅语言的特点。这一点学生原本看到，或许没看到，现在借助这个材料、这个示例看到了。第二个材料关注这句话里的逗号。大家注意这个逗号，想象一下当时的实际情况。夺过来，扔在地下，一脚踩破，这个动作应该是一气呵成。换言之，中间不可能有逗号。逗号是表示动作的停顿和延缓，这里不可能停一停，对不对？为什么要逗号？这就是我刚才讲的回忆性散文。回忆性散文有两个我，一个是当时的我，一个是写作时候的我。鲁迅是把他对自我的反思放在里面了。二十多年后回忆起这件事情，作者是带着深深的内疚来写的，似乎不愿意相信自己曾有过的事情，于是记忆在作者痛苦中慢慢展开，所以作者在这里加了个逗号。回忆的精髓也恰恰如材料所说，我的确时时解剖别人，然而更多的是更无情的解剖我自己。作者解剖自己，在哪里啊？就在这个逗号里面。我们来看，情感不在外面，就在词语中；情感不在外面，就在声调里；情感不在外面，就在标点符号里。

通过这个示例，学生借助材料再去看课文，第二个环节看不到的地方，现在看到了。什么是教知识？通过这个课例能够看出来，教知识不是讲解术语，而是指导学生学会这种阅读方法。

这是我讲的第二条路径，指导学生学习新的阅读方法，让学生知道眼睛往哪里看，看出什么东西来。

第三条路径,组织学生交流和分享语文经验。

我先从字面意义上解释,"交流和分享"的主语,是谁在交流和分享,是学生。交流和分享什么?当然是语文经验。语文经验就是阅读方法,也就是语文能力。学生通过交流和分享,掌握别人已经掌握的阅读方法。那么,老师的任务是什么呢?组织。

这三条阅读教学的路径都是有条件的。第一条路径的假设是,学生理解这篇课文主要是生活经验的问题,第二条路径的假设,是学生理解、感受这篇课文主要是没有掌握相应的方法问题。第三条路径有两个条件,其一是课文离学生的语文经验较近,与学生已形成的或应该具有的阅读方法较为合拍。用心理学的术语讲,学生有可以利用的相应阅读图式,或只是图式精细化,或是图式具体化。其二是课文多元理解的空间比较大,比如诗歌、童话、寓言等,尤其是诗歌,正所谓"诗无达诂"。

我讲一堂五年级的课,篇目是顾城的《远和近》。这不是教材里的课文,这位老师没让学生预习,是在课上发的阅读材料。

我直接讲第三个环节。老师说,给大家发的材料中没有标题,我相信我们的同学一定能取一个比作者更精彩的标题。现在分小组讨论,每一个小组拟一个你们认为最精彩的标题,最有创意的标题。

这位老师教这个,教对了。我们来看看,这是一首诗,一首现代诗,一首朦胧诗。朦胧诗教什么呢?想一想,什么是朦胧诗?你可能会想起舒婷、顾城等等。你不能猜朦胧诗是什么,因为我们知道名词是不能猜的。但是形容词可以猜,"朦胧"这个词可以猜。你可以想象到朦胧诗的状态是什么,懵懂、若隐若现、看不清楚,好像有好多东西,但是不知道是什么。那么,朦胧诗教什么?就是要逐渐看出很多东西来,或者说,把这首诗蕴涵的意味逐渐挖掘出来,或者说,把这首诗的种种侧面打开来。现在你看老师用了什么方法?分小组讨论。学生拟标题,就是表达对这首诗的理解和感受,就是理解和感受的过程。不同的小组因为他们的生活经验不一样,很可能会从不同的角度来理解,这样就很可能打开不同的侧面。

老师请每个小组把标题写在黑板上,一共九个。有一个小组的题目是"距离",有一个小组的题目很长,"看起来很近,其实很遥远",这个意思与原题目《远和近》已经很接近了。还有几个小组的题目很奇怪,我们成年人绝对想不出来的,有"障碍"、"自然"、"优美"。下面是交流环节。我这里讲其中几个。

说"障碍"这组的代表是一位比较高大的女孩,坐在后排。她说,我觉得这两个人有问题。老师很机智,问她,你认为这两个是什么人?两个男生?两个女生?还是一个男生一个女生?这女孩很肯定,是一个男生一个女生。那么,这个"我"是男生还是女生啊?这个女孩很肯定,是男生。老师又问其他小朋友,这是个什么样的男生啊?小朋友们回答说,很内向,很敏感等等。我想,这几个问题之后小朋友应该看出了很多东西。这就是我们在大学里学的知识——抒情诗中抒情主人公的形象。这堂课,学生通过这个活动学会了,他们看出了抒情主人公的形象。

说"自然"的这个小组陈述了两个理由。第一,他们说这首诗写得很自然,很朴素,像大白话一样。对于小学五年级的学生,能看出这一点其实非常厉害。作者刻意追求的是用简简单单的几句大白话道出深意,然后流芳百世成为经典。小朋友对这首诗有很到位的语言感觉。第二,他们的理由更好玩,他们说他们从来没有写过诗,不知道诗是怎么写出来的。他们以为这首诗应该就像树苗一样,在大自然里面创造出来的。诗里的内容是两个人在大自然里面静静地看云。两个人可以静静看云而不被打搅的地方一定是很偏僻的地方,自然风景很优美的地方。大家看看,小朋友看出这首诗的背景。我们可以推测小朋友是怎么读诗歌的,他们不是把这些字当作字来读,而是转换为形象再想象,这就是对头的读诗的方法。

我们看看,通过小组的讨论,学生们彼此丰厚语文经验,学习别人读诗原来是这样读的阅读方法,打开这首诗的不同侧面。这是我讲的第三条,组织学生交流和分享语文经验。它对文本是有限制的,主要是诗歌。

还有点时间,我简单谈谈阅读教学的基本原则。

> 详见第三讲《教学内容的选择与教学环节的组织》

第一,无论是在阅读教学之前、之中或之后,对一篇课文的理解、感受,始终都是学生这一阅读主体的理解和感受。在阅读教学之前,与之中或之后,学生对一篇课文的理解、感受,应该有明显的变化。第二,在阅读教学中,学生阅读的是"这一篇"课文,学生要获得的,是与课文相符合的理解和感受。因为凡是作者要表达的,在文本中已经表达了。阅读教学要让学生学习与课文理解、感受相呼应的阅读方法,获得与课文相符合的理解和感受。

最后,我总结一下今天讲座的主要内容:阅读和阅读教学关键概念,以及阅读教学的路径。这些问题是研究阅读教学的基本前提。

资源链接

1. 孙亚杰,徐云知.近十年阅读教学研究综述[J].《课程·教材·教法》,2003(6).

2. 王云峰.近二十年阅读能力研究与阅读教学模式的发展[J].《中学语文教学参考》,1999(6).

3. 王云峰.近二十年阅读能力研究与阅读教学模式的发展(续)[J].《中学语文教学参考》,1999(7).

后续学习活动

任务1:联系教学实践,用自己或他人的课例解释阅读教学三条路径。

第一条路径,补充、唤起学生的生活经验。

课例:_____

_____

_____

第二条路径,指导学生学习新的阅读方法。

课例:_____

_____

_____

第三条路径,组织学生交流和分享语文经验。

课例:_____

_____

_____

_____

任务2:什么是阅读教学?阅读完本专题,谈一谈你对阅读教学的认识。

_____

_____

_____

_____

_____

文本的教学解读及其要领

专家简介

王荣生,基本情况见前一专题相关内容。

热身活动

阅读本专题之前,请你完成以下任务:

1. 你在文本解读方面最大的困难是什么?
_____
_____

2. 在备课时,你会借助哪些参考资料?
_____
_____

学习目标

通过本专题的学习,你能够:

1. 意识到自身在文本教学解读上存在的问题。

2. 理解语文教师文本解读时三种身份的含义。
3. 把握文本教学解读的要领。

讲座正文

关于这个主题,我想先从听到的一堂课《生命啊,生命》讲起。我先大致介绍一下这篇课文。作者杏林子是台湾的一位人道主义者,同时是一个几乎浑身上下都不能动,有着高度残疾的作家。课文讲了三件事。第一件事,"我"晚上在写稿子的时候,一个飞蛾飞过来,"我"一把捉住它,这个飞蛾在"我"手里拼命挣扎。"我"感受到生命力!第二件事,在墙角不经意扔下一粒瓜子,没过几天,它竟然冒出了嫩芽。"我"感受到生命力!第三件事,有一次借医生的听筒来听自己的心跳。"我"感受到一种极大的震撼,这就是"我"的生命!

我听的这堂课,核心教学内容有两个。第一个是教"以小见大"。老师说,课文里写的是三件小事,是以小见大的写法,课后作业也是仿写,运用以小见大的写法。第二个教学内容,教人文思想。要尊重生命,热爱生命,不要荒废生命。

现在,我让大家看课文的三个地方。这三个地方是这篇文章的关键,也是学生理解这篇文章困难的地方。第一,"那种求生的欲望令我震惊"。想一想,令一个人震惊的事,它是大事还是小事?当然是天大的事。第二,"它那一股足以擎天撼地的生命力,令我肃然起敬"。令人肃然起敬的事,它是大事还是小事?显然是大事啊。这里一个词"足以擎天撼地",起码可以说明这是多大的事啊!第三,"听到心跳,给我以极大的震撼"。联系自己的人生经验,我们碰到震撼的事是大事小事?显然是大事啦。

我们来分析,老师说的"以小见大"是谁的"小"?是我们读者的"小",是我们正常人看来的小事,是备课的时候老师们觉得这是小事。但是对作者而言,这三件其实都是大事情!

这位老师在课堂上介绍了作家的背景,杏林子是一个高度残疾的人,很多好朋友不是劝她活下去,而是劝她早一点离开这个世界,其中包括三毛。三毛认为,早一点离开这个世界对她来说是一种解脱,因为生活在这个世界上的每一分钟都要遭受生理的痛苦。由此看来,这三件我们常人看起来的小事,在某种程度上是作家活着的唯一支点。

这堂课的最后环节是让同学们夸夸其谈"怎样尊重生命"。我记下一句:不论未来的命运如何,或喜或忧,我都愿意为之奋斗,勇敢地活下去。学生的这句话虽然没有错,尊重生命这个话题虽然大家都可以谈论,但是却没有读懂课文,而我们老师却将这种谈论看作是所谓的课堂升华。

这篇课文难懂的地方就是作者表达了他对生活的独特的感悟。一个正常的人,一个认为课文中的事都是小事的人,怎么能读出一个浑身不能动的人说要珍重生命的分量呢?

【反思】
这里说,让学生谈论尊重生命,是没有读懂课文。为什么?
_____
_____

如果我们语文老师能够把自己还原成为一个读者去理解、感受这篇课文,我相信一定读得懂。老师们往往过早地把自己放到语文老师的位置,过早地思考这篇文章我要去教什么,凭着长期语文教学的经验所形成的一种特殊的眼光去看课文,看到了"以小见大"的写法。大家看,学生能学会这种写法吗?从常人看起来的小事中感受到一种擎天撼地的力量,这恐怕是学生一辈子都不可能通过学习学到的,因为这不纯粹是写作技法的问题。

【要点评议】
讲座中说,语文教师文本解读的问题,是语文教师过早地以语文教师的身份来看课文。

语文教师难道不应该以语文教师的身份来读课文吗?这里需要区分两个背景。

背景一:语文教师的专业知识如果是适切的,作为专业人员,语文教师在文本阅读和解读过程中理应能够比普通读者更准确地把握文本的关键点。语文教师当然应该以语文教师的身份来读课文,体现语文教师的专业性。

背景二：语文教学中固持着、流行着一套陈旧的知识。目前语文教师的专业知识正处于除旧纳新的阶段，而语文教师解读文本却恰恰在印证这些需要被修正的知识。

我们目前的语文教学正处于第二个背景。这里所说的语文教师不要过早地带着语文教师的身份，而要还原成为读者的身份来解读文本，就是针对目前语文教学中知识老旧固化等问题所提出的解决方法。

一、语文教师文本解读时的"绿眼镜"

语文教师文本解读的问题，我用三个词来形容，是长时期的、大范围的、集团性的。也就是说，来自东西南北的老师都会出现同样的问题，与教学个体没关系。当然，它的核心问题可能是出现在教参上，出现在教材和课程研究上。

【要点提炼】目前语文教师文本解读的问题，主要不是语文教师能力的问题，而是语文课程研究、语文教材研究、语文教学研究的问题。

一方面，我们相信，绝大多数的语文老师是语言能力较高的人，是阅读能力较高的人，读教材中的这些作品应该没问题。另一方面，我们也看到，语文老师的文本解读的确存在问题，而且往往是很大的问题：作品中有的内容，他看不到；作品中没有的内容，他能够无限地延伸。

语文老师，首先要作为一个读者，我认为这非常重要，能够平心静气下来，用自己的眼睛去看一篇课文。读作品，尤其是文学作品，要用自己的心去抚摸它。

语文老师读课文的时候，头脑中总有一套固定的模式，他只能看到这个模式能看到的地方，看不到这个模式之外本应该看到的地方。因此，我有一个说法，语文老师备课的时候好像会戴上一副"绿眼镜"，看所有东西都是绿的。

去年，我到一个市去听了十五堂议论文的课，有两个发现。第一个发现，七年级、八年级、九年级的教学内容毫无差别。听的最后一堂课是九年级的，老师教的是"怎么样区分论题和论点"。大家想想，区分论题和论点应该几年级学会啊？至少应该七年级吧。七年级就讲过总论点、分论点。第二个发现，不管是什么文章，不管文章具体的情况如何，课堂上都是"四步"曲：①找语句。快速地阅读课文，把作者的观点和主要论据找出来。②贴标签。这句是总论点,这句是分论点,这部分是事实论据,这部分是理论论据。③学生开始谈论自己对论题的想法,几乎是不顾文本。④老师即兴结束语。

我这里说其中几篇。有一篇是培根的《论美》。教参对这篇课文的分析,这次好不容易写对了。我这么说的意思是,写教参的也是语文老师,写教参的时候也会戴着"绿眼镜"。但分析这篇课文时好不容易摘掉,看对了——这是一篇断想式的随笔。老师们想想,什么是"断想式"?"断想式"就意味着不是按照论点—论据—论证的逻辑模式,而是一个片段、一个片段地来展开的。下面一句是,段落之间有跳跃。什么"跳跃"?当然是思维的跳跃。段落之间有跳跃,说明不能按照严格的逻辑推导来读这篇文章。

教参中写得很明白,但语文老师不管。一旦认定是议论文,课堂就按照语文老师熟悉的"找东西"的套路,找总论点、分论点、事实论据、理论论据。课堂上,学生找完东西之后,就开始让学生散乱地谈。

课文里说,人的美,不仅仅是形态的美,更重要的是一种精神的美,叫美德。有些老年人,形态已经完全衰落了,但是他长年积累的那种精神让我们感到他们很美。课堂上,老师问,世界上谁最美?学生说,老师好辛苦,每天帮助我们、培养我们,教我们本事,老师好美。有的说,妈妈最美,有一次我生病,下着大雨,妈妈刚下班,也没有吃饭,然后送了什么给我,我很感动,妈妈真美。老师美、妈妈美,说的都没错,但是和培根说的"美德"一点关系都没有。之后,老师就即兴语结束了。

再给大家看一篇课文《纪念白求恩》。语文老师在课堂上也提到,这是一篇悼词,但在课堂上还是让学生找论点、论据、论证。悼词,是对一个逝世的人发表的感言。我们也知道这是毛泽东写的,当时毛泽东已经是党的最高领袖了。这篇课文是党的最高领袖写的纪念白求恩的悼词。显然它的用意不仅仅是纪念白求恩,纪念白求恩的目的是教育全党,它的中心是用白求恩的精神来教育全党。这和议论文完全不是一个体式。

季羡林的《成功》,从题目来看,就不是议论文的题目,是散文化的。你看看他的这些语句是不是议论文的语句?"我在这里只谈成功"、"我得到下面这个公式"、"我看怎么样"、"就以我为例"、"我认为"、"我希望"。这显然是一篇励志的文章,是来和读者分享"我"对成功的一些观念的,但是老师不管,还是当作议论文来教:找论点、论据、论证方法。

【反思】

以议论文为例,讲座连续分析了三篇课文,发现都不是严格意义上的议论文,但语文教师在教学中却都固持着议论文的三要素。

听完之后,你最大的感触是什么?对你的启示是什么?

_____

_____

后来在点评时,我分析说,十五篇课文中其实只有很少量是规范的议论文。很多文章并不复杂,语文老师本来明明是应该读得懂的。为什么老师常常读得不那么对,在教学中教得不那么对呢?其中一个理由就是,过早地进入了语文老师这个角色。

二、文本教学解读的身份:作为读者

如何阅读,可以分为两个层面。一是特定的阅读取向,表现为特定的阅读姿态、阅读样式。一是具体的阅读方法,落实在阅读行为中就是要看到某一特定语篇的关键处,并从这些地方看出作者要表达的意思或意味来。具体的阅读方法受特定的阅读取向制约。如图所示。

> 详见第一讲《阅读教学研究的新进展》中关于阅读能力部分。

如何阅读 { 战略的——特定的阅读取向
战术的——具体的阅读方法

图 1　阅读方法的两个层面

阅读取向	阅读方法
哪一种阅读:抱着什么目的,怎样看待文本?	如何阅读:在文本的什么地方,看出什么东西来?

图 2　阅读取向与阅读方法

目前语文教师文本解读的问题往往是阅读取向的错误。上一讲我介绍过,阅读取向至少有三种,这里我们有必要再回顾一下:

第一种是常态,就是在正常的情况下读者通常的阅读取向,或具有较高阅读能力的读者们一致采用的阅读取向。简单说,就是**把小说当小说读,把诗歌当诗歌读,把散文当散文读**。我曾经写文章说这是一句废话,但这几年参加我们培训的老师认为最大的收获就是,终于明白了要把小说当小说教,把诗歌当诗歌教,把散文当散文教。

【要点评议】

什么叫"把小说当小说教,把诗歌当诗歌教,把散文当散文教"?

教小说教人物、情节、环境,教诗歌教意象,教散文教形散神不散,这些语文教师关于小说、诗歌、散文的知识,是不是"把小说当小说教,把诗歌当诗歌教,把散文当散文教"?

答案是,不是。倡导"把小说当小说教,把诗歌当诗歌教,把散文当散文教",所要改善的就是这一语文教学的现象——不论章回小说、荒诞小说、现实主义小说等等,都是教人物、情节、环境;不论朦胧诗、古诗、词,都是教意境;

"把小说当小说教,把诗歌当诗歌教,把散文当散文教",更准确的说法是,把这类小说当这类小说教,把这篇诗歌当这篇诗歌教,把这位作家的散文当这位作家的散文教。

教师的文本解读就是把握这类作品、这篇作品、这位作家作品的特质,而不是拿着一套模式观照每篇课文,用每篇课文去印证一套模式。

在这个意义上,语文知识的除旧纳新、语文教学与相关领域的沟通就势在必行。语文教师需要借助小说、诗歌、散文研究的最新成果更新自己对小说、诗歌、散文的已有认识,以此实现专业发展。

第二种是异态,就是基于合理的目的、任务,采取与通常阅读不一致的阅读取向。比如小说,编辑校对样稿,是一种读法;语言学家统计某种句法的使用情况,是一种读法;依据小说中的描写,研究那时的服饰样貌,又是另一种读法。

第三种,我称之为"变态",就是扭曲的阅读取向。基于某种错误的观念而采取的一种奇特的阅读取向,有意或习惯性地曲解文本。语文教学中很多流行的、没有经过审议的阅读取向是很有问题的。比如,把《生命啊生命》当作是"以小见大"的例子来教。

我认为,现在语文教学最大的问题和困难就是语文老师的阅读取向不是常态的,而是"变态"的。语文老师不是自己好好去读,自己去理解,自己去感受,而是用"语文教师的眼光"来看课文。文本解读错了,教学当然也就错了。

【反思】
谈一谈,这段中"语文教师眼光"的含义。
_____
_____

很多老师都教过《天上的街市》,可能还记得这样一道课后题。

《天上的街市》课后"理解·分析"题:
- 诗中哪些是写实的句子,哪些是写想象的句子?它们各起了什么作用?
- 诗中怎样由联想进入想象?想象又是怎样逐步展开的?
- 诗中的牛郎织女和传说中的牛郎织女命运有什么不同?作者为什么这样写?

这道题,如果你不会做,我认为,你的阅读取向是正常的。如果会做,你的阅读取向肯定很奇怪。

你看第一题,我给你假设一个场景:今天晚上我们当中的某位老师在校园散步,天空中挂着月亮。散步的时候,思乡心切,不知不觉吟出一首诗来——床前明月光,疑是地上霜,举头望明月,低头思故乡,然后感动得不得了,沉浸在自己的思绪中。这个时候,后面突然出现了一个人问:这首诗中哪一句是写实,哪一句是写想象?它们各起什么作用?正常的情况下,你一定认为这个人疯了。因为世界上从来没有人这样子读诗,除了语文老师。只有"语文老师的眼光"是在诗歌这种虚构的文体中落实写实和想象的知识。

第三题是一个研究性学习的任务。学生必须要知道牛郎织女的传说,必须要知道唐诗中的牛郎织女是怎么回事情,必须要知道宋诗中的牛郎织女是什么样子。而且他必须知道写这首诗时的整个社会环境,整个社会的分层,他可能要了解郭沫若的思想,郭沫若同期写的其他的著作,然后他才能做这道题。现在没有为学生提供这些资料,这道题根本没法做。

但我们的老师是怎么教的呢?粗粗看一遍诗歌,就看教参。有了,这些是写实的句子，这些是写什么的，它起的作用一二三。再回头看诗歌，果然如此。因为你用他的眼睛来看，当然就看到了。然后去教，要学生记下来。这几道题其实是不应该这么做的。

语文老师如果长期习惯了这种眼光，慢慢地，诗歌不会读了，小说也不会读了。我们讲，阅读教学内容的改善要基于文本解读，而文本解读我认为最主要的一点就是我们自己用心去读。这就是我前面讲到的绝大部分语文老师的阅读能力是足够的，只要你用自己的常态眼光来看。

有一次我跟几个博士生一起备一篇课文，《老王》。一开始，他们就讲老王如何如何善良，如何如何让人感动。我问他们，你自己读的时候到底感动过没有？他们说，好像没感动过。自己读都没有感动，要教感动，肯定是读错了。后来，他们说，读到老王临死前来送香油和蛋，真的内心感动。好，那就对了。

现在我们研究，为什么这个场景我们会感动？是因为老王这个人，还是看老王的那个眼光？很多人说是老王很善良。老王当然是很善良、很老实的一个人，但是大家想想，这个善良是谁看出来的？满天下的劳苦大众，你的眼睛能看出他的善良来吗？你看不到。只有像杨绛那种心肠的人才能看到，《老王》这篇课文的厉害在这里。

沈从文《云南的歌会》，教过吧？有位老师看教参说，沈从文的散文很美，语言美，人美，山美，风景美。所以，他都是从美的角度来看课文，而老师理解的"美"就是好听和好看。《云南的歌会》里面有一个赶着马车的女孩，脸上高原红，下面那句是"扯着沙哑的喉咙唱着山歌"。老师们，请你们竖起耳朵再听一遍，"扯着沙哑的喉咙唱着山歌"是好听还是难听？至少不那么悦耳动听，对不对？但这位老师不知道是什么耳朵，就觉得很美。还有一个传歌的老头，常年吃槟榔，牙齿都掉光了，一张开嘴，里面像一个黑洞，这位老师不知道什么眼睛，就觉得这个人长得很美。老师们发现了吗？沈从文讲的不是我们眼中能看见的美。沈从文讲的美，是那种人就是那种样态，在这种年龄他就是美，是一种原始的、质朴的、未经修饰的美。但文本解读时，这位老师用表面的美去掩盖沈从文要讲的美。

【要点提炼】语文教师文本解读存在的问题，不是能力，而是"眼光"，是阅读取向的不正确。

我用这么多例子想说明什么？要使教学内容对头，必须有合适的文本解读，而合适的文本解读必须站在常态的阅读状态下。所以，有的时候老师教得对不对，其实有个很简单的标准，就是你平常的阅读会不会做这件事。拿一篇新闻，"同学们打开课文，齐声朗读"，这就错了，错得太离谱了。大家想，拿一张报纸朗读的人是什么人？大家见过没有？就是说，没人用朗读的办法，那肯定是错的。

以上是我讲的第一方面，怎么才能做好文本解读呢？先要当好读者。离开了这条，其他的都没有用。老师们解读文本的时候一定要警惕，要反思自己已经习惯了的这种眼光。

三、文本教学解读的身份：作为研究者

语文老师的第一个身份——作为读者，和所有的读者都是一样的。语文老师没有任何理由说我们怎么特殊，所以我们读出来和你们不一样。语文老师的第二个身份是研究者。语文老师是专业人员，因此，阅读一篇课文，要分析我为什么感动，这篇文章最重要的地方在哪里，这篇文章必须理解、感受的地方在哪里。

> 【要点评议】
>
> 作为读者和作为研究者有何不同？
>
> 读者，是凭借自我的阅读经验进行阅读。教师作为读者，其解读的结果与普通读者一致。研究者，则需要借助理性反思来把握文本的关键处，即备课时思考"该有什么地方，该看出什么"才能获得这样的理解和感受。
>
> 这里讲的是，语文教师要理性地反思自己的解读过程，发现学生解读的难点，文本理解的关键点。

我给大家讲一篇课文，王愿坚的小说《七根火柴》，也是我和老师们一起备的课文，发现问题很大。课文的主要内容是：红军长征的时候，有一位战士叫卢进勇，因为受伤掉了队，正拼命追赶前方队伍。走着走着，碰到了一位即将牺牲的战士。那个战士郑重地交给他一本党证，党证里边是七根火柴。这位即将牺牲的战士叮嘱卢进勇，一定要把火柴交给前方的队伍。卢进勇受到他的鼓舞，终于赶上了队伍。最后营地里四处都是篝火。这里我对"火柴"要作进一步的阐释，这是课文里没有的。火柴在当时是非常贵重的东西，当时很多红军战士不是战死的，而是冻死的、饿死的。而解决冻和饿的办法，几乎是唯一的办法，就是火。生起火，才能烧点水，才能煮点野菜充饥。可见，火柴是非常珍贵的东西。

我们备课的时候，小说教什么，老师们都有固定的答案，即三要素——人物、情节、

环境。

人物，老师指的是人物形象的分析。我问了第一个问题，人物要教吗？我的意思是，第一，这篇小说最要紧的地方是不是塑造丰满的复杂的人物形象？不是。第二，学生读这篇小说遇到的问题和困难是不是对形象的理解？好像也不是。这篇小说里一共两个人，一个人拼命追赶前方队伍，没有办法也要想办法。另外一个人就剩下一口气，说一句话。没有可分析的，一看就明白，都是为了革命。好，老师们说那就教情节。

我的第二个问题是，情节要教什么？我的意思是说，这篇小说最精妙的地方是不是那种复杂曲折的情节？不是。这篇课文，学生最不能理解、感受的地方是不是在情节？好像也不是。老师一想，情节也不需要讲，那没办法了，就只剩下——环境。

老师们所讲的环境，是相关时代背景的知识。这堂课老师会让学生看图片，红军长征过草地的图片。这是文本的外延。和小说的三要素中的环境没有关系。小说三要素中的环境是为了塑造人物形象，推动情节发展的环境。现在，形象塑造不丰满，情节不曲折，所以，环境不起重要作用。

老师们一看，教人物、情节、环境都不对，那怎么办？于是，有的老师说，教"主题"吧。我们来看，这是一篇什么样的小说。学名是社会主义现实主义小说，就是主流意识形态小说，更熟悉的说法是，主题先行小说，是概念化小说。

这篇小说主题清晰，也就是所谓概念化。小说中的人物都是标签式的。重要的不是人物形象本身，关键是通过人物作者要表达的那个思想。大家肯定有读这种小说的经验，如果小说里有一个人物叫张富，那是好人还是坏人？他肯定是坏人，好人怎么可能富呢？浩然写的《金光大道》，它的主人公叫什么？高大泉。好人还是坏人？好得不得了。尽管名字中的"泉"是泉水的泉，作者给人物取名是有意图的。

有些学生其实发现了这个问题。他说，老师，这篇小说的细节不真实，这人怎么可能没有名字呢？他交的党证里肯定有他的名字。学生是按照生活的经验来理解。现在我们想想，作者难道不知道党证有名字吗？作者要写小说的时候，随便给他个名字，张强、李强、王强、马强，都可以。为什么不？作者有他自己的想法。所以，读这种意识形态比较强的小说，人物的名字是关键，往往表达了作者对人、对事件的理解。这很可能是阅读的要点。如果我的理解没错，那个人不是没有名字，那个人叫"战士"。其实，对学生的这个疑问，老师们正好可以抓住作进一步的延伸：他是千千万万战士的代表。最后，我们发现这篇小说的主人公是这个无名战士，卢进勇只是个过客。

还有个学生发现了更大的问题。他说，那个无名战士死得很不值得。他为什么不先划一根火柴，生一堆篝火，自己温暖过来，烧点水，吃点野菜，有了力气，然后带上剩余的六根火柴，雄赳赳、气昂昂地赶上前方队伍？这不是很好吗？你看，如果他这口气憋得不够长碰不到卢进勇，又或者如果卢进勇走得不够快，或者万一卢进勇走岔了路，那七根火柴不是就都没了？

我们看，学生的阅读是用今天的价值观来判断的。学生不明白在这种小说里，那口气一定足够长，路一定走得对，速度一定够快。这种小说不是严格按照生活的真实来写的，不刻意追求细节的真实。但这个问题很值得讨论。我们想一想，那个战士能不能划这七根火柴？为什么？首先是火柴是给谁的？这是党的火柴，任何人在任何情境下都要保护党和国家的财产，这就是这篇小说的主题，小说要宣扬的主流意识形态。所以，这个战士是绝对不可以划那个火柴的。

我讲过，把小说当小说教，把诗歌当诗歌教，把散文当散文教，其实还要补充一句就是，把这种小说当这种小说教，把那种小说当那种小说教。这样，你才能教到点上。

我再举个例子。《狼》这篇小说，不是西方传过来的小说，是中国传统的小说，是街头巷尾谈论的奇谈怪论的小说。前两天我听了这堂课，老师当文言文进行教学，当然它是用文言写的，但我说这篇课文当文言文教，肯定不对。

后来，我听北京教研室李卫东老师上这堂课，学生开始读的时候用的是学生腔，而李卫东老师读，用讲述故事的口吻。这就对了，他不是读一篇文言文，他是讲述一篇小说。

【资料补充】李卫东，特级教师，著有《李卫东讲语文》等。

刚才说到，作为研究者，语文教师的文本解读关键在于理性地分析。那么，以什么作为理据分析呢？我们的建议是，依据文本体式，也就是说，你从文本体式的角度入手，回答这种体式的作品最要紧是什么。

我们知道，唐诗和宋词是不一样的，律诗和绝句是不一样的，初唐诗，盛唐诗，中唐诗，晚唐诗是不一样的。但是老师教得都差不多啊，一定是该教的地方没教。

我和老师们备课，柳永的《蝶恋花》。我说，这次备课能不能教出词的特点。有位老师就问，词的特点是什么？词的特点是什么，其实不需要老师去冥思苦想。到哪里找？当然到研究词的人的地方去找。那研究词的专家有哪些呢？要知道谁是一个领域的研究专家，在目前媒体这么发达的时代，其实不难。网上搜索宋词研究专家，搜索宋词赏析，很容易找到。再比如，教鲁迅的小说，你问，鲁迅小说的特质是什么？你肯定要先找到吴中杰的书看看，而把教参、网上流传的教案放在最后看，因为它们往往靠不住,不是说水平差,而是说那个眼光和我们原来的眼光是一样的。

语文老师是研究者,所以你的备课、教学,本身就包含了研究的含义,本身就需要你来学习,要和学术界沟通。我们现在的问题也出在这里,我们语文老师讲的一套知识,包括一套术语,语文老师之外的人不明白,语文老师讲的个性化阅读,研究文学的人听不懂。这是非常大的问题。

大家平常说备课备两头,一头备教材,我的理解就是要找到这篇课文最要紧的地方,即理解、感受这篇课文的关键的地方。但文本的关键在哪里?作家写作遵循的是体式思维,正常阅读状态下,有阅读能力的人也应该按照体式的方式。

【要点提炼】不同类型的散文,阅读的方法也不同。

讲到文体思维,我们可以看一下钱理群先生的一段话,我认为这段话对语文老师应该有教育意义。有这样一篇课文,《走向虫子》,有很多描写,很多老师看不懂,把它当成抒情散文。钱理群写了一篇解读的文章,我念一下:要读懂并讲清这篇文章,关键在要弄清其文体。他讲的文体是一个文学的概念,相当于我讲的体式,包括类型、类别、题材、风格、流派、艺术特点、语言特色,也就是一篇课文的特质。这是一篇说理的散文,而不是描写纪实的散文,更不是抒情的散文。你看,钱理群把散文分成了好多类,说理的散文,描写的散文,纪实的散文,抒情的散文。其背后隐含的逻辑是,不同的散文,其实读的地方不一样,其实读的东西不一样,其实读的方法不一样。既然这是一篇说理的散文,因此,文本解读就应该从说理的角度来理解。从说理的角度来理解核心就是,"说了什么理,如何来说理"。而这篇课文最要紧的地方,它的特质就是用大量的描写来说理。那我们可以从这里受到一点教育:人家会读文章的人是如何读文章的。

四、文本教学解读的身份:作为语文教师

接下来,我讲的第三个身份是作为语文老师。作为语文老师和作为一个研究者和作为一个读者,有什么区别?区别就是,语文老师要教学生学会阅读。通俗地讲,就是三句话。

第一句话,学生不喜欢的,使他喜欢。这主要是针对优秀的经典作品。可以这么说,越是优秀的作品,越是经典的作品,越是伟大的作品,学生就越不太可能自然而然地喜欢。因为它所传递的经历,因为它所写作的时代,跟学生都有些不同。所以,语文老师一个很重要的责任就是,培养学生的文学文化素养。文学文化素养最基本的标

志，就是读过好的作品。

　　语文老师要做的一件事就是，培养学生对优秀作品、经典作品、伟大作品的敬畏精神。现在，很多学生非常理直气壮地不喜欢鲁迅。不喜欢鲁迅，是个人的事，可以。但是，他不应该理直气壮。因为优秀作品，伟大作品，传递的这种人类的经验是我们学生没有的。这个道理我想语文老师应该给学生说明。世界上人人都说是好东西，他说不喜欢，这就有问题了。我们讲，语文教学具有传承文化的作用，因此，学生不喜欢，这就是语文教学要解决的问题。

　　"喜欢"一词，这里并不是指兴趣爱好这一层意思，而是指"尊重"。学生要知道这是好东西，要珍惜。我想到日本的课程标准中对文言的定位是，培养学生对文言或古文亲近的态度。我认为这个定位，比我们的课程标准中"培养学生阅读简易文言文的能力"的定位，要准确。

　　第二句话，学生读不懂的，使他读懂。教师要知道课文的什么地方学生不明白。很多语句看起来学生都认识，但只停留在表层信息的了解，其实他读不懂。第三句话，学生读不好的，使他读好。"读不好"我讲的是，不能够体验，不能够欣赏。

　　五、语文教师文本解读：备课备两头

　　教师解读课文的时候，应该有这三种身份。第一遍，从常态读者的角度去理解、去感受。第二遍，作为研究者作一点理性分析。这是一篇散文，这是一篇说理性的散文，要点在哪里？这是一篇励志的散文，要点在哪里？这是一篇叙事散文，要点在哪里？第三遍，从学生的角度来看，这篇文章什么地方他读得懂，什么地方他读不懂；什么地方他能感受到，什么地方他不能感受到；什么地方他觉得写得好。教师要清清楚楚、明明白白。

【要点评议】

　　语文教师文本解读的三种身份，其实从语文教学论的角度对"备课备两头，一头备教材，一头备学生"进行了内涵的阐释。

　　"备课备两头，一头备教材，一头备学生"，在语文教学中的含义，以往与其他学科并无二致。"备教材"，到底是备教材的什么？以往我们笼统的解释是，了解教材的编辑意图，把握单元安排等等。关于"备学生"，以往学科教学论的研究就更少之又少,多半都是引用心理学的研究成果,诸如儿童思维发展阶段的特征等等。

语文教师文本解读的三种身份,则能够明确语文教学备课备两头的特殊性。作为读者,说明的是语文教师"备教材"要符合常态阅读的取向;作为研究者,说明的是语文教师"备教材"要专业性分析这一文本的特质;作为语文教师,说明的是语文教师"备学生"要了解学生读不懂、读不好的地方在哪里。

也就是说,语文教学"备课备两头"的特殊性在于具体化:

"备教材",是要语文教师准确把握这是什么类型的文本、哪个作家的作品,这一文本的特质是什么,更要准确把握文本的最关键的地方在哪里。

"备学生",是要语文教师明确了解学生的阅读难点在哪里,即不喜欢、读不懂、读不好的地方。

我们刚才提到"备课备两头,一头备教材,一头备学生"。其实这个口号语文老师都会说。但有的时候我会说,我们语文老师对学生真的不了解。拿到一篇课文,能清楚地知道学生的困难在什么地方吗?现在大家回忆回忆,你每次备课的时候花多长时间了解学生?结论是几乎不花时间。备课的时候用什么办法了解学生?结论是几乎不用什么办法,就是自己的想当然。

我举个例子。《走一步,再走一步》,一个美国人写的,从目前看到的样子,是篇散文,一篇回忆性的散文。它主要讲述五十七年前发生的事。这篇散文是希望和读者分享他的经验,鼓舞人向前去克服困难,去战胜自我。这篇散文带有励志性。

我听的这堂课有三个环节。第一个环节,请同学们自读课文,交流理解和感受。第二个环节,请同学们再读课文,写评注,写出你新的理解和感受。第三个环节,写一个比较完整的读后感,交流我们的理解和感受。

听完课后我跟执教教师说,理解和感受不同。什么是理解?了解课文说了什么是理解。什么是感受?读的时候我内心的反应,包括身体的反应,这是感受。因为老师没有分清楚,学生当然也不分。因此,第一个环节学生不知道自己该谈理解还是感受。

根据我的记录,学生谈论的状况有三种:有对课文的概括,有对某个语句的阐释,也有的是个人的感受。有个学生说的是,课文讲了件什么事。57年前,作者身体很差,那时候很小,很少和小朋友一起玩。后来长大了身体好一点了,就开始跟小朋友一起玩。他的家乡有一座山,20多米高的悬崖。有一次,一个小朋友说,今天我们去爬悬崖吧,朋友就都去了。但作者从来没爬过,有点害怕,又怕别人看不起。学生说,我能读出来他可能也不想脱离群众。作者跟着朋友们糊里糊涂走到山脚下,糊里糊涂爬到了山顶。其他小朋友越过了山峰,从后山更陡峭的路回去了。这个时候作者完全吓傻了,再也不敢跟着小朋友一起走。最后就剩下他一个人,也不敢往回走,就这样一个人呆在那里。课文中写道,突然听到有人哭,哭了好一会儿,才明白是自己在哭。学生说,这一句说明他很害怕。这里,学生是在阐述。有些学生谈的是,读了这篇文章我很感动。他谈的是感受。还有一个小朋友说,读了这篇课文我很有感触。你看用词多准。什么感触呢?有的时候好朋友抛弃我们并不是一件坏事情。你看在这篇课文中,小朋友都离开我而走了,剩下我一个人,结果我学到一个人生的重大经验。这层意思,课文里是没有的,这就是读散文很容易产生的个人的联想。但是老师不明白,于是,第一个环节学生各谈各的,然后结束。

第二个环节,再看课文,写评注,写出新的理解和感受。我问老师"新"的和"旧"的,学生能分出来吗?他看起来花心思去写,大部分情况下其实是对刚才理解和感受的补充。所以,老师原本想象的那个提升,落空了。如果你读来读去,都是你读之前的那些感受,那第三个环节,读后感,就没法写了。

后来我教了他一招,很简单。学生不知道理解和感受的区别,老师要知道。学生发言的时候,老师要组织。"组织",不是你讲,我讲,他讲,这个就叫"组"。什么是"织"呢?利用黑板。一个同学说,课文里"过了好一会儿才明白",说明他很害怕,把这个要点记在黑板这边;另一个同学说,读完这篇课文我很感动,把它写在黑板那边;再一个同学说,好朋友抛弃我们并不是一件坏事,把它写在黑板下边。这样,学生很直观地就看明白,这部分讲的是理解,这部分讲的是感受,这部分讲的是个人的心理联想。黑板上有了印记,现在学生新的思路就能分出来了。告诉学生:把你自己刚才读的时候没有,现在有的用红笔写。把你黑板上看到,你也读到的,用蓝笔抄下来。这才是交流。还有交流的时候,你又产生新的想法,你用红笔记下来,画一条蓝线。发言的时候,别人的发言,你受

【要点提炼】组织交流的关键,在于使彼此的理解和感受不断丰富和增加,而不是没有聚焦地自说自话。

到启发,你去分享。然后别人发言你觉得好的地方,你用蓝笔写下来。好,再交流,还有新的想法,用铅笔写。这个环节,学生就是用红笔写,蓝笔写,画红线,画蓝线,有铅笔,用各种颜色批注。现在,第三个环节无非就是把红笔、蓝笔,画红线、蓝线感受的部分加以整理。这样,教学目标就能实现了。

这堂课我想说的问题还不止这些。现在,公开课的结尾都要让学生谈"学了这篇课文有什么收获"。那次上课,学生很配合,四五位学生都讲得铿锵有力,语言表达也很漂亮。我还记得,一个学生的发言获得了全体老师的鼓掌。大致的意思是,第一,学了这篇课文,我们深受教育,我们不应该怕任何困难,因为任何困难走一步战胜一步,都能克服。第二,现在我们终于明白了,任何困难都不可怕,只要我们走一步再走一步,就能克服困难。后来,我问老师们:不怕任何困难的人是什么人?差不多是奥特曼吧。学生说的是他们自己都听不懂的话。我说这句话没有恶意,我的意思是说,他不会尊重自己说过的话,他不会记住自己说过这句话。

这篇课文在人教版七年级上册第一单元,我听课的那所学校是全寄宿学校。小学毕业刚上初中,很多孩子是第一次离开家,住到学校。上完课,他们老师私下跟我说,我们这班小朋友今天表现得非常出色,很活跃。昨天晚上,我去巡视他们宿舍的时候,发现好多小朋友都在偷偷地哭。老师们想想,昨天晚上因为第一次离家"哗啦哗啦"哭的人,怎么今天突然在课堂上说他不怕任何困难呢?显然,这堂课上完了,但这篇课文学生还是没有很好地理解和感受。

我们的逻辑是,学生的理解、感受出了问题,一定是老师该教的地方没教好,不需要教的地方乱教。当然,凡是大部分老师没教好的,一定是我们研究者没有做对,我们该说清的道理没说清楚。

那么,什么地方没教到?我们来看看,这篇课文最要紧的地方在哪里。我们看看这句话,"这是我永远忘不了的经历"。57年前,七八岁的孩子,现在六十多岁。六十多岁的人讲"这是我永远忘不了的经历",就是当时那件事栩栩如生,历历在目。当时的每一个信息,每一个感受我现在还能清晰的回忆。那么,永远忘不了的经历,就是叙事的部分,显然是关键。这部分学生读不懂,也就是说,他虽然可以复述,但是他不理解。听课的时候,读到"突然听到有人哭,过了好一会儿,才明白自己在哭",马上有几个男生笑起来。大家想一想,他们为什么笑?因为感觉作者是胆小鬼。怎么读出他是胆小鬼的?我们发现,学生读散文原来在用站在外面看人家演戏的那种方式。

【反思】

前面的部分讲到,作为语文老师身份的文本解读就是,学生不喜欢的,使他喜欢;学生读不懂的,使他读懂;学生读不好的,使他读好。

以讲座对《走一步,再走一步》的分析为例,谈一谈,为什么说叙事的部分学生虽然可以复述,但是"读不懂"?"读不懂"是指什么?

_____

_____

_____

散文传递的是他人的人生经历,我们读散文是分享他人的经历。分享的前提是要理解,是要站在他的位置上理解他。孩子在上面吓得要死,时间一分一秒地过去了,暮色开始降临,天开始暗下来了,他听见下面有声音。他的父亲在下面说,你下来。他说,我不下来,我会摔死的。他的父亲很厉害,真的很厉害,拿个手电筒照着说,能不能把左脚放在那个位置上?孩子一看,这个位置好像我能做到,左脚挪一挪。然后又照右边,你看看,右脚下面那边有一块稍低的地方,有一个落脚点,你能不能把右脚放在那个地方?他又放下来。然后,他的父亲照一个地方,他走一步,照一个地方,又走一步。最后终于下来了。

点评的时候,我就问在场的老师,你是他父亲吗?我的意思是说,如果我们自己的孩子,现在挂在二十多米高的悬崖上,你会怎样?如果我没猜错的话,你肯定比这个孩子哭得还厉害,对不对?不要说二十米,就是十米,五米,你也是会瘫掉的。用一种外在的指指点点的方式去读散文,是永远进不到散文里面的。我再说一遍,学生可以复述,但他不理解,他不能体验人家传递的经历。

那天正好是在舞台上听课,后面有几把比较高的梯子。我说,如果是我来上课,我就会请一些男生爬上梯子,三四米高。他坐在下面胆子很大,等他站到上面,一读课文就明白了,这个孩子哪里是胆小鬼啊!只有你站在他的位置上,你才能明白人家为什么害怕,你才能明白课文里的一些语句。比如,"时间一分一秒地过去",为什么用分秒来计算?他在上面好害怕,好难熬。你才能明白一步一步下来所需要的勇气,不是轻轻松松左一步,右一步,他需要意志力的。只有读懂了这些,你才不会夸夸其谈地喊不惧怕任何困难之类的口号,因为你明白了作者勇气和意志力里的恐惧和艰难。

最后,总结一下,语文教学内容的改善要建立在文本解读的基础上。目前语文教师文本解读的主要问题是带着"绿眼镜"。因此,我提出语文教师文本教学解读的三种身份,首先,作为读者进行常态阅读,尊重自己的阅读理解和感受;其次,作为研究者,分析文本的关键点;最后,作为语文教师,明确了解学生阅读的困难点。语文教师文本解读的三种身份,是从教师的角度提出的解决目前语文教学主要问题的一条出路。

资源链接

1. 陈日亮. 如是我读:语文教学文本解读个案[M]. 上海:华东师范大学出版社,2011.
2. 刘俐俐. 中国现代经典短篇小说文本分析[M]. 北京:北京大学出版社,2006.
3. 孙绍振. 文学文本解读学[M]. 北京:北京大学出版社,2015.

后续学习活动

任务1:本讲座共分析了十篇课文,请梳理讲座中相关的部分,完成下面的表格。

篇目	文本的关键点
《生命啊,生命》	
《论美》	
《纪念白求恩》	
《成功》	
《老王》	
《云南的歌会》	
《七根火柴》	
《狼》	
《走向虫子》	
《走一步,再走一步》	

任务2：在本专题讲座中，选择与您以往解读不同的那些篇目，谈一谈讲座中的解读给您的启发。

篇　目	启　　发

教学内容的选择与教学环节的组织

专家简介

王荣生,基本情况见前一专题相关内容。

热身活动

阅读本专题之前,请您完成以下任务:
1. 《守财奴》是一篇什么类型的小说?
_____

2. 尝试从以下两个方面总结你的教学实践:
(1) 在选择和确定一篇课文的教学内容时,你的依据是什么?
_____

(2) 在教学组织方面,比如教学活动的设计和组织,您的经验有哪些?
_____
_____

学习目标

通过本专题的学习,你能够:
1. 把握教学内容确定的依据和教学环节的组织原则。
2. 确定合宜的教学内容,组织有效的教学环节。

讲座正文

今天我讲座的题目是,教学内容的选择与教学环节的组织。有些内容在前两讲中我提到过,但侧重点不同。

我们知道,教学(包括语文教学)会涉及很多因素,有课程标准、教材、学生、学校管理、考试等等。但就课堂教学而言,核心要素无非是两个,一个是教学内容,一个是教学方法的运用(即教学环节的组织)。因此,语文教学的核心也是两个,一个是合宜的教学内容,一个是有效的教学组织。这两者之中,教学内容是居于首位的。什么样的教学组织是有效的?答案是能够适合你的教学内容,能够让学生更有效地学习,就是好的教学组织,就是好的教学方法。

今天这个话题,教学内容的选择,我会讲得充分些;教学环节的组织,会简略些。

前面的讲座,已经介绍了一个基本的研究结论:语文教学的主要问题是教学内容问题。语文教学内容的问题可以用两句话来说,第一句是教学内容僵化。

我们现在做一个测试。我问你,拿到一篇说明文教什么?(学员答:说明顺序、说明方法、说明文的语言、说明事物的特征)拿到一篇议论文教什么?(学员答:论点、论据、论证方法)那么,拿到一篇小说教什么呢?(学员答:人物、环节、环境、主题思想)你看,你已经有答案了。这种答案是在我们以往教学的实践经验中形成的,最后变成了我们语文老师的一个共识。但我刚刚有没有告诉你要教哪一篇课文?没有。我有没有告诉你教哪些学生啊?也没有。有一条教学的基本要求我们都知道:备课备两头,一头是备教材,一头是备学生。但是,我们看语文教学的现状,不管是什么课文,不管是什么学生,只要你认定是说明文,就是教这一套,只要认定是议论文,就是教那一套。

语文教学,从内容上看,高中其实和初中没什么差别,甚至初中和小学也没有差别。不信你问问初中老师和小学老师"说明文教什么",他们的回答跟你的一模一样。

这就是我说的"教学内容僵化"。

关于语文教学内容问题的第二句话，其实是教学内容的另一个极端：教学内容随意性过大。具体到一篇课文，老师教的内容可以说是五花八门。有一次我听的是《林黛玉进贾府》。有两堂课，印象很深。一堂课是建筑学校的老师，整个一堂课在讲贾府前面的墙，学生对这个墙感兴趣得不得了。另外一个是浙江省医药学校，研究中药的。林黛玉生一种病要吃一种什么草，最后大家对这个草感兴趣得不得了，这堂课大部分时间花在那个草上。

这两个极端说明什么？一篇课文具体要教什么？几乎是我们教师想教什么就教什么，爱教什么就教什么，没有什么规范。语文教学内容的这两个问题，我认为，是构成语文教学几乎没什么成效，或者成效不大的主要原因。语文教学的改革一定要从教学内容入手，改变僵化和随意性过大并存这样一种现状。

【要点评议】
　　在语文教学内容长期僵化和随意性过大的现实背景下，"教学内容确定"这一话题的提出，事关语文教学的有效性，语文教师的专业性。
　　"教学内容确定"的含义，不是指教学内容的唯一，也不是指教学内容的正确，而是强调教师在确定和选择一篇课文"教什么"和"怎么教"时，应该具有学理的依据。

那么，怎样确定合宜的教学内容呢？我们提出，教学内容的选择与确定有两个依据：一是依据文本体式确定教学内容，二是依据学情选择教学内容。依据文本体式与依据学情，具有一致性。

我们第一届国培班的学员把教学内容确定的这两条依据和教学环节的组织原则，总结为三句话：依体式，定终点；研学情，明起点；中间搭上两三个台阶。"依体式，定终点"和"研学情，明起点"讲的是教学内容确定和选择的依据，"中间搭上两三个台阶"讲的就是教学环节的组织原则。

一、依体式，定终点

我用几个例子先说说"体式"。

我听过一堂课，《守财奴》。这篇课文老师们都熟悉。上课的老师很优秀。这里，我多说一句,几乎我听过的每一堂课,老师都很优秀,很努力,很用心。这就说明,我们语文老师共同的特质是千方百计想上好课,但是,在教学内容的确定以及教学方法的选择方面,非常值得研讨。

我描述一下这堂课。这位老师说,《守财奴》是篇小说,所以,教学重点是让学生分析老葛朗台这个人物形象。

分析人物形象,目前的语文教学基本上就两个办法。一是"找细节"。这里就是找出老葛朗台行为举止的部分。课堂上,学生找出了很多细节,比如梳妆盒,梳妆盒上面有一个镶金的东西,老葛朗台什么样地扑过去等等。"找细节",学生找到的都是这种细节。我们想想,老葛朗台这个人物在小说里大概多大年纪?(学员答:70岁)对,六七十岁的老头,不安安分分地坐着,突然这样扑过去。学生肯定会觉得这是一个奇怪的、滑稽的老头。第二个办法是"挂牌子"。好人挂红牌子,坏人挂黑牌子。"找细节"中找出来的都是这种细节,老葛朗台当然是坏人了,所以挂一个黑牌子。于是,黑板上的词语都是贪婪、没有人性、残忍等等之类的。

【观察者点评】《守财奴》是现实主义小说,意味着什么?

课后,我跟这位老师一起讨论。我说,《守财奴》选自巴尔扎克的《欧也妮·葛朗台》,我们都知道,巴尔扎克的小说是现实主义小说,那么,什么是现实主义小说?这篇课文的特质在哪里?

什么是现实主义小说?恩格斯说,所谓现实主义,是再现典型环境中的典型人物。后来被总结为,通过典型细节再现典型环境中的典型人物。这个知识,语文老师一定都学过。那"再现"、"典型环境"、"典型人物"又是什么意思?很明显,就是指当时很多很多这样的人生活在那种环境中,葛朗台是其中一个比较突出的代表。

那么,现实主义小说应该怎样读?学生又是怎样读现实主义小说的呢?通过刚才我对课堂的描述,我们可以看出,学生是按照他们今天的生活经验来理解那个时代中的人物的,认为六七十岁的老头每天不好好晒晒太阳,而要那样"扑"过去,肯定不是好人。这样读这篇小说,完全是读错了。

阅读现实主义小说的要点是,让学生学会返回到历史的现场,去理解、感受特定历史场景中人物的思想和行为。如果我们返回到小说的那个时代场景中,老葛朗台是个什么样的人?用我们现在的话来说,是先进生产力的代表,资本主义上升时期创造社会财富的企业家。你看,作品中的人物对老葛朗台什么态度?是尊敬的,因为老葛朗台是当时社会的体面人物。巴尔扎克的厉害就在于，在资本主义上升时期就看出来这种制度的本性——金钱社会中，人与人之间的关系完全是由金钱来衡量的，那种家庭关系背后隐藏的就是金钱关系。学生不返回到历史的场景中，就没办法理解老葛朗台，或者说，什么也没读到。

【反思】
对这部分内容进行提炼，为语文教师在"依据文体选择和确定教学内容"时提供带有专业反思性的思考线路：这是什么类型的小说？——这篇课文的特质是什么？——阅读这类小说的要点是什么？

教师回答"这是什么类型的小说"，是在调动已知的相关学科知识；

教师回答"这篇课文的特质是什么"，是在借助学科知识解读这篇课文；

教师回答"阅读这类小说的要点是什么"，为解决想教什么就教什么的教学随意性，划定了规约的界限。

后面讲座会提到《林教头风雪山神庙》，请你在这里试着用这一线路思考，并回答：

小说的类型是＿＿＿＿＿＿＿＿＿＿＿＿＿＿＿＿＿＿＿＿＿＿

这篇课文的特质是＿＿＿＿＿＿＿＿＿＿＿＿＿＿＿＿＿＿

教学的要点是＿＿＿＿＿＿＿＿＿＿＿＿＿＿＿＿＿＿＿＿

这堂课上，老师提了一个很好的问题，但是因为他自己可能也不明白为什么这么问，所以很遗憾没有进一步展开。老师问同学们，小说中，老葛朗台死后，你们认为一直被他压制的女儿会怎样生活？学生当然也是按照自身的经验回答说，终于可以完全解放了，终于可以自由了。然后，老师告诉同学们，老葛朗台的女儿后来的生活跟老葛朗台一模一样。这其实才读懂了现实主义小说：在典型环境里面塑造的典型人物，每个身处其中的人的发展就必然只能是这样。

我们看到了，小说有各种各样的小说。有现实主义小说，有浪漫主义小说；有中国传统的小说，有外国小说；有短篇小说，有长篇小说的节选。大学里所学习过的文学理论知识告诉我们，这些是完全不

【要点提炼】依据文体确定教学内容，就是根据不同的鱼，选择不同的鱼网。

同的体式。但是,我们去课堂里面看看,发现几乎教得一模一样。以前我们常常说"授之以鱼,不如授之以渔",我们现在终于明白还需要补充一句话,鱼有不同鱼,所以捕鱼的网要有不同的网。

有一次,我跟老师们讨论《林教头风雪山神庙》。老师说,要教人物、情节、环境。"人物"就是人物形象分析:找细节、挂牌子。"情节"就是按照"开端—发展—高潮—结局"的模式讲。但我们知道,古代小说不是按照这个模式写的,这是长篇小说中的一个节选,看不出发展的全过程。

> 【观察者点评】你认为这是教学吗?

我提了个建议,这堂课让学生听一堂评书《林教头风雪山神庙》。想办法找个说书人,或者找评书的录音。这个老师马上表示不同意,这怎么可以?这怎么像教学?那么,我要问,什么是教学?只有老师讲,才算是教学?

《林教头风雪山神庙》选自《水浒传》。《水浒传》是什么样的小说?章回体的话本小说。什么是话本小说?就是说书人的底本。话本小说是用眼睛看的小说,还是用耳朵听的小说?很显然是用耳朵听的小说,因为一些内容是你用眼睛看看不出来的,但按照章回小说的说书方式一听就听明白了。

章回小说里每一回最后一句,"欲知后事如何,且听下回分解",老师在黑板上写"引起悬念",学生就在书上记"引起悬念"。"引起悬念"是什么意思?学生从现在的教科书上是感受不出来的。"哗啦"一翻,后面是另一篇课文。"分解"什么?什么也没有。你看,说书人说到要紧处,你着急要知道结果的时

> 【要点提炼】这部分提到了"悬念"的两种状态。一是教"悬念"的知识,一是体验"悬念"。

候,"欲知后事如何,且听下回分解",他回家了。我们听书的人怎么样?都在想后面怎么样了,回家路上在想,吃饭的时候在想,说不定做梦的时候还在想,第二天来听书的路上,边走还在边想。这才叫"悬念"。

还有,《林教头风雪山神庙》里面的"小二道"、"林冲道"。"林冲道"、"小二道",好像看不出什么内容。我们看看,说书人是怎么说的?"林冲道"是谁的声音?是林冲的声音。"小二道"是谁的声音?是小二的声音。小二说这句话是说这句话的神情,小二说那句话是说那句话的神情,一听就听明白了。原来,读这种小说,读到"林冲道",并

不是只要知道谁说的这一信息,而是要运用生活经验去想象一下当时他的腔调和神态,这就是关键。

还有一篇课文《雷雨》(节选),这位上课老师也很优秀。课前布置学生预习——阅读课文,思考:周朴园是个什么样的人?课堂上,请同学们谈"你认为,周朴园是什么样的人"。同学们分成了两派,一派认为是好人,因为他有善良的一面。一派认为他很凶残,也找到了相应的细节。两派的学生都将找到的细节写在黑板上,然后争论。

> 人物,分为扁平人物和圆形人物。

我觉得这堂课蛮奇怪的,后来我跟老师一起讨论。我先问了他一个问题:坐在你办公桌对面那个人是好人还是坏人?他一下子没明白我问什么。我再问他:你隔壁的邻居是好人还是坏人?他听明白了:我们怎么会分好坏地看人呢?《雷雨》是一个现实主义的剧本,塑造的是一个现实主义圆形的复杂人物,不能用好坏切分他。其实,这堂课这位老师只要再往前延伸一步就对了。

我刚才讲,很多课的教学内容都不对,现在我再补充一句,其实我们稍微往前延伸一点或者稍微往后退一步就对了。刚才那位老师只要问一问那些认为周朴园是坏人的同学,他温情的那一场该怎么演?只要问一问那些认为周朴园是好人的同学,他凶残的那一场该怎么演?也就是说,让学生去体会人物的复杂性就对了。

这堂课,老师用的是辩论的教学方法,这不是读剧本的方法。我们都知道,剧本是戏剧的脚本,它的阅读方式无非是两种。一种是我刚才讲的,像演员那么读。演员拿着剧本,要演一个人物,所以要去想象、感受、揣摩这个人物。第二种无非就是像观众看戏剧的方式。高中有一篇《长亭送别》,是戏曲。中国戏曲的核心在哪里?唱、念、做、打。唱的部分,很多老师讲唱词的时候,就像讲诗歌那样,分析意境的优美。在送别的时候两个人唱,唱给谁听?唱给观众听,目的是渲染情绪,渲染情调,渲染情感。所以中国戏曲的核心不在故事,而在这个情。

这就是我要讲的第一点,依据文本体式确定教学内容,指的是一篇课文的核心教学内容,或者说教学目标、教学的终点,来自于这篇课文的特质,是课文最要紧的地方,是这篇课文必须理解和感受的地方。

> 【要点提炼】依体式,定终点,是指一篇课文教学内容的确定,需要研究课文的特质是什么。
>
> 对课文特质的把握,可以从体式入手。

二、研学情,明起点

下面我讲第二部分,根据学生学情选择教学内容。依据文本体式确定教学内容,讲的是终点;根据学生的学情选择教学内容,讲的是起点。

我们都知道,备课备两头,一是备教材,二是备学生。我去听课的时候,经常听到老师们告诉我,他们的学生很差。我就会问他,你的学生差在哪里?现在我们拿一篇课文,你的学生差在哪里?是不是这个词,别班的学生都能理解,你这班的学生不能理解?是不是这一句,别班的学生都知道是什么意思,但是你的班不知道?你要把学生不能理解的地方找出来。几乎没有老师这样研究学生,大部分老师的"备学生",基本上是想当然。

一篇课文教什么呢?从文本的角度来说,就是要教学生去理解和感受这篇课文最要紧的地方。如果从学生的角度来说,也就是学情的角度,简单地说,就是三句话。第一句话,学生不喜欢的,使他喜欢。第二句话,学生读不懂的,使他读懂。第三句话,学生读不好的,使他读好。

这三句话不是我发明的,我给大家看一段叶圣陶先生的话。我们都知道叶圣陶的"教是为了不教",它的意思也在这段话里。"知识不能凭空得到,习惯不能凭空养成,必须有所凭借。那凭借就是国文教本。国文教本中排列着一篇篇的文章,使学生试着去理解,理解不了的由教师给予帮助(教师不教学生先自设法理解,而不只是一篇篇讲给学生听,这并非最妥当的帮助);从这里,学生得到了阅读的知识(即方法)。更使学生试着去揣摩它们,意念要怎样地结构和表达,才正确而精密,揣摩不出的,由教师帮助;从这里,学生得到了写作的知识(即方法)。"叶圣陶先生这里特别指出,教师给予帮助并不是老师讲给学生听。教课文,应该教学生理解不了的,揣摩不出的地方。

我给大家介绍著名特级教师钱梦龙老师的备课经验。钱先生很谦虚,我们知道他的素养很高,虽然他的学历不高。他说,我是个初中生,我的语文水平不高。我看课文的时候,觉得有点疑惑的地方,我想学生读起来很可能会有困难。我看了好几遍才看出好处来的地方,我觉得学生也很难看出它的好处来。

过去我们多从教学方法和教学模式的角度,总结钱老师的教学实践。他的教学法叫导读法。导读法的关键是,在哪里"导"?钱老师的经验告诉我们:就是"学生读起来可能有困难的地方,学生自己看了好几遍看不出来的地方"。还有一位著名特级教师蔡澄清老师,他的教学方法是"点拨法"。其经验的核心,也是在这些地方"点",在这些地方"拨"。优秀教师的经验都是一致的。

关于语文教学研究，我们提出了一个话题——教学内容的确定性。其含义是指，语文教学内容并不是由外在的什么人来确定的，甚至也不是由老师的主观来确定的，而是指老师要做分析，这就是我们老师的专业工作——找出教学的两头，课文最要紧的地方，学生阅读时存在最大问题和困难的地方。

关于教学的终点和起点，我们做了很多研究，得出的结论是，学生理解不了、感受不到的地方，恰恰就是这篇课文最要紧的地方。

【要点评议】

"依体式，定终点；研学情，明起点"，针对语文教学的随意性过大的现状，指出语文教学具有着来自文本和学生两方面的确定性，它们分别规定了课堂教学的终点位置和起点位置。

因此，语文教师的专业性体现在两方面。一方面是把握文本特质和学情，准确定位课堂的终点和起点；另一方面是对课堂教学过程进行艺术性设计，使学生平顺而巧妙地从起点到达终点。这两方面同样重要。第一个方面是语文课堂教学有效的基本保障，第二个方面则是每个教师无止境的追求。

对语文课堂教学的研究，尤其是对名师课堂的关注，过多地强调了第二个方面。但恰恰由于对语文教师专业性第一方面的研究不足，重视不够，将课堂教学的成败，以教师的智慧、教学的艺术性进行解释，从而将原本就随意性较大的语文教学，更进一步地玄虚化了。

三、中间搭上两三个台阶

下面要讲第三句话，中间搭上两三个台阶。这是讲教学环节的组织，其含义就是"使学生……"。

我问过很多优秀的教师怎样备课。他们说，拿了一篇课文，我首先想，学生在自己读的时候会怎么样？这是哪个点？（学员答：起点）然后，我会想，我教完这堂课之后我希望学生怎么样？这是哪个点？（学员答：终点）接下来，我先让学生做这件事情，他可能就变成这个样子了。学生再做那件事情，他可能就变成那个样子了。这讲的就是教学环节的设计。

教学环节的设计,首先,我讲一个原则,教学活动的设计,不是设计教师做什么,主要是设计学生做什么。老师们都知道我们正在进行新课程改革,新课程和旧课程有什么区别?

拿到一篇课文,老师备课时想的是,我认为应该这么教,我觉得这么教好,那就是旧课程。因为这是从教师角度去思考的,因此课堂不管做什么,都还是旧课程。这是"以教的活动"为基点,强调教师"我就是要这么教,我就是要教这个"。

【要点提炼】课堂教学设计的主体是教师,但课堂活动的主体是学生。

教师要从学生的角度设计教学过程,是新课程最核心的理念。

拿到一篇课文,老师在备课时想的是,学生需要学什么呢?学生怎么能更好地学习这个内容呢?从学生的角度去考虑教学,就是新课程,也许课堂上做得还不够到位,那也是新课程。新课程和旧课程之间的界线其实很明确。

我给大家讲一堂夸张一点的课,但是真实的。有一年,全国课堂教学大赛,我做小学组的评委。大家都知道,小学组女老师居多,女老师都很有才艺,表达能力很强。连续几堂课都是女老师执教,都很抒情。我听得有点疑惑,课堂里要抒情,应该是谁抒情?好像应该学生抒情,怎么变成了老师抒情呢?好不容易出现了一个男老师,很可惜,比女老师还要抒情。

他上的是《瑞恩的井》。课堂的开头,教师讲了一段激情洋溢的语言,大致是:在茫茫的历史长河中,走来一批哲人,他们深邃的眼光,他们稳重的脚步,他们……这些话,我估计学生一句都不懂。说完以后,老师本来要出示课件,但那天设备出现了问题,课件没能呈现。然后经过工作人员处理,课件可以播放了。那就继续上课呗。不可以!他又走到原来那个地方,又重新:在茫茫的历史长河中,走来一批哲人,他们深邃的眼光,……然后一摁,出示课件。课后,别人问他为什么,他说我觉得这样上课完整。大家想想,这是谁的完整?对,是老师的完整。这就是我们的旧课程的观念。

这个例子很典型,虽然是个小细节,却表明我们过去讲的教学艺术、教学方法、教学才能,都是从教师角度来看的。教学过程环环相扣,第一分钟干什么,第二分钟干什么,第五分钟干什么,都安排得很妥当。课堂就像程序一样,教师必须按照程序进行。

教学设计,其实要设计的是学生的活动。我们去听课也是一样。传统上,我们听课的习惯是,关注老师在做什么。当然,有时候我们也需要去关注老师,目的是学习这位老师的才能。但是,听课,更重要的是,观察学生在做什么。不看学生做什么,你就看不明白老师在做什么。比如,有位老师上课在唱歌跳舞,你一定要看,他唱歌跳舞的时候,学生在做什么,学生发生了什么,否则你不明白教师为什么要唱歌跳舞。我的意思是说,因为他的唱歌跳舞,如果学生对课文的理解、感受发生了变化,学生原来理解不了的地方,理解了;原来感受不到的地方,感受到了。那么,这个老师唱歌跳舞就是对的。但可能你上课也唱歌跳舞就错了。因此,老师们听课一定要看学生,否则看不出门道。

判断教学对与错,标准很简单。无论老师做什么,最后,学生理解不了的地方,理解了;感受不到的地方,感受了,就是对的。反之,不管老师做什么,学生理解、感受课文没有任何变化,那就是错的。

我们的研究表明,我们大陆的阅读教学设计两到三个教学环节比较合理。我们做个算术题,一堂课 45 分钟,如果是平均计算,三个教学环节,每个环节需要多长时间?15 分钟。一般来说,要么是第一个环节,要么是最后一个环节,花的时间会比较短一点。这样算下来,核心的教学环节所花费的时间是 20 分钟左右。这就比较符合我们讲的,教学内容要聚焦、要集中。我们过去讲语文教学没什么成效,或者成效不大,其中一个原因就是一堂课讲了太多的点。

【要点提炼】一堂课需要聚焦一个核心教学内容。

在这一核心教学内容所花费的教学时间,大概是 15—20 分钟。

我给大家描述一堂课《荷塘月色》,略带夸张,但是基本符合事实。这个老师一上课将标题板书在黑板上。同学们看这个标题,这个标题是个词组。这个词组里有荷塘、有月色,是什么关系?这篇课文的作者是朱自清,同学们在初中学过他的哪些课文?《绿》。能不能背一背《绿》?(学生背《绿》)这篇课文写于 1927 年,同学们请看注释——讲 1927 年的时代背景。"这几天心里颇不宁静",这是文言。这一段讲完,讲下一段。"曲曲折折的荷塘上面弥望的是田田的叶子"。"曲曲折折"是叠词,你看这里用得多么好——讲叠词。"弥望",这个词用得很好。"弥望"和"遥望"和"仰望"是不同——同义词辨析。接下来,"正如一粒粒的明珠,又如碧天的星星"——讲比喻,本体、喻体、比喻词、相似点。接下来,还有通感,"渺茫的歌声"这句是通感。下面是,写景的段落——讲描写。描写是从远写到近,从静态写到动态。之后,

"月光如流水般静静的泻",那个"泻"字用得非常好。到目前为止,大家看看我讲了多少点?有一次,我去听课,更夸张,听了30分钟,数出了67个点。30分钟,67个点,大家算一算每个点多长时间?不到30秒。30秒一个点,任何人在这堂课上都学不到东西。

我曾在一篇文章中问了一个问题,老师们可以帮我解答一下。学生从小学一年级就开始学比喻,一直学到高中,一共学了十二年。中考要重点复习,高考要重点复习,还是有很多学生不会。我的问题是:中国的学生十二年学不会一个小小的比喻,怎么也不应该笨到这个程度,怎么回事?

我的结论是,中国的学生学比喻其实就学了一到两分钟,相当于没学过。你看,不管是小学老师、初中老师、高中老师,凡是课文里出现比喻的地方都会"点"到。在这堂课的三四十个点中,老师"点"一句比喻;在那堂课的五六十个点中,"点"一句比喻。老师们认为,比喻讲了很多。现在,我们从学生的角度来看,今天这堂课和明天那堂课,学生各学习了一分钟的比喻。对学生来讲,是一分钟还是两分钟?还是一分钟。这个星期的一分钟和下个星期的一分钟,有没有关系啊?毫无关系。所以,我的解释是,中国的学生学比喻只学了一分钟,所以他学不会。这里,要说明的是,**课堂教学中教学内容要聚焦和集中,一堂课里核心的教学环节是两到三个**。

每个教学环节实际上包括两个部分,一是"内容落点",是指学生在这个环节里的学习目标或者学习内容。**二是"学习方式"**,是指在这个环节里学生怎样达成目标。**一般地,一节课设计两到三个教学环节,每个环节包括这两个要点**。这是我们现在正在推行的备课模式。

> 【要点提炼】一节课以两到三个核心教学环节为宜。
>
> 每个教学环节,要明确内容落点和学习方式。

我们建议,语文老师的备课在形式上要简化。现在备课存在的问题是,老师们花了很多时间,密密麻麻写了好多页纸,其实在写一些没有用的东西,而且老师自己也知道没有用。我就问一句话:大家的教案,教学目标什么时候写的?是不是后面的内容全部写好了,最后抄一段教学目标?那这个目标还有意义吗?没有意义了。

很多老师在设计教学环节时,可能受到误导,形成了一个固定的模式:第一步,整体感知;第二步,文本探究;第三步,品味语言;第四步,应用拓展。大家看有问题吗?千篇一律,肯定有问题。这个不需要讨论的。这就好比我说今天中午每个人吃两片感冒药,老师们能接受吗?肯定不能接受,有人需要吃,有人不需要吃。大家看一看,文本探究和品味词语,分开作为两个环节,对还是错啊?"文本探究"用什么办法?就是品味词语的办法。"品味词语"品味什么?当然就是对文本意蕴的探究。文本探究和品味词语分成两个环节,肯定是错了。

我刚才讲,优秀教师备课就是思考三个问题:(1)学生自己阅读的时候会是什么状态?起点。(2)我希望学生上完这堂课以后怎么样呢?终点。(3)怎么从起点到终点呢?

所以,备课就是备五个点,起点、终点、两到三个环节。如果要延伸到课前和课后,最多是七个点。但老师要注意,课前、课中、课后的教学指向要一致。很多老师让学生课前做了很多预习,这些预习与课堂上的教学内容没有关系,顶多是检查一下。教学设计的基本原则,预习的内容,课堂主要的教学环节中一定要使用。

在组织老师开展共同备课活动的时候,我们为每个组提供这样一个备课模板(见下图)。这个模板就是备课思路的外化——依体式定终点,研学情定起点,中间搭上两三个台阶。每个台阶,包括学生的学习内容或学习目标,以及学生的学习方式。

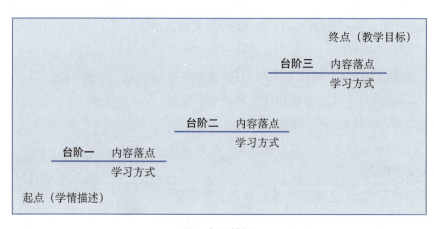

图　备课模板

备课活动结束后,每个组拿着填好的模板汇报:今天备的是《胡同文化》,我们组认为终点是什么,起点是什么,教学环节是如何设计的。

在备课中使用这一模板是一个尝试。老师们常说"备课要备两头,教材和学生",这个模板无非是促使老师把这两头落实下来。落实这两头,就是确定了教学的终点和起点。教学的终点和起点确定下来,教学的落差就会明确,学生学习的内容也会明晰起来,这样,教学才会有效果。

今天讲座的核心内容是教学内容的选择与教学环节的组织。其中,教学内容的选择,我认为是最重要的,讲得比较多。教学内容选择和确定的依据,讲得比较多的是依据文本体式。语文老师把握一篇课文,文本体式是一个比较便利的抓手。

资源链接

王荣生教授"教学内容的选择与教学环节的展开"系列讲座:

1. 王荣生.第一讲 教的根本目的是帮助学生学[J].语文学习,2009(9).
2. 王荣生.第二讲 依据文本体式确定教学内容[J].语文学习,2009(10).
3. 王荣生.第三讲 根据学生学情选择教学内容[J].语文学习,2009(12).
4. 王荣生.第四讲 教学环节就是组织"学的活动"[J].语文学习,2010(1)
5. 王荣生.第五讲 教学流程就是"学的活动"的充分展开[J].语文学习,2010(3).
6. 王荣生.第六讲 营造以"学的活动"为基点的课堂教学[J].语文学习,2010(5).

后续学习活动

任务1:整理讲座中提到的课文及内容,填写下表。

	文体类型	课文的特质	教学内容
《守财奴》			
《林教头风雪山神庙》			
《雷雨》			

任务 2：尝试使用备课模板开展一次备课活动，并将结果呈现在下图中。

篇目：_____

终点：_____   _____   **台阶三** 内容落点：_____   学习方式   **台阶二** 内容落点：_____   学习方式：   **台阶一** 内容落点：_____   起点：学习方式：   起点：_____   _____

阅读教学的三个层面

专家简介

谭轶斌,语文特级教师,上海市教委教学研究室副主任,上海市语文名师培养基地主持人,全国中语会理事,上海市青年教师中学语文教学研究会会长,华东师范大学中文系教育硕士导师。出版《阅读教学田野研究》、《让语文课堂更精彩:兼评12个教学案例》、《教师的语言修养》等著作。

热身活动

阅读本专题之前,请你完成以下任务:

1. 结合教学实践谈一谈,阅读教学的核心问题是什么?
_____
_____

2. 哪个要素对你的阅读教学影响最大?(　　　)

A. 教学内容的确定

B. 教学方法的选择

C. 教学观念的更新

D. 教学资源的获取

E. 其他：_____

学习目标

通过本讲座的学习，你能够：
1. 用自己的话解释阅读教学的三个层面。
2. 了解构建教学内容的思考框架。

讲座正文[①]

各位老师好！今天的话题是，阅读教学的三个层面。中国人是很喜欢"三"的。"一生二，二生三，三生万物"。下面，便从"三"开始说起。

我们来看看《易经》。《易经》当中提出了道、象、器这三个层面。什么是"道"？"形而上者为之道"，"形而下者为之器"。什么是"象"？"易者象也，象也者像此者也"。"道"用我们今天的话语来理解，就是一种无形的运行规律，"器"指的是有形的物质，"象"用今天比较时髦的词叫作"建立模型"。道、象、器不仅是中国古人对世界的基本认识，西方很多学者也有类似的观点。比如康德把世界分为"事实世界"与"价值世界"，事实讲世界"是什么"，价值讲"应该是什么"。也有人认为，人类与客观事物的一切关系应该分为三个方面，一个是事实关系，一个是行为关系，一个是价值关系。

阅读教学也同样要思考这样三个层面：一是事实层面的问题，就是教什么的问题；二是技术层面的问题，是怎么教的问题；三是价值层面的问题，也就是为什么教的问题。为什么是教这些内容而不是教另外的内容？教这些内容的背后，有依据吗？这些内容的核心价值在哪里？关于这三个层面，我跟老师们做一些交流。

一、事实层面，即"教什么"

1. "教什么"要避免"三化"

我们先一起来看一个课例，郁达夫《故都的秋》。在座的老师可能都教过这篇文

[①] 《阅读教学三层面》发表在《基础教育参考》2013 年第 6 期第 31—34 页。转载见于人大复印资料《初中语文教与学》2013 年第 7 期第 35—38 页。

章，我也听过很多老师的课。关于《故都的秋》教什么，有的老师认为是情景处理的艺术个性和审美追求；有老师关注这篇文章反映了郁达夫怎么样的志趣；有的老师认为，这篇文章其实隐含着郁达夫对生命、对故都的双重深度感念；有的老师觉得，这篇文章字里行间都体现了作家的灰色性；有的老师觉得这篇文章的结构很好，所以这篇文章教学重点应该围绕怎样进行选景、怎样进行布局、如何进行构思；也有的老师聚焦在这篇文章写出秋天清静、悲凉的特点，是一篇秋味十足的文章；还有的老师觉得这篇文章的文人气很重，文化韵味很浓。我还听过一堂课，那位老师觉得这是一篇文中有画、文中有思的文章。

上述这些教学内容，我觉得有些还是比较符合、能够体现教学的核心价值的，而有的只涉及这篇文章核心价值的一小部分，还有一些则完全是教师主观的态度和情感。总而言之，就一篇文章而言，教学内容的建构是千差万别、千姿百态的，甚至有时候是随心所欲的。

再比如，《跨越百年的美丽》。这是上海高一第一学期第一单元的一篇文章，关于居里夫人的一篇散文。我们有些老师，在教学中大量介绍居里夫人的生平，播放居里夫人提炼镭的视频。课堂快结束的时候，还链接爱因斯坦等名人对居里夫人的高度评价。一堂40分钟的课，引用课外的内容占用了很多时间，真正用于这篇课文的时间就比较少了。

再比如，《我有一个梦想》。在教学过程中，有的老师让同学们把握这篇演讲辞的特点，体会比喻、排比等修辞手法，感受语言风格。这些内容都聚焦在语言形式的特征上，而语言背后所传递的美国黑人争取民权斗争、推动整个社会进步等内容，在课堂上几乎是没有的，也没有引领学生去认识民主、平等、自由是全人类的共同追求。

再讲一个，汪曾祺的《胡同文化》。很多老师的教学内容是让学生感受汪曾祺"平白、朴素、口语性强，富于表现力的京味语言特色"，至于胡同文化的知足常乐、安分守己、随遇而安，则全然不见。我脑海当中浮现出这样一句话："当你的情人已改名玛丽，你怎能送她一首《菩萨蛮》？"这是余光中老师的一句话。语言的背后就是文化和思想，两者无法割裂。

总之，教学内容建构的问题，不少。一种是随意化，归结为兴之所至，心随意动。第二种是点状化，"只见树木，不见森林"。第三种情况，是存在两极化，有的课太偏重工具，有的课太偏重人文。

【要点评议】

　　太偏重工具的课,仅仅注重为"语文"所用,教学向"言语形式"一边倒,把文本的诗情画意统统过滤掉了,把作者为文的初衷抛之脑后,难免出现"断章取义",自然将文章异化。正如有同学说,自由阅读的时候,为之动情、深深感动,可是经语文老师一讲,索然无味。太偏重人文的课,也饱受诟病,被视为"非语文"、"泛语文"。真正好的语文课,常常既教出了原文的独特之美,又让学生获得了语文方面的长进。这两者其实本来就应相互沟通,相互促进。

　　另外,教学内容的"随意化"处理,其实质是语文教师的专业特性问题。语文教什么,需要有理据支持。

　　语文教学内容的"点状化"问题,是指优秀文本是个有机整体,如果教师没有吃透课文,难免出现胡乱点读的毛病。正如高明的读者能抓住文本要害处一样,高明的老师也能够在关键处、紧要处设问,从而引导学生突破疑点、难点,走向语言的幽深处。

2. 确立"教什么"的前提是对文本的正确解读

"教什么"的重要前提之一,是对文本的正确解读。文本解读有很多立场,为了阐述的方便,暂且引用英美有关"外部"与"内部"概念的新批评内容。"外部"包括传统的批评内容,如思想、社会、心理等;"内部"是指作品中的形式部分,如语言特征、思路结构、叙述模式等。对一篇文本来说,肯定是要有外部和内部的。读者会先从外部来体验文本内涵,然后体会内部的语言特征、叙述模式、思路结构等等。

(1) 文本解读首先须关注整体

我这里引用一句话,"若皋之所观,天机也。得其精而忘其粗,在其内而忘其外。见其所见,不见其所不见;视其所视,而以其所不视,若皋之相者,乃有贵乎马者也"[①]。九方皋有时连马的毛色也没有弄清楚,却能够从一群马中发现千里马,这是其他人所办不到的。他相马时关注的是马的品性,着眼点在"内"而不在"外",在整体而不在局部。**文学艺术作品的美,重要的是整体目标,各部分之间关系的匀称、均衡与和谐。**如

---

① 九方皋相马的故事详见列御寇的《列子·说符·伯乐》篇。

果我们在文本解读时"见树不见林",得到的印象必定支离破碎,抓住片言只语得出的解读,是很容易违背原意的。

下面,我们看一个课例《去年的树》。

《去年的树》

一只鸟和一棵树是朋友,鸟天天在树上唱歌,树天天站着听鸟唱歌。冬天,鸟儿飞走时,答应明年再唱歌给树听。可是,第二年,鸟儿回来后,发现只留下树根。鸟儿问树根怎么回事,树根说树被伐木工人砍了,送到工厂去了。鸟儿又到工厂问大门,大门说,树被做成火柴运到村子去卖了。鸟儿又到村子里,问坐在煤油灯旁的女孩,女孩说火柴用完了,火柴点燃的灯还亮着。鸟儿睁大眼睛,盯着灯火看了一会儿,就唱起去年的歌给灯火听。

老师问,这篇课文告诉了我们什么道理?当时有六个同学发言。一个同学说,滥砍滥伐树木,破坏了环境,让小鸟没有停歇的地方,因此要保护环境。第二个同学说,滥砍滥伐的人真是可恶,不但破坏了自然环境,也破坏了树与鸟儿的友情。第三个同学说,树木很伟大,为了人们能点燃油灯,宁可牺牲自己。第四个同学说,要珍惜朋友间的友情。第五个学生说,真情难找。树木和鸟儿有约在先,但第二年却怎么也找不到了。第六个同学说,表现了鸟儿的真诚,答应给树木唱歌,历尽艰辛也要找到它。显然,这六个同学的回答不在一个层面上,但是老师都给予了肯定。如果以打靶来打比方的话,哪个同学的回答打准了靶心?第六个同学。

这篇文章讲的就是诚信的问题。像第一个同学为什么说要保护环境呢?文章中当然也写到了树木被砍掉了,但是他对文本的理解,不是建立在整体之上,是局部的,只抓住了文章的片面。因此,对文本的把握,一定要建立在整体理解的基础上。

(2) 文本解读须把握内部特征

文学作品的感情都极其真挚,但真情不是空中楼阁,必须有依托,这个依托就是语言文字。很多时候我们大谈作家的人文精神和文本的深刻内涵,却忽略了具体字词句背后所隐含的意蕴。

如何把握语言特征呢?一篇文章的语言特征,我们可以关注叙述角度、思路结构,我这里要强调的是一些具体的字词。

首先,关注特殊字词的深层含义。在解释字词的时候,不仅要注意到它的表层意思,而且要立足于全篇,根据文章前后之间的联系,理解字词所包含的情感、意蕴。根据海明威的冰山理论,我们拿到的一篇文本,其实只是浮出水面的那八分之一,教学就是要把水面之下的八分之七读出来,那才是作者的情感,作者独到的体会。

阅读教学要带领学生从语言入手进入精神、文化、思想的层面,一些特殊字词的深层含义必须关注。比如,鲁迅《祝福》中的"剩"字,首先要理解它的表层意思,然后要把它放到这个语境当中去理解其含义。

第二,关注反常态的表述。很典型的是鲁迅《秋夜》这篇散文。文章第一句话,"我家后院有两棵树,一棵是枣树,一棵还是枣树"。这个我们不展开,网上有很多的理解。

第三,关注看似矛盾的描述。比如,张抗抗《故乡在远方》中有这么一句:"我和早年离家的父亲,犹如被放逐的弃儿,在陌生的乡音里,茫然寻找辨别着这块土地残留给自己的根性"。既然是"乡音"就不该"陌生",那么,为什么要这么写?

还有,关注反复出现的词句。在一篇文本中,如果有一些字、词、句反复出现,我们一定要引起注意。

最后,文本解读还须关注各种关系。如注重词句与词句之间的关系,注重段与段之间的关系,注重末段与前文之间的关系,注重首段与后文之间的关系。这里所说的各种关系已涉及"思路结构"的问题。还有一个是叙述视角的问题,更加是文本的内部层,更不容易被关注和重视。

> 【要点提炼】正确解读文本的要点:关注整体;把握语言特征。
>
> 把握语言特征,表现为:特殊字词的深刻含义;反常态的表述;看似矛盾的描述;反复出现的语句;词句之间、段落之间的关系;叙述视角等。

二、技术层面:即"怎么教"

我们举一个例子,杜甫的《登高》。

先给大家描述一堂课。这位老师导入之后,带领同学们知人论世:杜甫处在唐帝国盛极时代,而杜甫一生漂泊。然后,泛读《登高》,提了一个问题:在这个重阳节登高,杜甫望到了什么?看到了什么?听到了什么?你感到诗人怎样的心情?用一个词来概括。学生答,哀秋、悲秋。齐读。分析前两行写景,后两行抒情。再齐读。提问:望到的景物中渗透了怎样的悲情?总结:在自然万物的永恒面前,生命的飘零是必然的。诗人眼中之景,景景含悲,字字传情。然后,吟读。思考:诗人有哪些悲苦?为什么有如此悲苦的情怀?小结:诗人的情怀其实是古代儒士的情怀,不断地漂泊,不断地登高,不断地坚守。这是一条不断登高的文化之路,这是中华民族忧国忧民的民族传统。最后,背诵全诗。大部分老师都是这么上《登高》的。

现在,我们来看韩军老师教《登高》。这是他很多年前上的一堂课,大家可以在网上查到整节课的教学思路。这里,我选的是中间一个环节。造成杜甫愁苦最根本的原因是什么呢？是国难，是连年的战乱。从哪联的哪句诗知道的？从"艰难苦恨繁霜鬓"一句知道的。这句诗怎么解释？由于艰难、痛苦和仇恨，那时我两鬓斑白了。苦是什么意思？痛苦。这样解读大体上也讲得过去，不过老师还有一种解释，在国势艰难的时候，我极度痛恨我已经老了，已经两鬓斑白了。苦是极度的意思。大家比较一下哪种解释更好？老师的解释更好，更表现出杜甫的忧国忧民。杜甫想为国家出力，平定战乱，但是由于年老多病而不能为国家出力了。这是一种什么样的心情呢？忧愁还是忧愤呢？忧愤，心急如焚。对，就是心急如焚，这个词用得好。心急如焚，才白发丛生，两鬓染霜。心有余，而力不足。另外，从句法角度还能讲出些道理来吗？比方，前后两句是对偶的，句法的结构应该相同。后一句是"潦倒新停浊酒杯"，"新停"与"浊酒杯"之间是动宾结构，是"刚刚停下浊酒杯"的意思。那么上句相应的词"苦恨"与"繁霜鬓"也应是动宾结构，是"极度痛恨两鬓染霜"的意思。老师又说句法结构对应，相应的词也两两对应，"新"与"苦"都是副词。

老师又说，同学再认真想想"艰难"仅仅指国家艰难吗？一位同学回答，我觉得更主要的还有个人艰难，因为杜甫此时已经是晚年了，而且浑身是病，估计自己恐怕活不多久了，所以此时的杜甫老人想的更多的应该是艰难的、不容易的一生。老师说，有道理，颠沛流离、坎坎坷坷几乎一直伴随着杜甫老人的一生。这里既有国家的艰难，又有个人的苦难，二者都有。他既忧国、忧民，又忧身。我特别强调杜甫的一个独特之处，就是古代许多知识分子常以"达则兼济天下，穷则独善其身"作为处世准则，而杜甫却是无论穷达都兼济天下的。

再以《〈呐喊〉自序》教学为例。① 有老师在课始出示《呐喊》捷克译本的序言，是鲁迅写于1936年7月21日，即鲁迅逝世前夕的。老师请学生快速阅读后筛选相关信息，然后强调："我们要来看看这和他写于十几年前，即1922年的《呐喊》中文版的序言，有什么一以贯之的地方？请大家快速阅读课文，看看课文中出现频率最高的关键词是哪一个？"有一个同学说是"梦"，马上有同学说了，"不是。频率最高的关键词是'寂寞'，它在文中一共出现了十次"。

老师请大家再读课文，结合文中鲁迅的人生经历思考：鲁迅寂寞的原因有哪些？首先是父亲的病重至亡故，使16岁的鲁迅感受到了世态炎凉带来的寂寞。在屈辱和悲愤中，鲁迅怀着"想走异路，逃异地，去寻求别样的人们"的目的，离开家乡，前往南京

---

① 下面部分内容转引自《阅读教学三层面》，人大复印资料《初中语文教与学》2013年第7期第37页。

求新知,虽然开阔了眼界,但因无法参加科举考试带来的歧视,对母亲心怀依恋却弃她离去而心怀愧疚,所以是寂寞的。1902年,鲁迅怀着对传统文化的绝望由国内到日本仙台学医,却遭到了更为沉重的挫折和打击。在"幻灯片"事件中,在日本同学的拍手和喝彩中,他感到了寂寞。鲁迅此时此刻的寂寞是因为他是一个具有忧患意识的中国人。这时的寂寞和前一种寂寞的区别在哪里?这不是常人的寂寞,这是伟大的人才会有的寂寞。后来鲁迅弃医学文,唤醒国人,又感受到了前驱者的寂寞。

然后,老师引导学生重点学习课文倒数第三段的议论,理解鲁迅为何会从寂寞走向呐喊。接着,回到捷克版的序言,要求学生思考:此时的鲁迅有没有摆脱内心的寂寞?在学生充分发表想法的基础上,老师表明了自己的看法:鲁迅终其一生都未能摆脱内心的寂寞。有人说,在请名家写序或请朋友写序或自己写序之间作出选择,这本身就暗含了一种"策略",选择的结果已包含着对"序"的某种期待,而且"自序"又显然是最能"随心所欲"地实现这种期待的。鲁迅十分热心给别人的著作写序,但他终其一生都不请别人写序,而他给自己的著作写的"序言"和"后记"决少那类游离原著的可有可无的敷衍之作。像《野草·题辞》《写在〈坟〉后面》等前言后记的重要性甚至超过原文集中的任何一篇。这其实是他内心永远寂寞着的一种表现。

这位老师不是复现文本内容,也不是逢山开路、遇水搭桥,碰到什么讲什么,而是围魏救赵、借石打鸟,以《呐喊》捷克版序言作为贯穿全课的线索,让学生感受到鲁迅先生一以贯之的生命情怀。这样的教学,学生参与度高,教学目标的达成水到渠成。

总之,今日的课堂需要重体验,而非认知接受;重策略,而非提供答案;重生成,而非按兵不动。

【要点评议】

  这句总结的话语非常关键,体现了新的阅读教学理念。"重体验,而非认知接受",就要尊重学生独特的阅读感受,而不是被动接受老师或他人现成的阅读结论;"重策略,而非提供答案",就要求老师注重对学生的理解过程的促进,而不是理解的结论的提供;"重生成,而非按兵不动",就要求激发学生对文本生成自己的理解和意义。语文课堂教学"应重重构,而非复现文本",就需要保护学生的阅读主体地位,建构自己的意义。这种课需要的是教学内容的建构,而不是解读结论的展示。

三、价值层面：即"为什么教这些"

1. "为什么教这些"由课程性质所决定

接下来，我们来谈价值层面的问题，"为什么要教这些，而不是教那些"。也就是说，构建教学内容，应该怎样思考？

首先，我们的教学内容是由语文课程性质所决定的。20世纪中叶，叶圣陶提出"语"就是口头语言，"文"就是书面语言，二者合在一起就是"语文"，主张听、说、读、写应该并重，提倡要培养形式感、文体感、语感。50年代中期，语文教学领域出现的一次重大改革引发了对语言训练和文学教育的空前重视，之后全国开展关于文道关系及怎样教好语文课的大讨论，指出"语文课总是语文课，不能教成政治课"，"也不要把语文课教成文学课"。到60年代，随着新中国第二部小学语文教学大纲的出台，语文学科的工具性被提到重要位置，该大纲强调了语文基础知识教学和基本技能训练。改革开放初期，第三部教学大纲的颁布强调了语文学科的性质，"不但具有工具性，而且要有很强的思想性"。1997年，全国开展新一轮语文教育的大讨论，肯定了语文学科具有人文性。20世纪末，教育部和上海的语文课程标准都明确指出：工具性和人文性的统一，是语文课程的基本特点。我们的人文性一旦离开了基本的语言训练，必是虚的；工具性一旦离开了思想与情感的挖掘，必是死的。

【要点评议】

"工具性与人文性的统一，是语文课程的基本特征。"这句话的含义是什么？语文教学目前的一些问题，可能都源于对这句话的误解。

在"工具性与人文性统一"理念的"指导"下，语文课形成了这样一种模式：语言特征的归纳＋人文主题的阐释。但是，工具性与人文性的统一，不是讲语文课等于"语言＋主题"。

"人文性一旦离开了基本的语言训练，必是虚的；工具性一旦离开了思想与情感的挖掘，必是死的"，这句话很好地阐释了"工具性与人文性统一"。其含义是指，语文的人文就蕴含在具有工具性的语言中，工具性的语言本身就具有人文的因素。

2. "为什么教这些"由阅读特质所决定

叶圣陶老先生讲过这样一段话：一定要靠讲明语言的运用和作者的思路，也就是思维的发展来讲内容。要知道为什么要这么说而不那么说,为什么用这一个词而不用那一个词,为什么用这种口气而不用那种口气,所有这些都跟文章表达的内容密切相关,不能把两者分开来讲,这一堂专门讲思想内容,另一堂专门讲语言。只有把两者结合起来,这堂课才算成功。

张志公老先生曾经就语文学习打过一个比方。他说:语文学习就是带领学生从文章里走一个来回,就是通过弄清语文形式来理解文章的内容,再在理解文章内容的基础上,进一步弄清为什么用这种语文形式来表达这个内容。也就是,从语文形式到文章内容,再回到语文形式。

【反思】
找一个自己熟悉的课例,解释"走一个来回"是怎么一回事?

_____
_____
_____

资料补充:程福宁.中国文章史要略[M].拉萨·西藏人民出版社,1996.
程福宁.程福宁文章学基础[M].长沙:湖南大学出版社,1987.

【要点提炼】语言符号的学习与学生的精神生命齐生共长。语文教学通过一个个标点符号、一个个词语句子的教学,向学生传递优秀的民族文化,培育学生灵动的言语生命。

于漪老师一直在弘扬人文精神,强调人文的重要性,但是从来没有否定"语言文字是文化的载体与结晶"。人文从何而来?一定是从语言文字中来。"要真正读懂教材,既读懂字面,又读懂内涵,还要读懂字面和内涵如胶似漆的关系。"

程福宁先生是一个文章学的专家。他说过阅读有两种,一是文章阅读,一是语文阅读。文章阅读是以汲取思想为目的的,语文阅读是旨在凭借文章获得关于语文的感性经验和语文知识。

王尚文先生也说过,中小学语文与大学语文不一样,大学的语文课可以上成文学课,但是中小学语文教学要紧紧抓住"语文"的缰绳,"语文教学就是从一个个标点、一个个词语、一个个句子开始构建或更新学生的人文世界的"。

3. "为什么教这些"由文体特点所决定

构建教学内容的时候必须要考虑文体的特点。现代文大致分为两大类,一般体裁文章和文学作品类。一般体裁文章就是记叙文、说明文、议论文。文学作品有散文、诗歌、小说、戏剧等。阅读与写作都是文体思维,阅读与写作一旦离开了文体,必定是不得要领的。但目前,有些老师片面理解了"淡化文体"一说,在教学时缺少基本的文体意识,以至于教朱自清先生的散文《春》,竟然采用填写表格的方式来完成,这无异于焚琴煮鹤。

我曾经听一堂《再别康桥》。这位老师是这样上的:

《再别康桥》

师:刚才我们朗读了全诗,现在请大家分别用两个字来概括全诗每节的内容。

生:整首诗共7个诗节,依次概括为作别、金柳、青荇、清泉、寻梦、沉默、作别。

师:把每一节的中心都概括出来了,能从中看出这首诗在结构上的特点吗?

生:首尾呼应。

师:哪一节最能表达作者离别时的心情?

生:第六节。

师:徐志摩为什么会对康桥产生如此强烈的思想感情呢?

生:他是到康桥来"寻梦"的。我曾经读过他所写的《我所知道的康桥》。

师:你能具体地说说,徐志摩是带着什么梦想来到康桥的?

生:他到康桥是因为仰慕罗素先生的大名,想向他拜师求学。当然,因为种种原因,他没有遇到罗素,后来是英国作家狄更生先生帮助他在剑桥大学谋取了一个特别生的资格,可以随意听课。从此,徐志摩就开始了在康桥为期一年的求学生涯。

师:你提到了徐志摩1926年写下的这篇散文,这是我们理解这首诗非常有效的一个抓手。我们一起来看看《我所知道的康桥》第三部分,看看徐志摩主要描写了康桥的哪些景色?这些景色具有什么特点,对作者产生了怎样的影响?

生:文中写道,上下河分界处有一个坝筑,水流急得很,在星光下听水声,听近村晚钟声,听河畔倦牛刍草声,是我康桥经验中最神秘的一种:大自然的优美、宁静,调谐在这星光与波光的默契中不期然的淹入了你的性灵。

生:徐志摩面对康河,发出了这样的感叹:"康桥的灵性全在一条河上;康河,我敢说是全世界最秀丽的一条水。"可见,康河在他心中的地位之高。

师:徐志摩在《吸烟与文化》一文中还写道:"我的眼光是康桥教我睁的,我的求知欲是康桥给我拨动的,我的自我意识是康桥给我胚胎的。"能再说说吗,作者的康桥生活为何也是最痛苦的时期?

生: 在康桥,徐志摩遇到了他一生中至关重要的女子——林徽因。林徽因是北洋军阀政府民政部部长林长民的女儿,当时随父在英国旅行。当年她虽然只有十五六岁,却是一个见识广博、谈吐不俗的小才女。徐志摩对她一见倾心,深深地爱上了她。可是徐志摩在出国留学之前,就已经奉父母之命,在海宁老家和张幼仪结婚,并且已经有了一个儿子。后张幼仪赴英陪读,林徽因了解真相以后,决定和徐志摩分手,很快随父回国。张幼仪在得知丈夫移情别恋以后,提出离婚的要求。徐志摩不顾家人和好友的反对,在德国和妻子离婚。之后回到康桥继续求学。所以,康桥既是徐志摩爱之信仰萌发的地方,又是他爱之信仰破碎的地方。

师: 因此,胡适在《追悼志摩》一文中这样评价徐志摩:"他的人生观真是一种'单纯的信仰',这里面只有三个大字:一个是爱,一个是自由,一个是美。他梦想把这三个理想的条件会合在一个人生里,这是他的'单纯信仰'。他的一生的历史,只是他追求这个单纯信仰的现实的历史。"请大家再一次带着感情读全诗。

从教者的角度来看,对诗歌的鉴赏,不能只停留于表面的形式美,虽然《再别康桥》属新诗格律诗中的佼佼者,韵律和谐优美,节奏富于变化,结构灵活多姿,意象清新甜美,语言凝练生动,全诗读来朗朗上口,优美舒畅,但若剖筋拆骨,一一细究,则韵味全失,不如舍末逐本,直击性灵,体味本诗所蕴涵的情感美,并探索其内在成因。

从观者的角度来看,如此教学,究竟是走进文本还是远离文本?同写康桥,诗歌《再别康桥》的文学价值远超过散文《我所知道的康桥》。诗歌自有其艺术魅力。在本诗中,徐志摩是着眼于情感,落笔于诗句,只有"入乎诗内",才能"出乎诗外"。

在引导学生通过其他文本加深对诗歌情感美的体会时,还要通过字词句来感受诗歌所表现的景物美。在诗人笔下,康桥的自然景物具有人情化的特点,而诗人的主观感情又是自然化的,完全是一种物我交融的境界。

在体会情感美的同时,还要去体会诗歌的韵律美,因为诗歌的主题正是在回环往复的旋律中不断得到深化的。

【要点提炼】诗歌的文体特征,就是构建诗歌教学内容的重要依据。

诗歌有其基本的教学价值取向。从文体特征的角度来看,诗歌具有强烈的情感(抒情性);想象丰富(想象性),呈现出跳跃性结构;语言凝练,讲究陌生化,节奏与韵律感强(音乐性);有特殊的表现手法和技巧,如起兴、象征、隐喻、意象等。

诗歌的抒情性、想象性、音乐性,决定了诗歌教学应重感悟体验、重二度创作、重感情朗读等特征。

张中行先生当年求学时听他老师俞平伯讲宋词,几十年后,他对俞先生讲的具体内容已经淡忘,但他一直记得先生讲李清照的词《醉花阴》时那朗声诵读的样子。虽然俞先生诵读完之后只说了一句"写得好,写得实在是好",就宣布下课了,而李词的韵味却已深深地浸润在他的心里。

散文、小说、戏剧等也同样具有自身的特点。

4."为什么教这些"由学生实际所决定

以杜甫《登高》为例。如果这首诗编排在小学教材里,那么教学内容主要就是让学生找出诗人描写了秋天的哪些景物,了解诗歌的大致意思,读读背背就可以了。

如果编排在初中教材里,就要让学生抓住描写景物特征的词语谈感受和理解,思考景物描写与诗人内心情感之间的关系,同时把握这首"古今七律第一"的诗歌的形式美。

如果编排在高中教材里,就应引导学生感悟杜甫登高时被触发的人生悲怀,以及大唐帝国由盛转衰的时代氛围,走进他的心灵深处,体会其诗沉郁顿挫的风格。对于基础好的学生,可对"木叶"意象、"登高"题材等作些探究。

所以,一篇课文的核心教学价值的确定,要考虑四个方面:既要考虑课程性质,又要考虑阅读特质,还要考虑文体特点,更要考虑学生的实际。这四点是不能够分割的,不能偏向于一隅。

> 【要点评议】
> 　　教学内容的核心价值,是阅读教学价值层面需要着重思考的关键问题。谭轶斌老师这里提出一个非常有见地的分析框架,课程性质——阅读特质——文体特点——学生实际,四个方面融为一体。通过这个分析框架来比较、确定最有价值的教学内容,既有科学性,又便于操作。

说到"三层面",我们会很自然地想到美国著名咨询公司——麦肯锡公司的三层面理论。对他们公司而言,第一层面是扩展并确保核心事业之运作,第二层面是在此基础上发展新业务,第三层面是在第二层面的基础上,开创未来的事业机会,三个层面是逐层递进的。

但是,阅读教学的事实层、技术层、价值层这三个层面,不是递进关系,而是相互关联、互为整体的关系。西方诗人叶芝曾说:"舞与舞者,孰能分矣。"教什么、怎么教、为什么教,又如何能分开呢?

这些就是我对阅读教学的基本认识,欢迎大家批评指正!

【要点提炼】确定有价值的阅读教学内容,这是阅读教学的"头等大事"。

围绕这个主题,谭轶斌老师从事实层面"教什么",技术层面"怎么教",价值层面"为什么教"等三个层面展开,强调上述三个方面是统一体,不能割裂开来理解,如此才能真正理解其中要义。

同时,提出构建教学内容的思考框架,即包括四个维度:课程性质;阅读特质;文体特点;学生实际。

资源链接

1. 谭轶斌. 语言,文章的肌肤与表情[J]. 中学语文教学,2008(12).
2. 谭轶斌. 音律,有意味的形式[J]. 中学语文教学,2007(6).
3. 谭轶斌. 教师课堂语言的"牵引力"[J]. 中学语文教学,2011(5).
4. 谭轶斌. "以学定教"例谈[J]. 现代教学,2011(1).
5. 谭轶斌. 阅读教学田野研究[M]. 上海:上海教育出版社,2008.

后续学习活动

将"教什么——怎么教——为什么"作为教学反思的框架,分析自己的一个课例,尝试从这一框架中总结教学的经验。

课例名称	
教什么	
怎么教	
为什么	
经验总结	

共同备课
工作坊

语文教师学科教学知识的状态
——《黄山奇松》共同备课的启示

教学现状描述

本次备课选择的篇目是苏教版五年级上册的《黄山奇松》。根据搜集到的课例,大部分教师把《黄山奇松》当作是一篇写景的散文来教,主要的教学内容有:①感受黄山松之"奇";②学习写作方法;③激发对祖国大好河山的热爱之情。分析发现,《黄山奇松》教学最大的问题就是对体式的辨认。

借助这次备课,我们讨论语文教师在辨认体式确定教学内容的备课过程中是怎样思考的,即语文教师学科教学知识的状态问题。

热身活动

阅读本专题之前,请完成以下任务:

1. 如果你教这篇课文,会选择"教学现状描述"中的教学内容吗?

2.(1)如果选择,写出你认为黄山松"奇"在哪里,这篇课文具体的写作方法有哪些。

(2)如果不选择,写出你确定的教学内容。

共同备课进程

> 回顾：主题学习工作坊第三讲教学内容的选择与教学环节的组织原则：依体式，定终点；
> 研学情，定起点；
> 中间搭上两三个台阶。

这批培训学员是由某直辖市选派，以区、校教研组长为主的小学骨干教师。这次共同备课，专家没有参与各小组的讨论。由各小组自主备课，实践在主题讲座中所学的理念——依据文本体式和学情确定教学内容。在完成教学方案的设计之后，小组汇报交流，专家参与点评。

备课前组员精心准备，小组备课用时三小时。以下是各组成果的汇报。

第一阶段：六小组汇报备课成果

1. 第一组的设计，关注课文的内容和写法

师1：我们确定的教学目标有两个。第一，抓住重点词句，感受黄山松的"奇"。第二，学习作者的写法，即抓住事物的典型特点写，具体写与概括写相结合。教学过程包括两个教学环节。

环节一：抓住重点词句，感受黄山松的"奇"

学生默读课文的第二自然段，思考并勾划：你认为最能体现黄山松"奇"的词句是哪些？之后，全班交流。

（1）感受黄山松的第一"奇"

全班交流的时候，当孩子们谈到迎客松的词语和句子的时候，老师可以相应地点拨。比如"枝干遒劲"，"遒劲"这个词语，孩子们见得比较少，常用于书法上。我们可以借助工具书，让学生理解"遒劲"就是强劲的意思。老师也可以利用课件出示迎客松枝干的图片，加强学生的理解和记忆。理解"枝干遒劲"这个词语，主要是感受黄山松的姿态优美，这是黄山松的第一"奇"。

（2）感受黄山松的第二"奇"

当交流到"饱经风霜"这个词语的时候，老师首先可以引导学生通过字面分解，或

者是联系上下文的方式,联系自己的生活实际来理解。相信孩子们理解起来并不困难。

之后,老师可以引导孩子想象,什么才叫"饱经风霜"?它到底经历了些什么?孩子们就会想到风吹日晒雨淋等,这时候如果孩子们想到了一点点,老师们就进行补充;如果孩子们没有想到,老师就可以介绍:

黄山的自然环境非常艰苦,最高海拔1864米,山上几乎没有什么泥土,大面积的岩石。黄山松要在这样的环境当中生长,它必须要具有顽强的生命力。黄山松的种子进入到了岩石里,岩石里并没有泥土,可以将花岗岩转换为营养来生长,所以生长速度非常慢。

学生通过理解"饱经风霜"的意思,就可以理解迎客松的第二"奇":生命顽强。

(3) 感受黄山松的第三"奇"

当孩子们提到比喻句——"如同好客的主人伸出手臂"的时候,老师可以让学生观察图片,从图片中感受迎客松热情好客的特点。这是黄山松的第三"奇"。

【观察者点评】这一环节教师确定的目标是黄山松的"奇"。

实际教学中,概括的是迎客松的三"奇"。

迎客松的形象实际上已经深入了中国的家家户户,许多人家都贴了迎客松的图片,甚至人民大会堂里也有这样的图片。这传递了中华人民的传统美德——热情好客。

小结:通过抓住重点词语和语句,感受黄山松的"奇"。我们通过抓住重点词语——遒劲、饱经风霜,抓住重点语句——如同好客的主人伸出手臂,感受黄山松的"奇"。

环节二:学习写法

(1) 抓住事物的典型特点来写

同学们交流三棵松的特点。

体现迎客松特点的语句是,"如同好客的主人伸出手臂"。

体现陪客松特点的词语是,比喻性词语是"绿色巨人"。"绿色"可以让人感受到枝繁叶茂。"巨人"可以让人感受到高大挺拔。

体现送客松的语句是,"姿态独特,枝干蟠曲,游人把它比作'天然盆景'"。这句话可以抓住枝干蟠曲,来理解"蟠曲"的意思,来感受盆景是精心栽培出来的,它的美也是那种非常惊人的美。

共同备课工作坊　87

交流完毕之后,抓住松树名称里的"迎"、"陪"、"送",让学生感受黄山松的"奇",以及用词的准确。三棵松的命名,是根据它们的姿态各不一样,同时在游览路线中的位置来确定的。

还有,要关注第三自然段,抓住"千姿百态"这一词语,让学生感受黄山松的"奇",体现在黄山的每一棵松树上。"黄山松千姿百态。它们或屹立,或斜出,或弯曲;或仰,或俯,或卧;有的状如黑虎,有的形似孔雀……"这句话孩子们一读就懂,省略号就说明黄山松的姿态是数也数不尽,数也数不完的。

(2) 具体和概括相结合

比如:黄山以奇松、怪石、云海、温泉"四绝"闻名于世,而人们对黄山奇松,更是情有独钟。

再比如:黄山松千姿百态。它们或屹立,或斜出,或弯曲;或仰,或俯,或卧;有的状如黑虎,有的形似孔雀……

这种具体和概括相结合的写法,可以布置为课后作业,让学生进行练习。

最后,我们组用一句话来总结,那就是:黄山上无树非松,无石不松,无松不奇。黄山松确实非常奇特,没有哪一棵树不是松树,没有哪一块石头上没有松树,没有哪棵松树不奇特。谢谢大家!

2. 第二组的设计聚焦在写法

师2:我们小组把这篇课文的教学目标就确定在学习写法上。教学过程设计了三个教学环节。

环节一:初读课文,初步感受课文的详略

环节二:学习排比的表达方式

这篇课文我们让学生学习的表达方式是第三自然段的排比:

它们或屹立,或斜出,或弯曲;或仰,或俯,或卧;有的状如黑虎,有的形似孔雀。

第一个分句,写出了黄山奇松三种竖着的形态。第二个分句,写出了黄山奇松三种横着的形态。第三个分句,写出了黄山奇松从整体上看的形态。

这句可以作为学生在学习语言表达上的一个生长点,在课堂上得以呈现。我们推测,学生应该能看出这是三个分句的排比,但不会发现三个分句之间的角度是不一样的,分别写竖着的,横着的,整体的。作为老师教给他们进行这样语言表达时候的特殊性,让他们发现语言当中的奥秘。

环节三:揣摩详略得当的写法

第三段是一个总分结构。总写"千姿百态",黄山松的千姿百态就是黄山松的"奇"。那作者是怎样具体写出松树之奇的呢?反过来关注第二自然段,揣摩详略得当的写法,写出了迎客松、陪客松、送客松的奇妙之处。

　　通过与第三自然段的对比,知道第二自然段属于课文当中的详写段。通过朗读、背诵第二自然段,让学生发现写迎客松是详写,写陪客松和送客松是略写。谢谢大家!

　　3. 第三组的设计也侧重在写法

　　师3:通过了解教材中该单元的导读,我们发现《黄山奇松》这篇课文在表达上有以下特点:除了刚才两个组说到的详略得当,我们还发现了作者的用词很精妙,语言很简练。还发现,作者在描写三棵奇松的时候主要采用的是根据事物特点展开合理的联想这样一种表达方法。基于这几点,我们最终确定的教学目标是,学习作者根据事物特点展开合理联想,运用恰当的修辞手法进行描写的方法。

　　具体的教学环节有三个:

　　环节一:聚焦名松,感悟特点

　　抓住关键词,体会三棵松不同的"奇"。迎客松"奇"在姿态优美;陪客松"奇"在位置绝妙;送客松"奇"在姿态独特。同时,理解遒劲、饱经风霜、蟠曲等词语,感受作者用词的精妙。

　　环节二:体会作者的写法

　　通过比较、归纳等等方法,让学生体会作者描写这三棵奇松采用的是"描述+联想"的形式。当然,作者展开的是合理的联想。

　　环节三:读写结合

　　根据本班学生的情况,老师们可以让同学们写一写黄山奇松中其他松的姿态,或者是黄山奇石,以及天上的云等等,采用"描述+联想"的方法来进行描写。谢谢!

　　4. 第四组的设计也是以写作方法为目标

　　师4:我们组研究了小学语文课标对高段阅读的要求,"要揣摩作者的表达顺序,以及初步感知文章的写作方法"。

　　基于这样的要求,我们确定的教学目标是,通过理解黄山松的"奇",学习写作方法。我们设计了五个教学环节来达成这一目标。

　　环节一:从题目入手,抓住关键词"奇",激发学生的阅读期待

　　环节二:让学生围绕"奇"来自主学习,让学生在字里行间中感受"奇"

　　环节三:全班交流

交流的过程中,找出写"奇"的语句,老师适时地梳理。老师读课文,让学生把文字在头脑中形成黄山松的画面,再以简笔画的形式画一画。聚焦第二自然段,体会合理想象和恰当的修辞。

环节四:回归整体,揣摩首尾照应,点面结合,总分总的结构

基于以上的考虑,我们教这篇课文主要采取"素读"的方式。摒弃看图片、看视频的方式,让学生真正地走进文本,在字里行间静心地体会,丰富想象,从而习得写作的方法。

环节五:学习迁移,以读促写

我们在这里才播放关于黄山的画面,画面呈现的是黄山"四绝"(奇松、怪石、云海、温泉)的画面,进一步激发孩子们对黄山的了解。学生可以选择"四绝"中的一绝,也可以选择其他的景点,将这节课所学习到的写作方法加以运用。谢谢大家!

5. 第五组的教学目标包括内容和写法

师5:我们组确定的教学目标是:第一,抓住"遒劲"、"蟠曲"等学生有困难的重点词句,通过读文字想画面的方法,感受黄山松的奇美。第二,学习作者抓住事物特点展开合理联想的描写方法。第三,正确、流利、有感情地朗读课文,背诵第二自然段。

具体的教学流程:

第一,创设情景。跟第四小组想法不同,我们觉得,要想让孩子们学习,首先要激发学习的兴趣。这篇文章,对孩子来说,理解上有一定的难度,我们通过播放黄山风光的视频,让学生对黄山产生向往之情。当然,这里的风光片只有云海、怪石等画面,对黄山松并不清晰地呈现,只是粗浅地感知。

第二,初读课文,整体感知。对"遒劲"、"蟠曲"等词进行检测,为学生读通课文、读好课文,有感情地朗读作铺垫。

第三,学生交流对黄山松的印象,教师进行归纳。

黄山奇松,"奇"在哪里?我们小组看来,黄山松的生命力顽强并不是它的特点。黄山松有两大"奇",首先是量多,山顶上,陡崖边,处处都有它们潇洒、挺秀的身影。其次是它的形,姿态各异。

第四,精读课文,感受奇美。重点是第二自然段,通过用读文字想画面的方法,加深对黄山奇松各异形态的感受。这里,渗透作者通过抓事物的特点展开合理联想的写作方法。这一环节,通过读和想象的结合,让学生既感受到文字的美,也感受到作者写

法的独到。

第五，背诵。背诵的目的是积累语言，迁移写法。黄山松千姿百态，学生可以抓住其中的一个形态，运用抓住特点展开联想的方法写一写。这时候老师再次出示黄山松的图片。不是第一环节黄山整体的图片，而是一幅幅定格的画面。要求学生细细地观察，合理地联想，再加上生动地表达，把这篇文章从语言到写法的多个学习内容进行迁移。谢谢！

【反思】

1. 各组对黄山松特点的归纳，一致吗？

   _____

2. 有几个组都认为，这篇课文的教学内容之一是，学习作者抓住事物特点进行描写的写法。

   请思考：既然我们认为作者抓住了事物的特点，为什么各组从课文中归纳出的黄山奇松的特点却不同？

   _____
   _____

6. 第六组汇报备课的过程

师6：我先说第一点，我们组在正式备课之前，先讨论的是专家为什么选择《黄山奇松》让我们进行教学设计。专家肯定是希望用这个课文讨论文体的问题。于是，我们组的备课就从分析这篇课文的文体特点开始。

关于这篇课文的文体特征，我们组争论不休，查了网络资料，也看到一些争议。有人说是说明文，也有人说是散文。究竟是什么文体，我们首先要确定，做到自己心中明确，才能找到合适的教学方法。

以前我们拿到一篇文章，会依据教材对单元的编排主题来确定教学内容。如果整个单元都是写景文，那这篇课文肯定是教如何写景的方法。先从整体入手，然后抓住一个具体段落，抠一些关键词句。但是，现在思考这篇课文教什么，我们的理念是，要基于文体的特点来确定合理的教学内容。

第二点，我想说，文章作为一个教学的材料供我们所用，不能一厢情愿地要教给孩子们什么，而要问一问我们是否了解孩子们到底需要什么。所以，我们的第二个理念是，基于学生学习的特点来确定教学目标。

这是一篇五年级的课文，学生们之前都接触过这样的写景文章。对这样的写景文，应该说有初步的了解。那么，他还需要再吸收些什么？或者哪些内容是他自己能够在这篇文章中找到的生长点？这是我们需要重点思考的问题。

达成了这两点共识之后，说实话，我们后面的讨论推进得很艰难。有不少的争论，没能达成一致。但是，我们依然认为以上两点是我们教学设计必须考虑的问题。

至于具体的教学设计，我们组只形成了一个方向，但如何来更好地落实，让它真正地有亮点，凸显文本的特色，让学生真正有收获，我们希望得到专家的指点，和在座同行的帮助。

再补充一下，我个人对这个文本很纠结，找了很多相关的资料，徐霞客的游记里有一篇黄山游记，里面也提到了黄山奇松。我想，这篇是不是游记？游记的写法又具有什么样的特点呢？我自己目前把这篇课文定位在游记上。我们初步是这样的想法。谢谢！

【反思】
整理六组汇报中"教写法"的部分，罗列教了哪些内容。

_____
_____
_____

第二阶段：合作专家的点评
一、选择这篇课文意图凸显语文教学的问题

六个组备课成果有共同点，就是让学生感受黄山奇松的"奇"，也有差异的地方，不同的组强调的重点不太一样，有的组强调"点面"，有的组强调"详略"，有的组强调"总分"，有的组突出修辞的手法，比喻、拟人等等，有的组突出四字成语，比如饱经风霜。还有很多老师确定的是读写结合，要学生进行仿写。我暂且不评论。

我听过很多教这篇课文的课,先给大家描述一下这些课堂的实际情况。

第一个情况,让学生找黄山奇松"奇"在哪里。学生一段一段地找,几乎把整篇课文找了一遍。这个学生发现了这一处,那个学生发现了那一处,最后大家拼起来。接着,教总分总,教详略,教点面,教比喻。几乎所有的老师都是这么教的。

阅读教学,我们教一篇课文,就是让学生找一遍"奇",找一遍"总分",最后拼起来吗?在我看来,这种现象是存在问题的,这种问题在小学可能比较严重。这种现象实际上反映了我们看课文的眼光就存在问题。我们是用一种为了使学生来学习某样东西的眼光来教课文。于是,我们看到的课文是总分总、详略、点面、比喻。我们把课文当成了一堆语言材料,这堆语言材料里有什么,我们就抓什么,比如有分号我们就教分号,有引号我们就教引号。我们没有把课文当成一个完整的篇章来理解。这两者差别很大。

【要点评议】

把课文当语言材料和把课文当语篇的区别是什么?

我们借用心理学"焦点和背景"的概念来分析,从教学目标、学习结果、知识与阅读材料的关系三个角度来解释,见下表。

	把课文当语言材料	把课文当语篇
谁是焦点 谁是背景	语言学等学科的知识点是焦点; 课文是背景	课文是焦点; 语言学等学科的知识点是背景
教学目标	掌握语言学等学科的知识点	理解课文
(学生)学习结果	能够在不同的语言材料中准确辨认所学习的知识点	对课文的理解有所增进
知识与阅读材料的关系	用阅读材料教知识	借助知识教课文的阅读

下面描述第二个教学情况。这篇课文一般用 2 个课时。我问一下,老师们,如果

是你教"总分总"的话，准备用多少分钟？2分钟差不多了吧？2课时是80分钟，还有78分钟呢？还要教"详略"，你打算用多少时间啊？可能比"总分总"稍长一点，估计30分钟差不多了。你还要教"点面结合"，准备用几分钟？这里的"面"就是黄山奇松，也就是两三分钟。有的老师讲到还要教比喻、修辞，准备用多少时间啊？估计30分钟差不多了吧？那些词语呢？零零散散加起来大概四五分钟。

阅读教学是不是这回事啊？一两分钟教总分总，两三分钟教详略，30分钟教点面，一两分钟教比喻，四五分钟教词语。阅读教学就像是从不同的角度去这篇课文中抠一点东西。总分总抠一点，详略抠一点，点面抠一点。抠到的某个部分花的时间不一样。还有一个点，我们这六个组没提到，我还听过有老师提到这篇课文不仅仅是写松树，松树具有某种象征的意味，代表人的精神。课堂上还会往人文精神上延伸一点。

我们老师上课的时候会提到很多内容。这堂课老师肯定会提到词语，那省略号有没有老师注意到啊？如果省略号注意到的话，全文引号还不少，第一句就有引号。如果提到引号，分号会不会提到呢？如果分号提到的话，顿号有没有提到呢？说不定也会提到。一堂课会提到多少内容呢？我认真地说过，平常的课30多个点。如果是公开课，会精炼一点，大概十七八个。我们按平常的课30个点左右来计算，一节课40分钟，一个内容点大概1分钟到2分钟。我们的教学是这么回事呢？1分钟到2分钟提到这个点，下个1分钟到2分钟提到那个点，再1分钟到2分钟又提到下一个点。这就是我要说的第二个状况。老师们一定要区分，一堂课上什么内容是提到的，什么内容是要教的。

【要点提炼】区分：教学内容和教学中提到的内容。

老师上课提到很多内容点，但是提到的内容就是教了吗？教学是不是就是提到一下？大家应该教过二年级的课文《黄山奇石》吧？二年级怎么教的《黄山奇石》？肯定也是全文都找一遍，然后开始抠点，写法、结构，等等。

第三个情况，我们抠到的内容，对不对呢？我们有的组提到，要教描写，指导学生定点观察的写景方法。这个知识对吗？我们来看看，这篇课文的观察地点在哪里？是在"最妙的观松处"吗？大家想一想，迎客松是上山的路上，陪客松正对着玉屏楼，送

【要点提炼】确定教什么，需要教师进行专业审议。

客松是在下山的路上。什么人的眼睛一眼能看到三棵松啊？根本看不到的。"山顶上，陡崖边，处处都有它们潇洒、挺秀的身影"，用什么角度能看到？我想，站在任何一个定点的位置上都是看不到的。

以上三种状况，我们这六组也都存在。虽然大家都是优秀的骨干教师，虽然我们也很认真，花费了一个下午的时间，总体来看，备课都有些不太对。

总结一下，借用这篇课文的备课，我们看到了小学语文教学中普遍存在的三种情况：

第一，教课文，就是把课文全部找一遍，而且是带着各种目的地找一遍。

第二，教学时，在课文里到处抠一点。不同的老师抠到的内容不一样，所以，我们看到不同小组的教学重点不一样。

第三，抠到的内容，也不一定对。其实还应该再加一个情况，只要是类似的课文，二年级你会教这些点，三年级也会提到这些点，四年级你差不多提到的还是这些点，五年级、六年级，教的内容都差不多。

【反思】
　　重读主题学习工作坊《阅读教学研究的新进展》中"阅读取向与阅读方法"部分，和《文本的教学解读及其要领》中"语文教师文本解读时的'绿眼镜'"部分。

　　结合讲座内容，针对这篇课文备课中专家总结的小学语文教学中普遍存在的三种情况，谈一谈你的看法。

_____
_____
_____
_____

二、这是一篇什么文体的课文

现在，我们来说说，这篇课文是一篇什么文章？这篇课文的题目有两种读法。我们六个组的解读差不多都是第一种读法，"黄山奇特的松"。实际上，教参上也是这个读法。教参上的第一个问题就是，"黄山奇松，奇在哪里"。但是，这篇课文的题目还有第二种读法,是"黄山的奇松"。

　　大家看一看,这篇文章是"黄山奇特的松",还是"黄山的奇松"呢?如果是"黄山奇特的松",就是描写黄山松的文章,核心在"奇特"。如果是"黄山的奇松","奇松"就是一个词,可以把"奇"拿掉,题目是"黄山松",是一篇介绍性的文章。

　　这个问题,大家先看看课文的这几个地方,再回答。第一个地方,"黄山以奇松、怪石、云海、温泉'四绝'闻名于世"。大家能看出,"奇松、怪石、云海、温泉"是个并列词组。并列词组,什么特点?词义相近,结构相同。并列词组中,"温泉"是一个词,指的是一种事物;"云海"是一个词,指的是一种事物。那么"奇松"呢?肯定也是一个词。当然这个词的构词法是偏正,但能不能分开来理解?

　　再看一个地方,"黄山最妙的观松处",观的"松"是什么松啊?当然是"奇松"。"山顶上,陡崖边,处处都有它们潇洒、挺秀的身影","它们"是谁啊?是"奇松",黄山处处都有,每棵松都是"奇松"。还有,"黄山松千姿百态",说明"黄山松"就是"奇松"。"它们装点着黄山","它们"是谁啊?还有课文第二段的省略号,指的是无数的黄山松。换言之,"黄山松"就是"黄山奇松"。所以,这篇文章不是强调黄山松如何奇特的描写文章,而是介绍性的文章,介绍黄山的奇松的文章。

　　这样分析来看,课文题目的第二种读法"黄山的奇松",是对的。大家看看,这一点能不能形成共识?

【观察者点评】根据"教学现状描述",大部分老师将这篇课文看作是写景散文。

　　这里,专家提出,这是一篇介绍性的文章。

　　对此,你有没有觉得有些困惑?

【反思】
　　1. 你认可"黄山的奇松"的读法吗?
　　_____
　　2. 如果是"黄山的奇松"的读法,那么有的组概括了黄山松的"奇",请反思"奇"的特点是如何归纳出来的?
　　_____

接下来,第二个问题:既然是介绍,那么是向谁介绍?

我对课文里的一些词用颜色进行了标注:

➢ 如同好客的主人伸出手臂,热情地欢迎宾客的到来。

➢ 如同一个绿色的巨人站在那儿,在陪同游人观赏美丽的黄山风光。

➢ 好像在跟游客依依不舍地告别。

看出来吗?这篇课文是在向宾客、游人和游客介绍。向什么样的游人和游客介绍?第一种,没有到过黄山、不了解黄山奇松的人。还有一种,到了黄山,但是对黄山的奇松视而不见的人。

大家都有跟着导游旅游的经历吧?到了一个景点,作为游客,我们匆匆忙忙走过去了。导游说,慢一点,到这个位置上来。我们跟着挤到一堆,顺着他手指的方向看。导游说,远处的山看起来像不像青蛙?我们眯着眼睛看,有点像。然后再匆匆忙忙走到下一个景点。导游说,顺着这个地方看,是不是又看到一个东西?我们一看,看到了。《黄山奇松》大概就是这样的一篇课文。

我们能不能形成第二个共识:这篇课文是向没有到过黄山、不了解黄山松的人,看不出黄山松名堂的人介绍的?

第三个问题,用什么办法来介绍呢?

其实就是导游解说时用的办法,叫外形描摹。导游说,看一看那个地方,那棵松树像什么?你一看,"如同绿色的巨人"、"如同好客的主人"、"有的壮如黑虎"、"有的形似孔雀"。课文用的就是外形描摹的方法。

我们六个组都发现这篇课文有很多四字的词语,姿态优美、姿态遒劲、饱经风霜、郁郁苍苍、充满生机、依依不舍,千姿百态。这些词语是书面语,还是口语?是书面语。书面语体,是这篇课文的一个特点。

刚才说,这篇课文用的是导游解说的办法。大家想想,导游给我们介绍的时候用的是口语,还是书面语?导游当然是口语说的,我问的是,他说那段话的语体风格是什么?是书面语体。我们都有过这样的生活经验,大部分导游说的都是成套的书面语。我们坐火车,到了终点站,列车的广播会说:"随着列车的飞驰,我们即将到达本次列车的终点站。"这就是书面语。书面语给人正式的感觉。

第四个问题,用外形描摹的办法,用书面语体,我们读了以后会有什么感受呢?

你去过黄山吗?但是不管你有没去过,读了《黄山奇松》,你想去吗?读了《黄山奇松》,对黄山松的样貌,头脑里有印象了吗?这篇课文就是要让读者留下黄山奇松的感观印象,吸引游人前去参观。

备课成果小结

我们对《黄山奇松》的备课,虽然没有研讨出所谓理想的教学设计,但是形成了四点关键的共识:

第一,这是一篇介绍黄山奇松的文章,是介绍性的文章。
第二,这篇文章是向游客介绍黄山松的。
第三,这篇文章用的是外形描摹,类似导游解说的表述方式。
第四,这篇文章的目的是给人以形象性的感观印象。

问题研讨

本次备课可以成为研究教师学科教学知识的一个典型案例。

对五个组的教学内容(第六组除外)进行梳理(见表1和表2),发现各组在备课中所确定的教学内容,呈现出了"趋同而又迥异"的样貌。

表1　黄山奇松之"奇"的教学内容

	黄山奇松之"奇"
第一组	第一奇:姿态优美 第二奇:生命顽强 第三奇:热情好客
第三组	迎客松"奇"在姿势优美 陪客松"奇"在位置绝妙 送客送"奇"在姿态独特
第五组	第一奇:量多 第二奇:其形姿态各异

表2　"学习写法"的教学内容

	学 习 写 法
第一组	抓住事物的典型特点来写 具体和概括相结合
第二组	学习排比(第三段) 揣摩详略得当
第三组	根据事物特点展开合理联想，运用恰当的修辞手法进行描写的方法，即"描述＋联想"的形式
第四组	体会合理想象和恰当的修辞(第二自然段) 揣摩首尾照应、点面结合、总分总的结构(整体)
第五组	通过抓事物的特点展开合理联想的写作方法

教学内容的"趋同"表现为，各组确定的教学内容点相对集中。这篇课文主要有两点，感受黄山奇松的"奇"和学习写作方法。教学内容的"迥异"表现为，黄山奇松之"奇"的特点是什么，以及本篇课文有什么写法，各组则各不相同。也就是说，教学内容"趋同而又迥异"的样貌，是指语文教师所选择的教学内容点大体相同，而内容点的所指又迥然不同。

为什么会出现教学内容"趋同而又迥异"的样貌？这与语文教师的学科教学知识密不可分。语文教师的学科教学知识是指，教师教什么和怎么教的理据，也就是，教师对为什么确定教这个和为什么选择这么教的认识。通常以经验的形式表现。

从学科教学知识的角度来分析，造成教学内容"趋同而又迥异"样貌的原因，可能有两个：第一，语文教师解读课文的流程是，先有"认识"，再寻找"证据"；第二，语文教师"认知图式"的贫乏。

第一，先有"认识"，再寻找"证据"的解读流程。

以"感受黄山奇松的'奇'"这一教学内容为例，分析语文教师备课时学科教学知识的状况。

通过表1可以看出，三个组提出教学内容是，感受黄山奇松之"奇"的特点，但三组归纳出的"奇"特点都不相同。为什么会出现这种情形？下面，再次梳理各组的汇报，摘录其中"从哪些词句中归纳出黄山松之'奇'的特点"的部分，见表3。

表3　表现黄山奇松之"奇"的词句

	感受黄山奇松之"奇"	重点的词句
第一组	第一"奇"：姿态优美 第二"奇"：生命顽强 第三"奇"：热情好客	枝干遒劲 饱经风霜 如同好客的主人伸出手臂
第三组	迎客松"奇"在姿势优美 陪客松"奇"在位置绝妙 送客松"奇"在姿态独特	姿态优美 正对玉屏楼 向山下伸出长长的手臂
第五组	两大"奇"：首先是量多，其次是奇在它的形，姿态各异	山顶上、绝壁边，处处都有它们潇洒挺拔的身影； 黄山松千姿百态。它们或屹立，或斜出，或弯曲；或仰，或俯，或卧；有的状如黑虎，有的形似孔雀……

通过表1和表3的梳理，我们可以得出结论：由于各组关注的是课文的不同词句，因此归纳出了黄山松之"奇"的不同特点。

同一篇课文，同一事物，不同教师的解读可以归纳出不同的特点。出现这种情况，要么说明语文教师文本解读的能力不足，要么说明文本本身没有抓住事物的典型特点进行描写。

一篇不足400字的课文，50位优秀的语文教师花费了三个小时进行备课，从不同角度扫描出了重点词句，可以说是对这篇课文进行了"深挖"。在这种情况下，各组没能达成统一意见，那么我们基本可以判定：这显然不是一篇抓住事物典型特征进行描写的课文。根据常识，如果作者的写作目的是要描述事物的典型特征，那么，文本上就会较为明显地呈现这些特征，而不需要读者"深挖"，更不会出现不同的读者看出不同特点的情况。因此，显然不是语文教师文本解读能力不足的问题，而是备课过程中，教师是按照惯常的经验（"认识"）在选择教学内容，并未对经验（"认识"）进行学理的审视——为什么是这一"认识"（教"奇"的特点）。

教学内容"趋同而又迥异"的样貌，反映出语文教师在解读文本确定教学内容时的理路是，先有经验的"认识"，再从课文中寻找"证据"。因此，解读时不是深究"认识"的正确与否，而是"深挖""证据"。这次备课所呈现出的教学内容"趋同而又迥异"的样貌,在一定程度上,是语文教师备课状态的缩影。

语文教师解读文本的流程是,先依据经验产生"认识",再去文本寻找"证据"。一般情况下,这一过程被认为是专业人员熟练的表征。因为所谓的经验,就是"证据—认识"经过不断重复后的快速关联。但是一旦"证据"与"认识"矛盾的情况下,专业人员的专业性就会逆转这一过程,重新从"证据"到"认识"。也就是说,"证据—认识—新证据—新认识……"是专业人员的思考状态,而语文教师学科教学知识的状态始终是"认识—证据"。这是语文教师文本解读问题的核心。

那么,接下来的问题就是,语文教师的"认识"从何而来?

第二,语文教师"认知图式"的贫乏。

认知图示,心理学上用来描述人们的经验结构。我们借助这一术语,分析语文教师学科教学知识的状态。

下面,以"教写法"的教学内容为例讨论。

将六个组"教写法"的具体内容整理成两类。比较集中的是抓住事物典型特点的写法,另一类包括具体和概括相结合、排比、详略等(见表4)。后面的讨论选择前一类进行分析。

表4　教学法的内容分类

抓住事物典型特点来写
根据事物特点展开合理想象,运用恰当修辞进行描写
合理想象和恰当的修辞
抓事物的特点展开合理想象的写作方法
具体和概括相结合
排比
详略得当
首尾照应、点面结合、总分总的结构

"抓住事物特点的写法"是指课文第二段描写迎客松、陪客松、送客松的语句中写法的总结。四个组的表述中有三个关键词:事物的典型特点、展开合理想象、恰当修辞。

这篇课文中,"事物的典型特点"是什么?第一组的老师在汇报中进行了解释:

抓住松树名称里的"迎"、"陪"、"送",让学生感受黄山松的"奇",以及用词的准确。三棵松的命名,是根据它们的姿态各不一样,同时在游览路线中的位置来确定的。

可以看出，教师对"事物的典型特点"的认识是，三棵松的命名，以及，对三棵松的命名依照了姿态和游览路线上的位置，"用词准确"。换句话说，老师们认为，黄山松的典型特点，就是黄山松命名的准确。

到这一步，恐怕每个语文教师就会认识到错误："黄山松的特点是什么"最基本的标准应该是客观，而黄山松的命名带有明显主观性。为什么教师会集体性地忽视这样明显的错误，而产生这一认识呢？我们同样需要分析教师的学科教学知识的状态。

那么，教师所说的"合理想象"和"恰当修辞"又是指的什么呢？

根据几组汇报中的解释，"合理想象"是指比喻句，"如同……""把它比作""好像……"等；"恰当修辞"是指比喻的修辞手法，以及四字成语的运用，"姿态优美、枝干遒劲、姿态独特、枝干蟠曲"等。

我们把教师的认识（图1左框）和专家的认识（图1右框）进行对比。

图1　教师与专家认识对比图

为什么教师的认识与专家的认识不同？

为了回答这个问题，我们在中国期刊网上，以"如何进行景物描写"为关键词进行搜索。在所获得的文献中，考虑了各年段，选择了部分文献。将其中"景物描写的方法"摘录出来（见表5）。

表5　关于"景物描写的方法"文献摘录

1. 抓住特点，使景物具有个性。
2. 安排顺序，让景物富有层次感。
3. 调动各种感官，使景物生动逼真。
4. 融情于景，情景交融。

此外，运用比喻、拟人等修辞手法；动静结合；虚实相生。[①]

[①] 黄绍文.景之美，情之真——如何描写景物[J].写作，2013(6).

续表

1. 仔细观察所写景物,善于抓住景物特征,通过不同视角来表现景物。
2. 景物描写要有顺序,做到井然有序。
3. 可以运用多种修辞手法,使景物生动逼真地展示在读者面前。
4. 描写景物的同时要融入自己的感情,做到情景交融,寓情于景。
5. 写景时要明确写景作用,不要为了写景而写景。①

1. 动用多种感官,描写更精彩。
2. 带上人物心情,描写更感人。
3. 展开合理想象,描写更传神。
4. 动静相互结合,描写更具体。
5. 人景相互陪衬,描写更深入。②

1. 白描法;2. 使用修辞法;(常用的修辞方法有比喻、拟人、排比等)3. 感觉组合法;
4. 色彩搭配法③。

可以发现,"抓住事物特征"、"恰当的修辞手法"几乎是所有年段景物描写教学指导的要点。

到这里,我们可以回答:为什么教师的认识与专家的认识不同?为什么教师会集体性地忽视明显错误,而认为第二段的写法是"抓住事物的特点"?原因是,语文教师是根据固定的景物描写的认知图式解读写景类文章。至于这篇文章,是专门的游记,是小说中的环境描写,亦或是散文中的景物描写,亦或是景点介绍类的文章,教师没有关注。面对文类繁多的景物描写,单一的认知图式最终导致了教师错误的解读。

综上,在《黄山奇松》的备课中,我们发现语文教师确定教学内容时会呈现出"趋同而又迥异"的样貌——内容点大体相同,而内容点的所指又迥然不同。究其原因,语文教师的学科教学知识存在的问题是,不顾文类的多样性,按照贫乏的"认知图式"生产"认识",再依据这样没有经过理据审视的"认识",去文本中寻找"证据"。

---

① 薛英.如何指导学生进行景物描写[J].语文教学与研究,2014(6).
② 端木爱玉.追求灵动的表达——指导景物描写的几点尝试[J].小学教学(语文版),2008(4).
③ 李百兴.景物描写的常用方法[J].新课程学习,2014(2).

资源链接

王荣生,宋冬生.语文学科知识与教学能力[M].北京:高等教育出版社,2011年.

后续学习活动

任务1:根据共同备课所达成的共识,请您确定这篇课文的教学目标和教学内容,并设计教学环节。

任务2:请您研读苏教版小学语文第九册中的课文《黄果树瀑布》,确认其体式,并说明理由。

体式：文本内容和形式交涉处
——《花脸》共同备课的启示

教学现状描述

六年级教材的很多版本都将冯骥才的《花脸》选入其中，如人教版、沪教版、北师大版、鄂教版等。有的是全文收录，有的是节选。所在教材的单元主题有"往事"、"童年趣事"、"同龄人的故事"等等。

根据整理，较为集中的教学内容有五个。

第一，把握课文的内容，了解课文的线索。

- 知道全文围绕花脸写了哪几件事情。
- 抓关键词语，概括这张花脸的特点。
- 了解课文的线索：第1自然段是总起，引出回忆；从第2自然段开始是分述，爱花脸—买花脸—演花脸—闯祸—受罚；最后一段是总结，讲悟出的经验。与此对应，作者情感变化的线索是：渴望—欣喜—得意—恐惧—失落。

第二，了解关于花脸的知识。

- 了解关羽这个历史人物。
- 了解关于京剧脸谱的知识，即不同颜色和图案所代表的人物性格特征。

第三，学习课文中的写作方法。

- 学习通过细节表现人物心理的写作方法。
- 学习对"花脸"与"青龙偃月刀"的描写，仿照课文进行写作训练，写自己最喜爱的一件礼物（或小摆设等）。

第四，通过细节的描写，体验作者的情感。

- 学习通过细节表现人物心理的写作方法，层层递进地体会、感受全文的情感发展过程。
- 通过揣摩文中"我"的心理描写，走进人物丰富的内心世界，把握人物的个性等。
- 通过买花脸、戴花脸的生活细节，表现"我"对英雄的仰慕和崇拜，抒发"我"心灵深处渴望成为英雄的少年豪情。
- 体会、感受作者对民族文化传统的喜爱与留恋。

第五，理解课文的主题或内涵。

- 感受、理解课文的深刻内涵：对英雄的热爱，对中华民族文化的热爱。
- 文章以花脸为线索，叙述了买花脸、表演花脸以及因花脸而闯祸等几件事，展现了儿童天真而丰富的心理世界。

根据分析，《花脸》在教学内容上最大的问题是，把散文当作记叙文教。教学内容基本上可以分为两大板块：第一，梳理事件的记叙部分；第二，明确作者的情感，或课文的主题。另外，对所谈及的事物进行补充，即学习关于京剧花脸的知识。那么，如何确定散文的教学内容？

这次备课，我们以这篇散文为例，讨论如何依据"体式"确定教学内容。

热身活动

阅读本专题之前，请完成以下任务：

梳理主题学习工作坊中有关散文阅读要点的内容。

_____

_____

_____

共同备课进程

本次备课的课文，选自沪教版六年级第二单元第六课《花脸》，是原文前六小节的节选。课文后附有"顺叙"的知识短文。

顺　叙

叙述也称"记叙",就是作者对人物、事件和环境作概括的表述。叙述是一种最基本、最常见的表达方式。它要求把事件、地点、人物、事件、原因、结果交代清楚,线索分明,详略得当。顺叙要求按照事情发展的先后顺序来叙述。这样的叙述条理清晰,眉目清楚。比如,《从百草园到三味书屋》就是按照时间的先后顺序来记叙作者儿时生活的,《花脸》也是按照事情发展的先后顺序来叙述的。

备课之初,老师们确定了备课的思路:第一步讨论文本体式,以确定教学终点;第二步讨论学生的学情,以明确教学起点;第三步讨论教学终点和教学起点之间的落差,以及搭设怎样的"台阶",即教学环节的设计。

第一阶段：讨论"课文里有什么"

师1：从情感的角度,这篇课文讲的是快乐的童年。

师2：这篇课文的语言比较有特点,短句多,感叹号也很多。

师3：语言上还有语句重复的特点,比如,"俺——姓关,名羽,字云长",课文里重复两遍。

师4：文中的细节描写很多。比如,对花脸样子的描写,对小贩表情的描写,等等。

师5：课文中的场景比较有中国特色,年代感也比较强。年味很浓,与今天的学生对过年的感觉是不一样的。从内容上看,课文主要讲了关公的花脸及过年的故事。教学时应该给学生介绍一下京剧中花脸、红脸、白脸的特点。

师6：除了关于京剧的内容,教学时还有对关羽的介绍。另外,这篇课文是一篇记叙文,主要的是要讲一讲"顺叙",即按照事情发展的先后顺序叙事的手法。

师5：我觉得可以设计一些学生的活动,比如让学生自己查阅资料了解脸谱的知识,理解作者的情感和脸谱所代表的意义。还有,让学生自己搜集和关羽这一人物有关的历史故事。

师2：这些是拓展性的内容,不能太多。比如,介绍关羽的历史故事,介绍桃园三结义什么的,不是这篇课文的教学重点。

师5：我觉得,学生阅读这篇课文最大的困难是,不理解作者戴个花脸为什么会这么开心。这就需要讲到,在那个年代里,一个花脸对于孩子的意义。

师1：这个问题比较好解决。课前老师找一个关公面具,课堂上给学生展示一下,也让学生体验一下,应该就能理解作者戴花脸的快乐了。

师 2:课文里的描写需要挖掘一下,写到作者对脸谱的喜爱有正面描写和侧面描写。

师 5:我觉得,刚才我提到的那个问题没有解决,就是作者为什么这么喜欢关羽这个花脸?课文里说,"男孩子们的兴趣都在鞭炮上,我则不然,最喜欢的是买个花脸戴",并且课文对关公的花脸有非常细致的描写,体现出作者对关公花脸有着特殊的喜爱之情。我们还要注意一下这篇课文里故事所发生的年代,作者对传统文化的情感也寄于其中。所以,作者的情感不是教师向学生展示一个花脸面具,学生就能明白,就能体验到的。

【要点评议】

　　梳理一下老师们的发言就会发现,老师们说到的内容有十多条,包括了作者的情感、语言特色、京剧中的花脸、关羽、顺叙的手法、细节的描写、历史人物、写作的时代背景等等。

　　老师们目前的备课状态是在"找"这篇课文里"有什么"。彼此交流的内容,都是补充这篇课文里有什么,你发现了这个,我发现还有那个,试图穷尽这篇课文中所有的"点"。这个"点",既包括文本的形式、写作方法,如顺叙、描写、正面描写、侧面描写,也包括课文的内容,如脸谱的知识、作者的情感等等。

　　由此可见,大家对要讨论的"文本体式"理解不足。课文的"文本体式",简单地说,不是"这篇课文有什么",而是"这篇课文的什么才是关键"。所以,下面的讨论需要向"这篇课文的关键处"推进。

第二阶段:区分"课文有什么"和"课文的关键处"

合作专家:我想请大家思考,老师们刚才说到的这些内容之间是什么关系?比如说,这个顺叙,课文的记叙是按照时间的先后顺序,与作者童年的情感,还有课文语言的特点,还有一些细节描写,是什么关系?

师 4:是主次的区别。

【要点评议】

"主次关系",其假设是,一篇课文所涉及的所有"点"都可以教,而教师要选择那些主要的内容。那么,判断"主要"的依据是什么?如果以"我认为"为标准,那语文教学就难以摆脱随意化的倾向。因此,教学内容之间的"主次关系"是对问题的遮蔽,要讨论的问题仍然是教师确定教学内容的依据。

看来,需要提供新的思考工具。下面合作专家用的是"语料"和"语篇"这两个概念,尝试让老师们理解"这篇课文有什么"和"这篇课文什么才是最关键的"之间的区别。

合作专家: 我介绍一个概念——语料。把课文当作"语料",顾名思义,就是把课文当作学习语言知识的材料。大家已经注意到,教材中这篇课文所附的知识卡片是"顺叙",前一篇课文后面也附了一个知识卡片是"描写"。把课文当作"语料"的阅读教学,就是教师在课堂上让学生寻找知识点在课文里的体现。我的问题是,学生在课文中确认这些知识点,对阅读这篇文章有什么促进?借助"语料"概念,希望促进大家思考:在阅读教学中语文知识起什么作用呢?阅读教学不能简单地等同于在课文中教语文知识的教学。

【要点提炼】阅读教学,不是在课文中去找语文知识。

我认为,阅读教学中语文知识的作用体现在,能够促进学生对课文的理解。也就是说,这堂课,我知道这个知识之后,我的理解会比我不知道它深入了一点,或者是更细腻一些,或者是以前没有体会到,现在体会到了。总之,能够有一个提升。否则,在这篇课文的教学中就不必教这个知识点。我们必须先把这个问题想清楚,才能改善语文教学中教师看到课文里有什么就抓什么来教的现状。

这一现象要得到改善,需要教师在备课时有意识地回答:我为什么要选择这个内容?绝对不能因为这篇课文里"有"这个点。选择"教什么",是要根据作为完整的"语篇",根据这篇课文的关键处来确定的。我们教师的备课就是要找到课文的关键处,然后设计相应的教学活动,以帮助学生读懂这个关键处,读懂这篇课文。

需要解释一下,"读懂",不是字面意义上的没有生字生词,而是指对课文,比如该有体验的地方,学生要能够"感同身受",不能只停留在认知层面。"读懂"不仅仅指认知方面,还包括感受和体验。

我们现在的讨论,就是要对这篇课文的关键处形成共识。比如,大家刚才提到的年代感,它是不是造成学生与这篇课文产生隔膜的那个关键处? 还有,脸谱的知识是不是造成了学生阅读的隔膜,使其不能够去体验作者的情感? 如果是,我们就要教,这才是我们说的确定教学内容的依据。

那么,我们现在要回过头来追问,刚才提到过的那些内容,哪些是课文的关键处? 哪些是学生理解的困难处? 讨论清楚了这两个问题,我们就能够回答这篇课文中我们选择教什么,不教什么。

接下来的讨论,除了选择之外,可能还要审议这些知识本身的对错。

【反思】

请查阅《听王荣生教授评课》,写出语文教材的五种选文功能:

_____

_____

请对"例文"的功能进行解释。想一想,"例文"是不是把课文当作语料?

_____

_____

_____

第三阶段:讨论为什么选择教这个

师 6:我觉得这篇文章为什么选花脸,就是要学生感受花脸的文化。首先,学生不懂各种花脸代表什么含义,花脸是什么样的,学生也不知道。其次,通过什么样的叙事手法,才会知道花脸这个故事,学生也不一定知道是顺叙……

【要点评议】

第一阶段的讨论中,教师采用的表达方式是直接陈述的方式,即直接地述说这篇课文要教什么,而鲜少采用阐述的表达方式,即"因为……,所以要确定这一内容"。

表达方式,在一定程度上可以说明教师备课的状态。这种"陈述"的表达方式,反映出教师在备课时处于的是"熟练"的状态,即思考不需要反复地斟酌、犹豫、矛盾,说明教师在这方面具有丰富的经验。

这里,有必要从教师专业发展的角度来看待这种"熟练"的备课状态。一方面,语文教师的专业发展过程,可以说是不断地积累经验以达到"熟练"状态的过程。只有如此,语文教师才能高效地应对其日常的繁重教学生活(普遍情况下,语文教师每天要上一节语文课,一篇课文的教学最多需要两三个课时)。从这个角度来说,备课状态越"熟练",反映出语文教师专业水平越高,经验越丰富。

另一方面,教师专业发展的过程,是不断修正、完善自身业已形成的经验的过程。那么,教师已有的自身经验本身,很可能就是这一过程中最大的障碍,或者说最值得警惕和反思的部分。从这个角度来说,越"熟练",越需要警惕,越需要反思。

"这篇文章作者为什么选花脸",没等这位老师说完,合作专家就迫不及待地打断了。备课专家发现学员开始思考"为什么选这篇课文",其实,这就是思考这篇课文的特质。这可能是个契机,将大家的备课思路转向思考教学内容确定的理据。

合作专家:这位老师,开始思考"为什么选择这一教学内容"了。这一思考本身,就是我们今天讨论的重大成果。我们顺着这个思路推进。

刚才,这位老师想从学生的角度回答"为什么选择这一教学内容",提出,学生不知道花脸是什么,也不知道京剧中的红脸代表着什么性格,白脸代表着什么性格。我的直觉,是老师对学生这一分析判断的结论是对的,但问题是,这影响这篇课文的阅读吗?

师6:虽然不影响,但是那样就不能达到这篇文章的阅读目的了。

合作专家:那这篇文章的阅读目的是什么呢?

师6:教材选花脸这个题材,肯定是要让学生了解一下花脸这种文化。

合作专家： 你从哪里看出来？

师6： 教材把这篇课文选编进来，不就是说明了这个目的吗？学生不了解花脸虽然不影响阅读，但花脸是文化的精粹。所以，需要作为教学内容来讲解。

【要点评议】

　　老师们这里的说法隐含着这样的一个逻辑：因为教材选花脸这个题材，其目的是让学生了解京剧的脸谱文化，因此，教学的目的也就是教京剧脸谱这一传统文化内容。

　　这一逻辑其实对语文教学的伤害是致命的。因为语文教学总是跟随着一篇一篇文本所谈及的那些事物。学生在今天的语文课上学习花脸，在明天的语文课上学习藏羚羊，在后天的语文课上学习罗布泊。这样一来，语文课堪比百科大全。因此，也难怪有人哀叹：语文课常常是种了他人的田，荒了自己的地。

　　什么是语文课自己的地？

　　涉及花脸这一事物的文本很多。从作家的创作来看，从来都是追求个性的。丧失了个性，作品就失去了生命力。《花脸》这篇课文的不同之处在于，寄予在花脸上，独独属于冯骥才个人的、童年的情和趣。这才是冯骥才《花脸》的独特之处。让学生看出这一点，才是语文课自己的领地。因此，阅读的关键在于读懂某个事物在这一作品中的个性，而非共性的事物本身。

合作专家： 我们看，教材中这篇选的是《花脸》，前一篇选的是《从百草园到三味书屋》。按照刚才老师这样的思路，学生上十二年的语文课，学习上百篇的课文，阅读课的目的就是学那上百种事物或者人物吗？

师6： 也不是。但是怎么讲，百草园已经不存在了，花脸作为中国的京剧，现在还存在。讲《花脸》，黑脸、白脸、红脸代表什么，学生肯定是要了解的。

　　另外，这篇文章采用顺叙的叙事手法，就是根据事情发展的先后顺序进行记叙，表达了作者对花脸的情感变化。课文还有很多地方的描写是比较吸引人的，我觉得也可以讲一讲。这些应该就是教材的编辑意图。

【反思】

请区分"教学内容"和"课文内容":

_____

_____

合作专家:我们可以思考一个问题,如果教材的编辑意图是让读者了解"花脸"这一事物,为什么要选择这一篇呢?换句话说,选专门介绍京剧花脸的材料不是更准确、更专业吗?

这篇课文只有一小部分描写到关公这个花脸的样子。关于京剧中的花脸,课文不仅没有介绍,课文所指的也不是京剧舞台上的那个花脸装扮,而是作为儿童玩具的花脸面具。

【要点评议】

表面上看,这位老师是说编辑意图应该作为确定教学内容的依据,这是教师备课的原则之一。这一原则本身没有错,但需要做进一步的分析。

这位老师所说的"编辑意图"指的是两个内容:课文内容和知识卡片上的知识。因此,编辑意图是确定教学内容的依据,这句话实际上是指,课文内容以及知识卡片的知识是确定教学内容的依据。

目前,文选型的语文教材大多是以内容主题为单元的编辑逻辑。因此,课文内容显然不能够等同于教材的编辑意图,不能自然成为确定教学内容的根据。至于知识卡片的知识当然是教材编辑意图的体现,但是向教学内容转化,也是需要语文教师进行专业审议的,即我们班级的学生学习这一知识,能否促进对这篇课文的阅读理解。

师5:我的理解是,这篇文章是讲小孩子的童趣的,童趣是以花脸为载体的,所以,讲童趣的过程中,应顺便讲花脸的知识。

合作专家:那教学内容为什么不确定在童趣,而要确定在花脸上?

共同备课工作坊

师3：我同意课文主要讲的是童趣，通过讲小时候的一件事情，体现童趣。教学的时候，在讲童趣的过程中，我们可以补充一下京剧花脸的知识，让学生感受一下就可以了，不必把花脸作为主要的内容。

合作专家：这篇课文虽然提到了花脸，更重要的是表现了关公这个花脸面具带给作者的欢乐。

师2：我也认为，关于花脸的那些红脸和白脸的背景知识，教师不需要在课堂上讲。课前学生完全可以通过预习去了解这方面的背景。

师1：对了，关公，也可以补充一下，其实小孩子都读过三国的故事书，应该了解三国的人物。

师3：或者是发一些材料，让学生预习。

师6：我现在也认识到，介绍花脸的知识有点偏了，不是教学的重点。

【要点评议】

为什么要介绍花脸的知识？京剧花脸的知识会影响课文的阅读吗？专家的本意是通过这个问题推进对文本关键处的分析讨论。出乎意料的是，讨论没有指向文本，横生出了一个枝节——教材的编辑意图能否成为确定教学内容的依据。

这段主要讨论的是，花脸的知识是这堂课主要的教学内容吗？但这一讨论被遮蔽在"根据教材的编辑意图确定教学内容"的话题下。

对这一话题的讨论，反映出语文教学中教师奉行的一条准则，就是教材的编辑意图是确定教学内容的重要依据。当然，这一准则是正确的，它清清楚楚地被写在大学专业课《语文课程与教学论》的教材中。然而，在语文教学的现实语境下，我们有必要对这一准则进行更准确的表述，那就是，理想的教材，其编辑意图是确定教学内容的重要依据。

我们现在讨论语文教学内容要面对的现状，是教学内容确定性较高的教材落空，是课程内容的缺失。而依据文本体式和学情确定教学内容，就是在这样的现实背景下提出的解决路径。它与编辑意图并不矛盾对立。

第四阶段：确定教学目标——读出童趣

合作专家： 在上面讨论中可以看出，文本的关键处与学生难点之间相互呼应，共同确定教学内容。

师6： 关于童趣，学生的难点在哪里呢？

师1： 学生体会不出课文情感变化，也不觉得有什么情感变化。

师3： 别的孩子喜欢放鞭炮什么的，作者为什么就喜欢花脸，而且是喜欢关公的花脸？

师2： 为什么喜欢关公的花脸，恐怕是作者的个性选择吧？教这个，不是偏离童趣这一内容了吗？

师4： 这一单元的四篇课文都以童趣为主题。这篇课文，我们要教的是，作者"买花脸—演花脸"事件中的"童趣"。

合作专家： 大家对"童趣"的理解不要限制在事件上，只看到课文围绕着"花脸"，记叙了作者童年的一件趣事。课文中的"童趣"，不是指这件事本身的有趣，准确地说，应该是这件事在这种记叙方式中呈现出的童趣。阅读教学中教童趣，就是要读出这种记叙方式中这件事的有趣来。

【要点提炼】课文中的"童趣"，不是指事件本身的童趣，而是这种言说方式中呈现出的童趣。

再解释一下，"让学生读出文中表达出的童趣"，什么意思呢？这里的"读出"，不是要学生抽象地概括出"课文表达的是什么样的童趣"，而是能够在具体的语句或语段中体会到童趣。

接下来，通过交流和讨论，我们会逐渐达成共识，在课文的哪些地方读出了童趣。那么"让学生读出文中表达出的童趣"，就是使学生能够关注到我们圈划的那些语句，并能够从那些语句中体会到童趣。

【观察者点评】请联系《阅读教学研究的新进展》讲座中，阅读能力的概念。"阅读能力，可以概括为两句话，应该看什么地方和从这些地方应该看什么来。"

语言的形式和内容，是一体两面的关系。通过语言所传递的情感，是跟这种语言形式黏着在一起的。所以，课文中的情感，我们不能将其从具体的语言形式中抽离出来，只能在这种语言的形式中"体味"。

大家刚开始的发言中提到，这篇课文有很多短句和感叹号，这其实就是语言形式和要表达的内容之间很好的一个结合点。短句和感叹号，是小孩子表达情感的言语方式。因此，它既是对课文语言特点的总结，从内容的角度来看，也与我们说的"童趣"是有关联的。

> **【要点评议】**
>
> 　　课文中的"童趣",不是指这件事本身的有趣,准确地说,是这件事在这种记叙方式中呈现出的童趣。教童趣,就是要读出这种记叙方式中这件事的有趣来。
>
> 　　专家的这番解释,其实是回应其前面提出的问题——老师所确定的这些教学内容之间是什么关系。
>
> 　　我们回顾一下,开始老师们说到的内容包括,作者的情感、语言特色、京剧中的花脸、关羽、顺叙的手法、细节的描写、写作的时代背景等等。经过刚才讨论,对京剧中的花脸和历史人物关羽的介绍等已经被排除。这篇课文的教学内容就剩下作者的情感、课文的语言特色、课文的细节、写作方法等等。那么,这几个教学内容之间是什么关系呢?
>
> 　　专家指出内容和形式的一体两面,是强调这些教学内容之间不是孤立的,而是贯通的。通过解释课文中的童趣,那么如何教童趣,专家要指导教师在备课中找到这篇课文语言的特色、写作的技巧和作者情感的关涉处。这个关涉处就是课文的关键处。

师2:从"我"的话里,可以读出来"童趣"。比如,"俺——姓关,名羽,字云长",可以让学生模仿作者,用京剧自报家门的腔调读一读,体会作者的快乐。

合作专家:对,从孩子的语言中,体会从中流露出的童趣。说到这里,不知道大家注意到没有,我想提示一下,课文是以孩子的口吻来讲述这个故事的。这个视角就与我们所感受到的童趣密切相关。这篇课文,不是用大人的眼光所看出来的有趣,而是用孩子的眼光讲述那段经历。我们在课文中读出的童趣,其实就是一个孩子的喜怒哀乐。这个属于孩子的喜怒哀乐,在我们大人眼中就是童趣。

当然,第一段除外,第一段是作为成人的作者给我们介绍,"我"喜欢的花脸是一件什么东西。从第二段开始,作者以当时的"我"的口吻、"我"的视角来讲述故事。我们这里的课文是原文节选,原文的最后一段说,"我"得出一个结论:一年之中唯有过年这

> 回忆性散文中的"我"有两个,那时的"我"和此时的"我"。

几天是孩子的自由日,在这几天无论怎样放胆去闹,也不会立刻得到惩罚。这便是所有孩子都盼望过年的更深一层的缘故。大家看看,"我"从这个事件中总结出的所谓"结论",也完全是以孩子身份所得出的。

大家都提到,这篇课文写出了作者对关公花脸的喜爱之情。其实,课文里有一个矛盾的地方:"我"是什么时候喜欢关公花脸的?大家现在仔细读读课文,回答:"我"开始知道喜欢的花脸是关公吗?你看,课文第二段:我从挂满在一条横竿上的花花绿绿几十种花脸中,惊喜地发现了一个。这花脸好大,好特别!……我竟不敢用手指它,只是朝它扬下巴,说:"我要那个大红脸!"

看到了吧?"我"开始就喜欢关公的花脸吗?准确地说,"我"开始喜欢的是"那个大红脸"。直到第三段,经由卖花脸的小罗锅儿的嘴,"我"才得知"那个大红脸"是关老爷。这里表现出来的就是孩子的喜爱方式,最初只是因为看起来威武而喜欢,知道是英雄后更加爱不释手,再后来升级到英雄附身的地步。

师3:专家刚才的分析,是从孩子的视角解读童趣,启发很大。课文中"我"说的话,最直接地体现了孩子的身份,可以让学生从这一点入手。我找了一下,课文里有两处"我"的话,第一处是"我要那个大花脸",还有就是"俺——姓关,名羽,字云长"。

合作专家:学生最容易能够感受到童趣的地方,可能就是这句"俺——姓关,名羽,字云长"。这就是学情,学生能够读出童趣的起点。

刚才说的短句和感叹呢?比如:"好大!好特别!"不也是孩子的情绪直接表达的地方吗?小孩子对于喜爱的东西情感是很直接的,虽然他刚开始不知道这个东西是什么,只是感觉那个大红脸好特别啊。第一段的描写,告诉我们:鼻子和嘴的地方不通气儿,一戴上,好闷,还有股臭胶和纸浆的味儿;说出话来,声音变得低粗。但是在童年"我"的眼中,就完全不一样了。

【要点提炼】具体到《花脸》这篇课文,"童趣"是指"我"这一儿童视角下,对花脸这一事物及围绕花脸所发生的一系列事件的描述。

师4:"我"觉得很神气,连睡觉的时候都要戴着。

合作专家:大家来看第三段,买花脸的小罗锅给"我"挑刀的这一部分。作者是这样描写的:从戳在地上的一捆刀枪里,抽出一柄最漂亮的大刀给我。大红漆杆,金黄刀面,刀面上嵌着几块闪闪发光的小镜片,中间画一条碧绿的小龙,还拴一朵红缨子。注意,我重读的那些颜色的词语,如果把这几个颜色去掉,你看孩子的欣喜还有没有?

课文里还有类似的语段。这些语段看似没有直接表现作者的喜爱,但是,这些语段却是用孩子的眼光在描述他喜欢的东西。你看,对孩子最有吸引力的是"大红"、"金黄"、"闪闪发光"、"碧绿"这些鲜艳而闪亮的颜色。"我"喜欢到无法形容,只能用感叹号来表示:"这刀!这花脸!"

师1:这篇课文第一课时的教学目标,我们就确定为"读出童趣"。在教学环节的设计上,先让学生自己去找他们能读出作者开心的语句、语段,然后我们老师再补充。刚才专家讲到的地方,我们老师肯定是能够找到的,接下来要讨论看看学生能找到哪些。

合作专家:这位老师说,我们老师能从这些语段中解读出"童趣",我并不完全赞同。这是文本的关键处,我想应该再花点时间讨论。

老师们肯定会关注到课文里细致描写花脸和刀的部分,但是,你会把它当作什么?或者说,这些部分你教的是什么?肯定是"描写"。老师们会把这些部分当成"细致描写"的范例让学生揣摩。这其实就是学生在"读出"童趣上的困难——学生也会把这些部分当作是"描写",而不是情感的表达。

【要点提炼】散文阅读教学中,所谓"体会作者的情感",就是通过作者的语言,借助作者的眼,像作者那样看待事物或事件。

从学生的角度看,肯定能够概括地说,这篇课文表现出了童趣。但是,学生不能够达到,需要教学使之读到的是,感受到冯骥才的童年为之欢喜若狂的"那个"花脸。这就讨论到了这篇课文的独特价值。

现在,我们可以明确回答,这篇课文的意图是要告诉我们花脸本身是什么吗?红脸、白脸的含义是什么吗?不是。课文不是对京剧花脸进行客观的介绍,而是让我们感受到,童年的"我"的眼中,那个神气的花脸,那个大红的、金光闪闪的宝刀!

与我们相比,作家是敏感的,对生活有更细腻、更丰富的体会,并能够用语言描述出来。而我们读这篇文章,就是通过他的语言,其实就是借助他的眼,经历一次像他那样去看待事物或事件的体验或经历。

第五阶段:关于描写的讨论

师2:我觉得,描写本身也可以作为一个教学目标。

比如:"一戴上,好闷,还有股臭胶和纸浆的味儿;说出话来,声音变得低粗,却有大将威武不凡的气概,神气得很。""这花脸好大,好特别!通面赤红,一双墨眉,眼角雄俊地吊起。头上边突起一块绿包头,长巾贴脸垂下,脸下边是用马尾做的很长的胡须。这花脸与那些愣头愣脑、傻头傻脑、神头鬼脸的都不一样。虽然毫不凶恶,却有股子凛然不可侵犯的庄重之气,咄咄逼人,叫我看得直缩脖子。"这些部分就是正面描写,直接体现作者的喜爱之情。

除了正面描写,还有侧面描写。比如:"这样,整个大年三十我一直戴着花脸,谁说都不肯摘。睡觉时也戴着它,还是妈妈在我睡着后轻轻摘下放在我枕边的。转天醒来头件事就是马上戴上它,恢复我这'关老爷'的本来面貌。"从侧面烘托出作者对花脸的喜爱。

师4: 我也关注到这些语句,但不是从正面描写和侧面描写来解读的。你看,作者用的词语,"威武不凡"、"威风十足"、"神气"、"咄咄逼人"、"凛然不可侵犯的庄重之气"等等,这些词语都很有特点。刚才专家从颜色的角度,就让我们体会到了童趣。我们可以从对这些词语的品味,打开作者的情感。

师5: "咄咄逼人"怎么表现出童趣?

师4: 你看,作者用的都是"威风凛凛"、"咄咄逼人"之类的大词。通过这些词语,我们可以体会他的情感,或者说揣摩一下作者当时的心理,就是小孩子那种逞威风的感觉。

合作专家: 正如这位老师所说,作者所用的词语都是大词,给人以郑重其事之感。这种郑重其事之感和小孩子身份之间形成了文学的张力,让我们读者能够还原出一个小大人模样的孩子。这也是语言形式与内容的一处关涉点。

我们需要让学生也感受到这种张力,这里可能要介入一个语文知识:主观(情感)语言的表达与客观语言的表达的区别。

【要点提炼】散文是主观(情感)言语的表达方式。

我们来看,六年级的学生看到"威武不凡"等这些词语,会认为这个花脸真是威武不凡的。但是,我们知道,这个花脸其实是有股臭胶和纸浆的味儿的,但"我"还是要戴;这个花脸很吓人,但"我"还是要戴;这个花脸是纸浆轧制的,但"我"觉得很漂亮;这刀不是真正的青龙偃月刀,但"我"觉得是宝贝,当知道"它"重八十斤时,觉得自己力大无穷。

这就是学生的学习困难,读到"威武不凡"时,没有和课文中"这个花脸是纸浆轧制的"相联系,也就是没有发现,这不过是小孩子眼中的"威武不凡"、"咄咄逼人"等,或者说在对花脸没有感觉的人的眼中,它就是一个很普通的、纸糊的面具,甚至是有点劣质的玩具。

共同备课工作坊

师2：经过专家这样的解读，我的确感觉到这就是小孩子特有的眼光和情感。其实，我们也都有过类似的童年经历。小的时候，我们会把糖纸当成珍贵的宝贝，因为在孩子眼中，它不仅仅是一张糖纸。

合作专家：让学生"读出"童趣，让学生"体会"作者的情感，教师需要知道学生的困难点在哪里，然后提供新的眼光、新的框架。只有借助新的眼光、新的框架，学生才能读出、体会出原来读不出、体会不到的内容来。我们教师不能用体会的办法教体会，以为布置活动让学生自己去体会，学生就能够体会到了。教师要了解，课文的哪些部分是学生体会不到的地方；教师要知道，提供什么样的支架才能帮助学生体会到。

师1：不过，我觉得，未必要把这一知识明确地告诉学生。只要将"威武不凡"、"咄咄逼人"，与"这个花脸是纸浆轧制的"放在一起，学生就能体会到这是一种文学的手法，在"我"的眼中，这个东西就好，没有原因，在情感上就是觉得好。

师3：这算是对比。

合作专家：不是对比，是文学里的主观情感的表达。

师3：我是说，教学的时候用对比的方式，教学生区别情感的语言与写实的语言。

合作专家：对。对比是一种教学方式。教师当然可以不明确告诉学生"情感的语言与客观的语言"这一语文知识，但是这种教学方法就蕴含着这一语文知识。这一语文知识，学生可以不知道，但教师必须知道。

【要点评议】

　　这里提到教师知识和学生知识。传统的观点，认为教师知识和学生知识的区别是量的多少。正所谓，"要给学生一碗水，教师要有一桶水"。

　　这里，专家的提示是，教师知识和学生知识的区别是状态上的。教师知识必须是显性的，而学生知识可以是隐性的。

现在，老师们可以从这个角度，重新反思备课开始时所设计的一些活动。比如，讲解京剧中花脸的内涵——红脸的含义、白脸的含义。这篇课文是让学生看到"我"眼中花脸的价值和意义，还是京剧中花脸的含义？大家知道，京剧中花脸的内涵是客观的眼光，课文里呈现的花脸是客观的眼光下所看到的吗？

课文中写道，"一路引来不少人瞧我，特别是那些与我一般大的男孩子们投来艳羡的目光时,我快活之极"。这都是"我"的情感啊! 只有读出"我"的眼光,课文中的很多地方才能读懂。比如,爸爸称"我"是"小关公","我跑到穿衣镜前,横刀立马地一照,呀,哪里是小关公,我是大关公哪!"爸爸称他为小关公,是什么意思? 他自己觉得自己是大关公,是什么意思? 这里可以设计活动,让学生对比"小关公"和"大关公"。"我"从刚开始就没把花脸看作是纸糊的玩具,"我"觉得花脸很威武,所以"我"觉得自己是一个大关公。而这个"小关公"是客观的视角,是用大人的眼光来看的。你看,课文里的语句是"横刀立马地一照","横刀立马",用来描述战场上的大将军。其实呢? 就是一个小孩子戴了一个面具,拿了一根木头,往那里一站。

师5:那我们确定的目标就是,通过品味有特点的语言,体会作者对花脸的喜欢之情或乐趣。

合作专家:这句话没错,但换一篇课文,教学目标也大体相同,没有突出这篇课文的特质。"有特点的语言",我们要能够具体化,这篇课文的语言特点是什么?"童趣"在不同语段中的具体表现是什么?

比如,刚才这部分,"我"手握大刀,威风地走进客厅,摆出关老爷的架势,用京剧自报家门的腔调说:"俺——姓关,名羽,字云长"。这部分就表现了"我"的"自命不凡",当然是加引号的。

"童趣"是一种概括。读散文,品味情感,不能走概括的方向,要往细腻的方向走。学生要能够在不同的语段中,读出一个小大人的"一本正经"和"装腔作势",读出一个小孩子的洋洋得意,等等。我们提供情感语言与客观语言这样的支架,就是为了让学生不断读出更细致的情绪出来。

【要点提炼】读懂散文中的情感,不是去概括情感,而是体验到更多细腻的情绪。

师2:我明白了,就是要具体化,越笼统越不能凸显这篇课文的特质。

师1:我们梳理一下,这篇课文语言的特点,刚才讨论到的有,颜色、短句、感叹号等等。

师3:还有就是我们刚才说的情感语言跟现实语言的对比。

师1:对比的部分,也包括短句、感叹号等等。

师4:课文里有很多感叹号,这说明小孩的感情是多么地强烈,多么地充沛。

合作专家:"我"的表达方式很直接,"好大"、"好红",然后就是一个感叹号。可以看出,"我"的逻辑是情感的逻辑,不需要道理就是喜欢,所以直接用一个感叹号表达那种状态。

师3：课文里有很多处都可以用来对比。比如，在描写其他的花脸时，"这花脸与那些愣头愣脑、傻头傻脑、神头鬼脸的不同。虽然毫不凶恶，却有股子凛然不可侵犯的庄重之气，咄咄逼人"。

师1：这里要提醒学生注意，其他花脸并不真的是那样。这里的描述完全是"我"主观化的。

师6：我有点疑惑，作者为什么当关公就这么开心？

合作专家：我觉得这就是小男孩的本能，喜欢威武，又听了关公的故事，感觉自己是一个英雄了。

师1：就像小女孩喜欢扮成白雪公主，就觉得很开心。

合作专家：关于年代感、年味，我们没有再讨论。我觉得，与童趣或者是作者的感情相比，这点不重要。大家来看看，是不是？

师5：这个故事发生在这个场景中，作者有没有要传达一些传统文化、年文化的意味？

师1：我想，过去只有过年的时候才会给小孩子买新衣服、新玩具吧。这篇课文应该不是传达年文化，介绍一些传统的习俗。这不是教学的重点。

师2：我们还是回到教学终点的描述上，就是专家说的怎么填这个空：这篇在语言上有什么特点？表达了作者什么样的情感？

师6：我们应该要具体罗列一下。

师1：我列了两个语言特点，一是现实语言和情感语言，一是短句和感叹号。

合作专家：颜色这个点，就包含在情感语言中。

师5：还有刚才说的，关公的花脸和其他花脸的不一样。可能本来很普通的东西，他觉得很漂亮，这也是情感的语言。我们要让学生区分客观和主观。

师1：那就是主观化的语言和客观语言的区别。这是一个语言特点。还有其他的特点吗？

合作专家：情感语言，不仅包括与客观语言的不同，还包括使用的都是宏大的词语进行描述，也包括短句和感叹号。刚才老师们说的很好，短句和感叹号是作者情感充沛的表达方式。

前面提到，课文传递的是童趣，还是作者的情感，在我看来是一回事，可以笼统地概括为童趣。作者的情感，作为小孩子的"我"的情感，比如，具体到这部分是逗威风，具体到那部分是有点想当英雄等等,正因为作者直接将小孩子这样丰富的情绪和情感表达了出来,才让我们读者感觉到了童趣。

师1:那我总结一下这一教学目标:品味主观化的语言,读出课文的童趣。

【反思】
讨论到此,你确定的教学目标是什么?
_____
_____

第六阶段:确定教学目标——掌握课文的顺叙

师5:这是一篇叙事的文章。我觉得,叙事顺序也应该成为教学目标之一。我们应该讨论一下,学习这篇课文,能够为学生写作的顺序提供什么?

师1:课文是按照时间顺序进行叙事的——年根,买花脸;初一,扮花脸。

师2:课文除了时间的顺序,还有空间的顺序——在集市上怎么买,回到家怎么扮,还有逻辑上的顺序,事件中作者心情的变化。因此,学生写作时,可以按照时间的顺序、逻辑的顺序和空间的顺序。

师4:时间、空间、逻辑?搞复杂了吧?其实就是事情发展顺序,就是教材上介绍的"顺叙"。

合作专家:大家说要教"顺叙",这是教学内容,那么目标是什么?让学生体会到课文中"顺叙"的精妙?还是让学生通过这篇课文知道什么是"顺叙",然后能在写作中尝试模仿运用"顺叙"?如果是前者,从写作手法的角度促进对课文的理解,是阅读课。如果是后者,要思考这是阅读课,还是写作课?

师1:教学采用读写结合、以读促写的方式。

合作专家:以读促写,是用阅读来促进写作,教学的重点落在写作上,那我们所讲的"读写结合"落脚在哪里?目标定在阅读,还是写作?

师2:教学目标以童趣为主,至于"顺叙",学生能够识别就可以了。

师3:六年级的学生,以前的课文都接触过"顺叙"。

合作专家:学生已知"顺叙",那更需要思考教学目标是什么了。在写作教学过程中,如果我们发现学生知道"顺叙"和"倒叙"等知识,但在记叙事件时,仍然不能做到条理清晰。那么，我们的教学目标就应该是学生能够运用"顺叙"，使其作文做到有条理。这样，我们就把这篇课文当作是教"顺叙"的例文，教学目标确定在学生对这一叙事方法的应用上。我们这里"读写结合"的目标是这个吗？促进学生写作能力？

师1：读写结合，就是在阅读教学中加入写作的训练。教师讲解"顺叙"的知识，然后设计一个小练笔，让学生尝试用"顺叙"记叙一个事件。

【反思】
在教学中，你常用读写结合吗？
你也是这么理解读写结合的吗？
_____
_____

合作专家：这样的练笔活动，可能只是为学生提供了一次写作的实践机会，根本谈不上教学，也就是说，不是有明确指向地促进学生某个方面的增长。

因为在运用"顺叙"记叙事件的过程中学生的问题和难点是什么，老师们没有研究，没有进行相应教学支架的设计。其结果恐怕是，能做到有条理记叙的学生，在练笔中仍然有条理；平常做不到有条理记叙的学生，在练笔的作文中仍然没条理。读写结合，不是在教学形式上阅读活动和写作活动的结合。

师4：课文是节选。原文的后面部分讲的是，过年的时候，"我"洋洋得意地表演，不小心拿这把"宝刀"打碎了家里的祖传宝贝。

师5：这部分其实才是事件发展的高潮。事件的结果是，一向严厉的父亲并没有责备"我"，"我"得出一个结论：一年之中唯有过年这几天是孩子们的自由日，在这几天里无论怎样放胆去闹，也不会立刻得到惩罚。这便是所有孩子都盼望过年的更深一层的缘故。当然那被撕碎的花脸也提醒我，在这有限的自由里可得勒着点自己，当心事后加倍算账。

合作专家：前面我们讨论的是，教"顺叙"的目标是什么？现在我们可能还需要来审视"顺叙"这一知识。就像刚才老师们所补充的，课文只节选了事件的开头部分，"我"表演花脸而闯祸的部分，也就是事件的经过、高潮、结果已经被删节掉。在这篇节选的课文中，"顺叙"这一知识并没有很好地得到体现。

师 2：如果单从节选部分看，我们是不是可以把它看作是一个讲买花脸和扮花脸的完整事件？

合作专家："顺叙"是按照事情发展的先后顺序来叙述的。记叙是要别人清楚地交代事情的起因、经过、结果。"顺叙"不是一种写作技能，而是记叙的方法。作者选择采用顺叙或倒叙，是以能够吸引读者为目的的。

教"顺叙"，是要促进学生的阅读还是写作？能够在哪方面促进阅读或写作？这一知识对这篇节选的课文适用吗？这些非常关键的问题，我们还没有讨论清楚。

师 3：教"顺叙"的教学目标是什么？能够在哪方面促进学生的能力？可能大部分老师和我一样，都没有想过。我的经验是，一般而言，课文后所附的知识肯定是要教的。所以，考虑得比较多的是，用什么样的方法？我们传统的做法是概括段落大意，然后分段加小标题。还有没有更好的教学方法？

师 2：还会让学生复述。

【反思】

在确定"顺叙"作为教学目标的讨论中，专家认为，教"顺叙"，是要促进学生的阅读还是写作？在哪方面能促进阅读或写作？这一知识对这篇节选的课文适用吗？这几个关键问题老师们没有思考清楚，因此，不能确定为教学目标。而有老师认为，教材课文所附的知识自然应当成为教学目标。

你支持哪种观点？请说明理由。

_____
_____
_____

师 3：据我经验，学生复述会遗漏很多信息。

师 1：应该要求学生进行比较完整的复述。

合作专家：如果复述是教学方法，教学内容是"顺叙"的话，那学生只要能够按照事情发展的先后顺序讲述即可，所谓的"完整复述"是不需要的。

师 2：就是说，要针对"顺叙"，为学生的复述提出要求。

合作专家：对，比如说学生按照"每逢年至——一年年根——到家——大年初一"的时间节点讲述事件。

师2：学生按照我之前提到的三种顺序——逻辑、时间和空间，讲述事件也可以。其实一件事情无非就是这样三种顺序。

合作专家：对。我们需要讨论，我们用什么标准认定学生的复述，以达到把握"顺叙"的要求。比如说，学生省去课文中细致描写花脸样貌的部分，只说"我"在花花绿绿的几十个花脸中间惊喜地看到了一个好大好特别的大红脸，就买下了那个大红脸，可以吗？

也就是说，对教"顺叙"而言，学生复述中哪些细节是必要的？哪些可以省略？再比如，学生的复述不强调遇见小罗锅，只说遇到一个卖花脸的，然后"我"挑了一个，卖花脸的说，这是关公，还挑了一把刀给"我"。这样可以吗？

【要点评议】

对教"顺叙"而言，学生复述中哪些细节是必要的？专家的这一问题，直指散文和记叙文的最大区别。

记叙文侧重叙事，而散文的阅读重点在于叙事中的情感，因此，对记叙文而言，所谓重要的信息，是以事件的完整为标准的；对散文而言，所谓重要的信息，是以情感表达为标准的。因而，可能从叙事角度来看，并不重要的信息，但对散文就非常重要。比如，这篇课文中对花脸和刀的描写，对事件的讲述并不重要，但作为作者喜爱情感的强烈表达，就不可或缺。

师3：如果我们没有要求的话，学生的复述肯定会遗漏大部分的信息，因为事件其实是相对比较简单的。

合作专家：这位老师说，事件本身并不复杂。我们来看，概括地说，就是"我"和舅舅在集市上买花脸，回家的路上舅舅给我讲关羽的故事，回家"我"扮花脸的故事。但是，这位老师却判断，学生的复述会遗漏大部分信息。

大家发现矛盾了吗？如果事件比较简单，那么，学生的复述就应该比较容易做到信息完整，有条理，因为事件本身对复述的要求并不高。但是为什么我们老师又说，学生会遗漏大部分信息呢？我们要分析，被遗漏的信息是什么信息？是不是"顺叙"的信息？

【要点评议】

　　这里,教师坚持把顺叙作为教学内容,是希望发挥教材中知识卡片的作用,解决学生写作的问题。然而,从讨论的过程就可以看出,这种坚持造成了进一步思考的阻碍。教师认为,只要是教材出现的知识卡片,就不需要分析顺叙是否是这篇课文的关键处,以及学生阅读理解的困难。

　　之前,讨论看似已经形成了共识——教师要审慎地分析课文的关键处和学生学习的困难,以此作为确定教学内容的依据。这时,这一共识被漠视了。

　　在这样的过程中,我们深切地体验到教师专业发展的过程并不是一帆风顺的,常常充满了反复。新的学科教学知识往往会受到来自经验的挑战,与旧有的学科教学知识之间存在着冲突。

　　我们常说,课程内容需要教材化,教材内容需要教学化。但这个"化"很难。就是因为这样的"坚持",很多教师只是做到了"照搬"——教师的教学内容照搬教材的内容。因此,教学内容的确定就会流于形式。

合作专家: 看来,用复述来教这篇课文的顺叙,不太好。那还有没有其他的活动可以落实这个目标?

师2: 是的。用分段加小标题的方式,"买花脸—舅舅讲花脸—扮花脸",更能清晰地呈现出事件的脉络。

师3: 我觉得这是传统的教学方法。现在有没有更好的方法?

合作专家: 关键是教学内容是什么?方法要依据内容进行选择。

师6: 我们就把教学目标确定为,掌握课文的"顺叙",用分段概括大意的方法就可以,不需要用复述的方法。

第七阶段:教学环节设计的讨论

师5: 现在确定了教学目标,我们就讨论教学环节的设计吧。我觉得应该先让学生整体感知,体验作者的童趣,然后再分段。

合作专家: 教学环节的设计,要从学生角度来看,哪一个任务更接近学生的现有水平,然后层层递进地搭设台阶,帮助学生实现最难的目标。

备课成果小结

> 终点(目标)：① 掌握课文的"顺叙"；
> ② 能够在细致描写的段落中，
> 读出作者表达的童趣
>
> 台阶三　　　落点：读出童趣
> 　　　　　　活动：小组交流，教师补充关于重点语段的品读
>
> 台阶二　落点：掌握课文的"顺叙"
> 　　　　活动：分段，加小标题
>
> 台阶一　落点：了解课文内容
> 　　　　活动：朗读课文
>
> 学情(起点)：学生能够从有趣的情节中读出童趣，
> 　　　　　　看不出描写的语段中的情感

问题研讨

在备课的开始阶段，教师已经确定了备课的思路：依据文本体式确定教学的终点。随着备课的展开，我们发现，讨论推进得并不顺畅。可见，对"文本体式"的含义及其对备课的意义，教师的理解都需要得到进一步澄清。那么，我们借助这次备课来阐释。

一、"文体"是作家精心构筑的话语秩序

关于"文体"，下面摘录《童庆炳谈文体创造》的相关研究结论，并阐释这些研究结论对教学内容确定的意义。

◇ 文体的概念

文体是指一定的话语秩序所形成的文本体式，它折射出作家、批评家独特的感觉方式、体验方式、思维方式、精神结构和其他社会历史、文化精神。**文体从呈现层面看是指文体的话语秩序、话语规范、话语特点，但其背后会有丰富的人文内容。也可以说，文体问题主要是形式问题。**

我国古代赋比兴的传统，为炼字炼句所下的功夫，其目的都在文体的营造。可以说，中国是最讲究语言体式的国度，最讲究文体的国度。"五四"文学革命，文言文改为白话文，但重视文体的传统并没有改变。

◇ 文学文体的特殊性主要体现在其表现功能

文体主要是形式问题，也就是语言问题。与日常语言只有一层表意功能不同，作家的文学语言有表意、表象和表现三种功能。这里所说的文学语言的表意和表象功能相当于索绪尔的语言"所指"，表意功能相当于索绪尔的语言"能指"。

一部文学作品的文体必须具有表意、表象和表现三种功能，才能称得上是优秀的文体。

在日常生活中语言属于思想交流的系统。在文学作品中语言属于诗意系统，超越了普通语言，获得了新的意义。文体的表现功能已不受词、词组、词组群的原意的限定，而且它不是那种既定的、明确的意义，只是一种间接暗示出来的意义，是"言外之意"，"弦外之音"，"韵外之致"。

对文体的表现功能，必须明确两点：第一，文体的表现功能要求作家去表现、读者去领会一种难于言说的思想感情。只有当文体围绕着这种"可言不可言"、"可解不可解"的浑茫、悠远的对象，反映微妙精深的"理"、带有想象性的"事"、带有模糊性的"情"时，文体的表现功能才能产生并发挥作用。第二，文体的表现功能要求作家以间接的暗示方法来吸引读者的注意。文体的表现功能正根植于这种暗示中、象征中。

这部分的意思是，"文体"是作家精心构筑的话语秩序体系。这一体系具有表意、表象和表现功能，使得文学作品既写的是实际呈现的事物，也写的是所暗示的事物：更深远的思想感情，或被唤起的形象，被表现的东西。也就是说，作家构筑这一话语体系是为了表达其微妙精深的"理"、带有想象性的"事"、带有模糊性的"情"。而"文体"其实是作家留给读者的"暗示"。那么，读者就要领会这一体系中作家所要表达的微妙精深的"理"、带有想象性的"事"、带有模糊性的"情"。

"文体"的概念强调，读者通过这一话语体系领会作品最难抵达的表现层面，而非作品浅表的表意层面和表象层面。在常态的阅读中，读者品味语言，是要借助作者构筑的话语体系来领会作家要表达的"浑茫、悠远的对象"的。那么，同理，教师在教学中带领学生品味语言，其目的不应该是对语言进行抽离情境的特征概括，而是通过"品"语言，领会到作者要表达的"味"。

反观语文教学，关注文本的语言，在教学实践领域早已是个共识。几乎每位语文教师在几乎每堂语文课上教的几乎每篇课文,都会设计"品味语言"的教学环节,但是通常在这个环节之前是整体感知、梳理课文内容的环节。"先内容,后语言"的教学流程已经成了语文教学的一种惯性,大部分语文教师都会不假思索地遵从。这一教学流程的逻辑是,学生要先理清课文"说了什么",再学习"怎么说"的语言艺术。问题的症结就在这里。用"说了什么"和"怎么说"的术语无法发现教学流程在逻辑上的问题,而当我们用文体概念所具有的表意、表象、表现功能来审视时,就会发现这一流程在逻辑上出现了层面上的错位。

学习"怎么说"的语言艺术,教师意图指向文本表现层面的话语体系。但是,由于没有"怎么说"(表现层面)的介入,在此之前"说了什么"的学习只能停留在表意、表象层面上。也就是说,如果没有"怎么说"(表现层面)的介入,"说了什么"就无法突破词、词组、词组群的原意的限定,只能停留在既定的、明确的意义上,无法到达"言外之意"、"弦外之音"、"韵外之致"的层面。

现在,我们重新表述"先内容,后语言"的教学流程:让学生先理清课文"说了什么"(处于文本的表意层面和表象层面),再学习"怎么说"的语言艺术(处于文本的表现层面)。这样,逻辑上的层次错位就很明显了。

语文教学对语言关注的共识,其实质是对实现文本表现层面的话语体系的强调。但是,语文教学实践领域中流行的教学流程,试图兼顾文本内容和文本语言形式,但实际上这在层面上发生了错位。

"文体"的概念,其实质是强调文本语言形式与内容在层面上的一致性。其假设是,文学作品尤其是好的文学作品,作家不止于表达表意层面和表象层面的内容,即实际上呈现的事物,而在于抵达更微妙精深、更带有想象性、更带有模糊性的表现层面。

这一错位导致的教学中的问题早已显现出来,最直接的体现为目前教学中"品味语言"的教学环节无意在对阅读的深度促进上。"品味语言",要么是零敲碎击地针对文本的某个细部,缺乏对整篇文本话语体系的整体勾联,要么在整体上强调对语言特征下定义式的结论。总之,阅读教学的问题是把语言特征的学习和内容的把握看作是两件事情。

二、文本的关键处就是内容和形式的交涉部

关于作品的言语内容和言语形式的关系,在童庆炳的《论美在于内容和形式的交涉部》这一文章中,有较为精准的阐释。

艺术作品中内容与形式之间存在着一种相互征服的关系。一定的内容吁请一定的形式。一旦形式受内容的吁请而出现、而形成后,它就不是消极之物,而是一种"攻击性"的力量。它与内容相对抗,并组织、塑造、改变内容,最终是征服、消融内容。丑的内容可以被形式征服,而转化为美的形态。悲的内容可以被形式消解,而转化为喜的形态。然而,在艺术作品中,为何用此一形式,而不用彼一形式,为何进行这种征服,而不进行另一种征服?这又受到艺术家这个主体的思想情感意图的牵制与制约,即形式的运用是听从艺术家思想情感意图的调遣的,而不是绝对自由自主进行的活动。这就意味着在形式征服内容的同时,又存在着一种双向逆反的相互征服运动即内容征服形式。实际上艺术作品中内容与形式之间存在着一种双向逆反相互征服运动。艺术之美在于内容与形式的交涉部。

文本内容和形式具有双向征服的关系,是"文本体式"的前提和基础。在这一前提下,"文本体式"对形式(文本语言)的关注,实质是指向作品内容和形式的交涉部。

"文本体式"这一概念对教师解读的意义在于,可以提供一个明确的方向——寻找文本内容和形式的交涉部(文本的关键处),关注"此一形式",领会其所"征服、消融"了的内容。同样,教学时也应让学生在体会形式和内容的互动关系的过程中,促进学生对文本表现层面内容的领会。

备课状态反思

备课开始,教师确定讨论的第一个内容就是教学的终点,即教学目标是什么。但是回顾备课过程发现,直到第四阶段才开始直接讨论教学目标。这是为什么?

追问这一问题,重新梳理备课的推进过程,可以外显教师在确定教学目标上的状态及过程中的若干节点,也反映出教师在确定教学内容时的状态。

备课开始,教师肯定不是漫无目的地讨论"课文里有什么",相反,教师带着教学目标的意识"在课文里寻找应该教的内容",比如教作者的情感、课文的语言特色、细节的描写、花脸的含义等等。但是,专家认为这一阶段是在讨论"课文里有什么",而没有讨论教学目标。为什么?

专家借助"语料"和"语篇"的概念,让教师区分"课文里有什么"和"课文的关键处",同时,提示思考"为什么选择这一内容"。

回顾前三个阶段的讨论,我们可以得出一个基本认识:教师在确定教学目标、选择教学内容时,其状态应该从个人的主观判断,转向对课文关键处和学生理解困难处的分析。

这一基本认识可以说是前三阶段讨论的重要成果。但是我们发现,虽然已经形成了共识,后面三个阶段的讨论仍然充满着冲突。

讨论"童趣"时,教师指向的是课文的内容,即具体的事件;专家强调"童趣"的含义不在于事件本身,而是在于发现儿童看待事件的眼光。也就是说,学习"童趣",其实是让学生注意到课文在叙事上的特殊视角。

讨论"描写",教师使用"细致描写"、"正面描写"、"侧面描写"等概念,指向的是课文的写作方法;专家指向的是区别情感表达与客观表达。

我们发现,在教学目标讨论中,教师根据对课文关键处和学生困难处的理解,将课文的内容和形式割裂看待。因此,我们可以得出结论:教师对课文关键处和困难处的分析,应该从内容和形式的割裂状态,转向发现文本内容和形式的交涉处。

关于顺叙,专家提出,为什么要教顺叙?"顺叙"这一知识适合这篇节选的课文吗?教"顺叙",是要促进学生的阅读还是写作?能够在哪方面促进阅读或写作?这些问题直接关系到"顺叙"需不需要教,以及如何教。而教师的看法是,根据经验,课文所附的知识是要教的。

第六阶段的备课讨论,很多疑惑被搁置,这与教师的备课状态有直接关系。我们发现,对"为什么选择这一内容"的思考,教师的状态应该从对经验的默认,转向对经验学理性地分析和审视。

资源链接

1. 童庆炳著. 童庆炳谈文体创造[M]. 开封:河南大学出版社,2008.
2. 童庆炳著. 童庆炳谈文学观念[M]. 开封:河南大学出版社,2008.

后续学习活动

任务1:梳理备课过程中讨论到的能够"读出童趣"的那些关键词语、语句或语段。

任务2:如果你教这篇课文,教原文与节选,教学目标分别是什么?

教语言：从特点的概括转向对情感的体验
——《端午的鸭蛋》共同备课的启示

教学现状描述

《端午的鸭蛋》主要的教学内容有：理清文章思路；品味平淡而有味的语言特色；体会作者对儿时生活的怀念，对故乡的热爱；体会汪曾祺文章闲适自由的风格。另外，也有老师在教学中将教学目标定为，学会在日常生活中发现情趣和诗意；了解端午节习俗。

根据分析，《端午的鸭蛋》的主要教学问题出现在核心教学教学内容——语言的品味上。

热身活动

阅读本专题之前，请先完成以下任务：

汪曾祺是一位对语言有理论的自觉追求，并用作品践行的作家。在备课之前，请查阅相关论文和书籍，摘录汪曾祺对文学语言的观点。

比如，汪曾祺在其散文《自报家门》中说：我很重视语言，也许过分重视了。我以为语言具有内容性。语言是小说的本体，不是外部的，不只是形式、是技巧。探索一个作者气质、他的思想（他的生活态度，不是理念），必须由语言入手，并始终浸在作者的语言里。语言具有文化性。作品的语言映照出作者的全部文化修养。语言的美不在一个一个句子,而在句与句之间的关系。包世臣论王羲之字,看来参差不齐,但如老翁携带幼孙,顾盼有情,痛痒相关。好的语言正当如此。语言像树,枝干内部液汁流转,一枝摇,百枝摇。语言像水,是不能切割的。一篇作品的语言,是一个有机的整体。

还有,_____
_____
_____
_____

共同备课进程

第一阶段:教师讲述自己的教学设计

师1:这篇课文我以前教过,这次备课前,又查了一些资料,形成了一份详案。我拿出来,供大家讨论。

(一)理清文章思路

朗读课文,整体感知,概括文章各段的段意。文章内容分为三部分,各拟一个小标题:端午的风俗(第1自然段)——家乡的鸭蛋(第2—3自然段)——端午的鸭蛋(第4—6自然段)。

(1)端午的风俗

对家乡端午节风俗的描写,十分富有地方特色,同时,表现了作者对家乡的怀念。

➢ 第一段的中心句是哪句? 家乡的端午,很多风俗和外地一样。

➢ 这一段采用什么结构方式? 总分结构和并列结构。

➢ 第一段大谈端午的种种风俗而不写"鸭蛋",离题吗?
   题为"端午的鸭蛋",先浓墨重彩地描绘出"端午"的气氛,就为文章主体"鸭蛋"预设了背景,然后转写"端午的鸭蛋",有"水到渠成"之妙。

(2)家乡的鸭蛋

描述家乡最有名的咸鸭蛋,写出了质细油多、历史悠久的特点。

(3)端午的鸭蛋

写孩子们如何吃和玩端午的鸭蛋。

思考:作者对家乡的鸭蛋念念不忘、情有独钟,寄寓了什么样的感情?

小小的咸鸭蛋,寄寓了作者对儿时生活、趣事的怀想,对故乡的热爱。

(二) 品味语言特色

(1) 学生朗读课文第 2、3、4 段,自由选例品味评析

例1:不过高邮的咸鸭蛋,确实是好,我走过的地方不少,所食鸭蛋多矣,但和我家乡的完全不能相比!曾经沧海难为水,他乡咸鸭蛋,我实在瞧不上。

典雅的文言词语、诗句与极质朴的口语相映成趣、雅俗共赏。

例2:我的家乡是水乡。出鸭。高邮大麻鸭是著名的鸭种。鸭多,鸭蛋也多。高邮人也善于腌鸭蛋。高邮咸鸭蛋于是出了名。

这几个句子简短,极其简练,有口语色彩。

例3:哦!你们那里出咸鸭蛋!

我对异乡人称道高邮鸭蛋,是不大高兴的,好像我们那穷地方就出鸭蛋似的!

我在北京吃的咸鸭蛋,蛋黄是浅黄色的,这叫什么咸鸭蛋呢!

别说鸭蛋都是一样的,细看却不同。有的样子蠢,有的秀气。

这些句子中有口语色彩。

(2) 教师补充汪曾祺对语言的追求

汪曾祺是一位非常讲究语言艺术的作家,他曾经谈到自己在语言上的追求:平淡而有味,用适当的方言表现作品的地方特色,有淡淡的幽默。这三点在课文中能看出来吗?

① 语言平淡而有味,体现生活情趣无处不在

例1:筷子头一扎下去,吱——红油就冒出来了。

"吱——"绘声绘色,真切生动,其中的动感、快感,活灵活现,删去就没有这种味道了。

例2:端午一早,鸭蛋煮熟了,由孩子自己去挑一个,鸭蛋有什么可挑的呢?有!一要挑淡青壳的。鸭蛋壳有白的和淡青的两种。二要挑形状好看的。别说鸭蛋都是一样的,细看却不同。有的样子蠢,有的秀气。挑好了,装在络子里,挂在大襟的纽扣上。

② 用适当的方言表现作品的地方特色

例1:平常食用,一般都是敲破"空头"用筷子挖着吃。

例2:端午的鸭蛋,新腌不久,只有一点淡淡的咸味,白嘴吃也可以。

这两句融入方言,带有较为鲜明的地方色彩。

③ 语言有淡淡的幽默

例1:不过高邮的咸鸭蛋,确实是好,我走的地方不少,所食鸭蛋多矣,但和我家乡

的完全不能相比！曾经沧海难为水，他乡咸鸭蛋，我实在瞧不上。

例2：高邮咸鸭蛋的特点是质细而油多。油多尤为别处所不及。

这两句典雅的文言词语、诗句与极质朴的口语相映成趣。

例3：我对异乡人称道高邮鸭蛋，是不大高兴的，好像我们那穷地方就出鸭蛋似的！

这一句话幽默风趣，读来让人忍俊不禁。

总结：作者熔书面语和口语于一炉，将古汉语与现代汉语完美地结合在一起，在平实、自然之中又时时流露出雍容典雅，显现出作者深厚的文化素养和语言功力。

（三）结合全文，说一说你领悟到了什么道理

用眼睛观察生活，用心灵感悟生活，在平凡中寻找美丽，在平凡中发现诗意。《端午的鸭蛋》告诉我们，日常生活富含生活情趣、人生意味。生活中并不总是惊涛骇浪，也未必处处正襟危坐。只有充分感受生活中的种种快乐、悲苦、平淡以及诗意，我们才算真实地体验到生活的滋味。

（四）合作研究，领悟创作风格

思考：课文结尾写到东晋车胤"囊萤"夜读的故事。有人认为，这段话与课文主要内容无关，是赘笔；也有人认为，由萤火虫在鸭蛋壳里闪闪发亮的样子联想到车胤苦读的囊萤，很自然，很随意，正体现了汪曾祺散文闲适自由的风格。你的看法呢？

第二阶段：专家建议改善教学内容之间的割裂

合作专家：这位老师提出这篇课文主要有三个教学内容。第一，归纳课文内容。第二，品味平淡而有味的语言特点，包括一些方言和一些文言。第三，表达了作者怎么样的情感。其他老师又什么不同意见吗？

师2：这位老师刚才讲得还是比较详细的。

合作专家：那么，我想问，一篇文章的内容、写作方法和作者的情感之间是什么关系？它们之间的关系，我来描述一下。文本这样的言语形式才呈现出了这样的言语内容，才表达出了作者这样的感情。内容、写作方法（言语形式）、作者情感是一个整体。

以第一段为例。理清文章内容，教师普遍的做法是，让学生找出作者家乡的风俗有哪些。这对学生并不难，大部分学生应该都能够找得到并列举出来。但是，"找信息"的方法，是信息类文本的阅读方式。这种教学方式本身就隐含着对阅读取向的选

【要点提炼】教学方法的选择隐藏着假设的阅读取向。

共同备课工作坊

择。这实际上暗示学生抱着"搜集信息"的阅读目的进行阅读。但是,我们要思考,这是阅读《端午的鸭蛋》应该采用的取向吗?换句话说,阅读《端午的鸭蛋》是以信息的获取为目的吗?

我们分析一下第一段,除了关于风俗的基本信息,还有其他内容。比如"系百索子"这个风俗,课文里写道,"五色的丝线拧成小绳,系在手腕上"。写到这里,其实,系百索子的风俗作者已经介绍完了。但课文紧接着还有一句话,"丝线是掉色的,洗脸时沾了水,手腕上就印得红一道绿一道的"。这句话可以删去吗?你看,没有这句话,读者也了解到了作者的家乡有"系百索子"的这个风俗啊。

【要点提炼】作品的语言风格与作者要表达的内容是一个整体。

那我们就来分析这句话。可以感受出,汪曾祺在介绍风俗的时候,将自己也置身其中,是介绍自己在风俗中的经历,连同自我身处其中的情绪也要一并传递给读者。所谓"平淡而有味"的语言特点,就是指作者这种介绍家乡风俗的方式。它与以传递信息为目的的介绍,在语言方式上是不同的。作者的意图不在于风俗本身,而是要告诉读者,"我们"在节日的风俗中有很多有趣的故事。你看,说到"贴符"的时候,会说"这是城隍庙送来的,这里有干爹送来的一种祝福"。看到没有?作者在谈及家乡风俗的同时,更想向读者传递一种很细腻的感情。

作品内容和语言特色之间是有一种必然关联的。因此,第二个教学内容"语言特色",其教学方式不应该是总结。散文教学中,教语言方式,其落点,不应该是对语言方式的总结,而应该是对这种语言方式传递出的意蕴的体会。

这就说到了第三个教学内容"体会作者的情感"。汪曾祺是把其情感弥散在介绍风俗时的每一个语句中,因此,这一内容的重点,不是学生能不能归纳出作者是什么样的情感,而是在语句中能否感受到作者的情感和情绪。

我们能不能尝试在教学活动设计时,打通课文内容的理解、语言的体会和情感的体验,而不是把它们作为三个独立的内容进行教学?大家看看,这个问题是不是可以作为一个问题来讨论?

【要点评议】
专家强调,文本作为一个整体,其言语内容和言语形式是一体两面的关系。在阅读中,读者实际上就是通过对语言的不断品味,来加深对内容的理解和情感的体验。也就是说,解读时,读者要在文本的内容、语言和作者的情感之间互动。

目前通行的"板块式"教学存在的问题就是,割断了内容理解、语言品味、情感体验之间的链接,而把教学的力气花费在概括内容、总结语言特点、归纳情感上。

因此,本来是帮助学生建立链接的阅读教学,现在却成了教师的解读结果的讲解——被归纳总结的内容要点、语言特点和作者的情感。

针对这一现状,专家提出,亟待探索一种打通了内容、语言和情感的教学方式,以关注学生的解读过程,而不是对解读结果的掌握。

第三阶段:讨论如何体会作品的风格

师2:这个观点我同意。但是要让学生走进汪曾祺,"体验"是个难点。

合作专家:王荣生教授曾在一篇文章中提到,中小学散文教学的努力改善方向是建立链接,在学生的生活经历、语文经历与课文之间建立链接。我们备课的讨论可以以这一理论为基础。

> 王荣生.中小学散文教学的问题与对策[J]. 《课程·教材·教法》, 2011(9).

师3:像汪曾祺这样的散文大家的作品,我怀疑这个年龄段的学生能否从中体会到作者的情感。

师4:的确,散文是不受拘束的,散文大家的散文更是不受任何定式和框架拘泥的。如果目标定位在"体会"上,对学生而言,太难了。我们的教学目标可以确定在,让学生"了解"汪曾祺散文的语言特点,或者是汪曾祺散文特有的闲散风格,而不是"体会"。

师5:这篇散文,汪曾祺不仅仅是要介绍鸭蛋,而是要借着鸭蛋来表达他独特的感受。这不仅仅体现在语言的风格,或者说这不只是体现在语言层面。就像刚才专家所说的,散文中写到端午"贴符"风俗,不是只客观地介绍这是一种什么风俗,还会提到风俗中有着老道士干爹的祝福,这就是前面说过的"平淡而有味的语言中体现出了生活情趣"。整篇散文都充满了生活的情趣,可以看出,作者是带着欣赏的眼光看待家乡风俗的。作者的情绪、情感和作品风格,是一体的。

师7: 我的想法也一样。一篇散文的风格与作者的内在情感,应该是一个完整的整体。汪曾祺的散文是自由的。从这篇课文可以看出汪曾祺早期作品的风格。

师6: 刚才的讨论,让我感受到课文体现出的生活情趣。但是,我突然发现,用这种眼光寻找的课文脉络,与我们之前教案中寻找到的课文脉络,不一样。

你看,之前的设计,是让学生通过圈划中心句的方式理清脉络的。我们找到的是,"家乡的端午,很多风俗和外地一样"、"高邮咸蛋的特点是质细而油多"等句子。开始我们认为,这些是中心句,现在讨论下来,感觉不是,起码不是我们说的总分结构段落的中心句,或者说是中心论点。

我举个例子,"高邮咸蛋的特点是质细而油多",是一个概括句,又置于段首,看似是这个段落的中心句。但是这段后面展开的部分很有意思,好像并不是仅仅围绕这一特点进行论述的。谈到"油多",作者告诉我们的是鸭蛋的吃法,席间待客和平常食用;讲到"咸蛋的黄",作者给我们讲的是苏北的一道名菜。课文段落的展开部分,都是在讲挑鸭蛋的外壳等等"我"的生活场景、印象中端午的种种趣事等等。因此,段首句好像不是一般意义上的中心句。

另外,怎么能让学生"感受到"这种风格,或者说"读出"这种风格?

师7: 我读这篇文章的感觉,像听一个人在絮絮叨叨地闲聊自己的家乡。这可能跟大家说的这篇课文的"风格"、"作者的情感"等是相关的。我之前纠结的问题就是怎样让学生理解这个东西,因为就算是教师自己讲出来,但学生也只是知道了,不等于他体会到了。

师1: 我们刚才讨论了两点,一是这篇课文的教学目标,二是这篇文章适合的阅读方式。

先说阅读方式。比如,刚才提到的中心句,怎么理解?能不能当成实用文章的中心句来读?阅读实用文章,我们会通过寻找中心句的方式来把握文章的理路。这种方式适不适合这篇文章?

再讨论能不能确定"体会"这一教学目标。能不能将《端午的鸭蛋》的教学目标确定为,让学生体会到这种闲适的风格和特点?不过,对"闲适"的风格或特点,我是有疑问的,其实刚才还用到了一个词叫作"生活情趣",哪一个词更适合呢?

我以前没有教过《端午的鸭蛋》,这次备课时,也没有借助任何其他的材料。阅读后我的第一个感觉是,这篇散文中的那种"闲",是文人雅士的那种"闲",跟其他人的"闲"绝对不一样。区别在哪?

师5:我们应该从学生的角度思考,让六年级(预初)的学生区分这种"闲"到底是"闲散"还是"闲适"是很难的,八年级的话还可以。

【要点评议】

讨论到此,老师们对"体会作品风格"这一教学目标达成了共识,逐渐地,讨论延伸到作品的风格应该界定为闲散,还是闲适,又或者是生活情趣。老师们希望可以准确地界定作品风格。

但在一定程度上,这是不必要的。因为这一层面的讨论已经是文学多元解读的范畴了。即便是在文学研究领域,对一个作品的风格都从来不可能形成"唯一"的看法。当然,老师们可以根据自己的阅读体验,或者参考文学领域对汪曾祺的研究成果,形成自己的认识。

这也提示我们,在备课时所确定的终点——教学目标,并不是一种"结果性"的状态,更像是"过程性"的状态,即让学生通过语言的品味,对作品的风格有自己的体验,甚至能够自己进行闲散、闲适、生活情趣之间的辨析。

合作专家:刚才的讨论已经形成了三点共识。第一,阅读散文,不是要获取信息,而是要读出作者的眼光、作者的情绪。它弥散在文中的字里行间。第二,作品的内容、语言特点和作者的情感是一体的。散文中所写的事物往往不是客观的事物本身,而是在作者独特语言表述中蒙上了独特情感的事物。因此,最重要的是第三点,要采用与散文相适合的教学方式,与这篇散文相适合的教学方式,要教出散文的"味道"来。

但是,老师们一致提出,类似"体会风格"这样的目标在教学中很难具体实施。

针对具体教学活动设计的问题,我提供一个简单的设计思路。我们可以在搜索网站,或者有关民俗的专业辞典上,摘录对"系百索子"、"贴符"等民俗的解释,包括对高邮鸭蛋的介绍。这样摘录出来的文本,有明确的实用目的,虽然在内容上,与课文对民俗的介绍大致相同,但语言方式肯定是客观介绍的方式,是以让读者明了为目的的。因此,我们可以让学生进行比较阅读,谈阅读体会。当然,这个活动设计得有些粗糙,但我们的教学设计应该朝这个方向努力。大家看看是否能够获得一点启发。

【要点评议】

  备课开始时,对教学内容"板块式"的设计老师们几乎都没有异议。随着合作专家的介入,以及老师们逐渐对自己阅读感觉的唤起,又都一致认同课文内容、语言特色、作者情感之间有着内在的关联,是一个整体,彼此不是孤立的。与此同时,老师们提出了一个新的困惑:如何在教学中实现的问题。在备课过程中不止一个老师,也不止一次地提到"怎样才能让学生体会到"、"让学生体验作者的情感是很难的"。

  老师们表达这样的困惑,其想法是,教学要采用适合散文的教学方式。这一理念当然是对的,但在操作层面上却难以落实,因此,教学中割裂的板块式教学,其实是语文教师不得已的做法。

  在这种状况下,合作专家认为有必要从教学活动的设计上给老师们一些支持或启发,让老师们感觉到"整合式"的教学是具有可行性的。

  这里,看似合作专家在和教师讨论具体的活动设计,但其意图还是改善教师的阅读教学理念。对教师知识的研究,表明教师通过学习获得的理论和"教师内心真正信奉的、在日常教育教学行动中实际使用的、对教师的思想和行动起支配作用的"教学理念,是不同的。因此,合作专家意图改善的是体现在教师教学行动中的"信奉理论"。只有教师的"信奉理论"得以改善,其教学才能真正发生改善。

师5:对刚才的讨论,我是有困惑的。对六年级的孩子来说,阅读这篇课文,根本谈不上对风格的体会。学生知道这篇文章写的是端午节,写的是端午的风俗;文章的结构是先概括家乡的风俗,然后逐一列举,就可以了。这才是六年级的孩子能够通过这篇课文学到的。

师6:我想,我们教学的时候未必要提到"闲适风格"等等这样的词语。

合作专家:是的。我们一定要区分什么是教师必须知道的知识,什么是学生应该知道的知识;什么是阅读的目标,什么是写作的目标。

师5:我的意思是说,如果是教六年级,我会以课文内容为出发点,落实学生对课文内容的把握。而如果教八年级,我才会考虑再深一点。我们刚才讨论的板块式教学转向整体化教学的尝试,更适合高年级学生的教学。

师 6：我倒觉得,不管哪个年级,教学内容都应该依据这篇课文的特点来确定。其实就是,课文关键的地方,该看到的地方,学生就应该看到。但是,现在的问题是,就连我们老师自己体会课文所传递的情趣,都感觉很难。还要设计怎么样让学生去体验到,确实是更难。

师 1：老师们有没有教过《想北平》？在语言风格上是可以作参考的。周作人也写了很多关于故乡的野菜的文章。他也是写吃,但和《端午的鸭蛋》不一样,他更多的是一种士大夫的身份,是一种雅文化的身份。

我感觉到汪曾祺文章的特点是在传递一种趣味,生活的情趣。这是这篇文章的核心。接下来,我们就要考虑,设计什么样的活动让学生体会到。

师 5：不管界定为闲散、闲适,还是生活情趣,总之,说到对风格的体会,其实需要学生有一定阅读量的积累,才能体会到语言表达方式之间的不同,才能体会到这篇课文语言表达是很有趣的。

合作专家：看来,大家还是感觉刚才讨论中确定的教学目标难以实施。那我问一个问题,六年级的学生读完这篇课文以后,会不会产生"有趣"的感觉？如果我们问学生,你觉得哪一个片段比较有趣,哪一个比较好玩,学生能不能说出来？

【要点提炼】让学生体验到作品的风格,和让学生概括作品的风格,是不同的教学目标。

刚才有老师提到,这篇课文中很多段落的开头都有句中心句,但不是中心论点。这些段落很有特点,以"中心句＋生活画面"的方式展开。课文既然有这样的语言特点,那么,学生能不能读出画面呢？

师 2：语言的画面感,可以说是这篇课文的一个特征。

师 5：应该可以,这没有问题。

合作专家：学生阅读之后有"有趣"的感觉,不就是我们刚才在讨论的生活情趣、闲散的风格吗？虽然学生不一定会用风格这样的术语来表达他的阅读体验,更不能像我们刚才那样专业地讨论文章风格是闲散、闲适,还是生活情趣,哪一种表述更准确,但是,这并不妨碍学生的体验。

师 4：我们先不讨论这篇文章什么年级应该教到什么程度。其实,刚才专家用课文的第一段给我们做了一个示范,让我们体验到了课文传递出来的生活趣味。刚才的过程,就是一个很好的"教体验"的设计。

要是我设计教学活动,就把所有非客观介绍的语句删掉,只留下风俗本身。这样一删,原文中带有的生活味也没有了。这篇课文中有很多带有生活趣味的场景,比如挑鸭蛋等等。我会把教学的重点集中在课文的这些语段上,让六年级的学生好好咂摸咂摸。

师5:我发现这篇课文有个特点,就是写小事情,而这些小事情又都很有趣。你看,作者就是借着小小鸭蛋来表达情感。我们可以让学生学习"以小见大",在写作中写童年生活中印象最深的一段经历,或者一样事物。

【反思】
什么是"以小见大"?这里是"以小见大"吗?
_____
_____

师2:刚才说到的《想北平》也没有从很大的事情写起,从小的事情表达出自己对北平的浓浓感觉。

师3:我感觉,课文的有些地方,学生会有理解上的困难。比如,题目是《端午的鸭蛋》,为什么第一段要写家乡的端午习俗?这部分内容的作用是什么?备课之前,我是有标准答案的,第一段是为写端午的鸭蛋作铺垫。现在讨论下来,完全推翻了之前的结论。

【观察者点评】你怎么认识这一问题?

师6:现在有很多孩子都向往国外,对故乡没有那么强烈的感觉。这篇课文可以教育学生不要淡忘故乡。

【要点评议】
课文第一段没有直接写端午的鸭蛋,而是写家乡端午的习俗,老师们认为这是"铺垫"。

老师们前面说到,散文是没有约束的,尤其是散文大家往往是不受约束的。另一方面,老师们却以记叙文的逻辑解读散文,比如,寻找贯穿全文的线索,围绕事物的特征组织材料等等。这两者本身就是相悖的。

第四阶段：讨论教学目标的表述

师6：讨论了这么久，我们还是要确认一下这篇课文的教学目标。

师7：还是定在语言上吧，关注这篇课文描写风俗的特色。

师4：从语言切入，要到达情感体会，这个教学目标比较符合我们讨论的思路。但是怎么规范地表述呢？

合作专家：简单地说，就是填个空，通过品味什么样的语言来体会作者什么样的感情。我们能把"什么样的语言"和"什么样的感情"表述准确了，就说明我们精准地把握了这篇课文的特质。

师1：那么就讨论这两个空填什么吧。在语言风格上，我感觉刚才讨论的"平淡"和"直白口语化"，比"闲散"和"闲适"更具体。把"平淡"改成"平淡有趣"可能更合适。

师6：或者是用"淡而有味的语言"。

合作专家：这个"淡"好像不是"直白"的意思。这篇课文的语言不完全是口语化的，文中还有文言的引用，比如摘录袁枚的《随园食单·小菜单》中"腌蛋"条目——腌蛋以高邮为佳，颜色细而油多，高文端公最喜食之。席间，先夹取以敬客，放盘中。总宜切开带壳，黄白兼用；不可存黄去白，使味不全，油亦走散。

"直白口语化的语言"，这个表述需要我们再推敲推敲。

师5：这里"平淡"的意思是，一种不矫揉造作的，很自然的感觉。怎么表述更准确呢？

师6：那表达了作者什么样的情感呢？

师5：体会作者这种浓郁的思乡的感觉。

师1：我感觉，就是对家乡的民俗民情的描写。

师4：课文给人一种娓娓道来的感觉，好像表达了童年在故乡的感受。

师7：这篇课文的表述方式好像是一个人在那里自言自语，所以，"怀念"不是很准确，应该是"回味"。

师4：语言上追求平淡有味，这个"味"是什么呢？是生活味，还是趣味？这就需要对这篇课文的语言进行更准确的评定。

师1：散文抒发的是作者的一种个性化的情思，但这种情思我们读者接受的时候是有个体差异的。

师2：这篇课文描写了家乡的风俗，但跟一般的介绍不同，课文带有明显的作者个人情感。这一结论我们是能够达成共识的。

师6：刚才的"回味"这个词比较准确，关键是作者对什么的"回味"呢？

师3：是对故乡某种情怀的抒发。

师1：那就"体会作者个性化的情思"吧！模糊一点。

合作专家：如何更准确地表述，可能需要再仔仔细细思考。我们这里的讨论，看似只是表述的问题，只是选择恰当词语的问题，实际上却反映出我们对课文特质的精准把握还有困难。

师6：像这样的经典篇目，在教学过程中我们需要提供给学生一些辅助性的阅读材料，比如赏析的文章，这样才能帮助学生更好地体会。

师1：我们确定在"感受作者的故乡情结、语言的驾驭能力、闲适的生活情趣"，不知道这种表达好不好？

师6："闲适"和"体会作者的情结"，这种目标放在高中更合适。

合作专家：最终学生"体会闲适风格"的程度，由于其在语文经验和生活经验上的个体差异，肯定会有所不同。

但是，这篇课文用这样的方式写端午的风俗充满了生活味，且很有趣，是应该让每个学生都感受到的。教学的重点应该在"这么写，写出了什么味道"的体会上，不是让学生简单地梳理课文写了什么内容。我们的教学就是为学生铺设一条轨道，轨道的终点、轨道的方向是由这篇课文的特质所决定的，这就是我们所说的"教学内容的确定"。但在这条轨道上，学生能达到的程度，也就是"体会"的深浅，会因为学生个体之间的差异而存在差异。

师6：如果在教学活动的设计上，前面让学生做一个对比，包括删改，后面让学生去批注，可能就会把"感受"的东西呈现出来。

……

三个小时的备课已经临近尾声，具体教学环节的设计没有来得及展开讨论，最终没有完成一份可操作的教学方案。但老师们感觉在这次备课中，对散文阅读教学的观念冲击很大，认为这远比从专家手里直接拿到一份教案要收获更大。

备课成果小结

师6：我代表我们组，汇报备课成果。今天的讨论，我们达成了一些基本的共识，因为时间的关系，也有一些问题没有充分地展开讨论。我认为，今天备课主要的作用在于带动我们思考,这更像是一种思想的碰撞,而不是为了完成一个教案。

开始阶段,我们老师确定了三个内容。第一,课文讲了什么;第二,这篇课文的语言有什么特点;第三,关于作者的思想情感。

经过专家的分析,我们发现,我们将课文内容、语言特点和作者情感三个内容割裂了开来,三个内容之间应该是有密切关联的,教学重点应该关注在三者的关联处——关注作者用了怎样的方式叙述了什么内容,表达出了怎样的感情。

比如,第一段,内容上写的是家乡的端午风俗,但是跟一般介绍性的文本不同。这篇课文在对风俗进行介绍的同时,也将作者童年里那些生活化的、趣味性的画面呈现了出来。也就是说,作者写这篇文章不仅要让读者了解他的家乡有哪些风俗,更重要的是要读者感受在这个风俗的描述中,传递出生活的趣味。

在语言方面,语言很平淡,但是很有味道,一种生活情趣的味道。散文的阅读要逐渐走向细腻。在文本的细腻处去感受它的语言,体会文中很细腻的一些感情。这就是我们组讨论中形成的共识。

合作专家:我要特别强调的是,第一,课文的教学重心不是放在端午相关的民风民俗上,而应该放在作者的情感和感受的体会上。这点非常要紧。

第二,不要把汪曾祺的语言作为重点,准确地说,不要把它作为一个独立的内容去概括其特点,要将语言与感受结合起来。

汪曾祺的散文也好,小说也好,往往是小叙事,家长里短,一些世俗的、平民的事情,不是那种轰轰烈烈的大事件、大人物。它的语言的风格,我们也知道,是朴素的,平淡的。它传达的情感也是很细腻的,要我们到文本当中去体会。

【反思】
这里说,汪的散文是小叙事,与老师说的"以小见大"是一回事吗?

_____

_____

师1:专家讲的这一点我非常同意。我们强调汪曾祺的语言特征不应作为一个知识在教学,而应该让学生体会这种语言的魅力。教学的重点是品味语言,而不是记住这个语言特征,我觉得,这一点是这次备课我收获最大的地方。

> 问题研讨

关于语言,汪曾祺认为,语言不是外部的,不只是形式和技巧,语言具有内容性。这句话被认为是汪曾祺的语言观——语言本体论,与"文以载道"的"语言形式论"的语言观不同。

在阅读教学中,语文教师一直非常重视语言形式,几乎每篇课文,几乎每堂语文课,都有品味语言,或学习表达方式的教学内容。关注语言形式,是语文教学的重要共识。问题的关键在于,如何教语言。

一、阅读教学牵涉着语言观

阅读教学,教师通常的做法是,先梳理内容,让学生了解课文讲了什么;再归纳语言特点,让学生明确课文是怎么讲的。从静态的教学内容来看,这样能够兼及课文的内容和其语言形式两个方面。但从教学的动态过程来看,则如果没有语言形式的助力,对课文内容的理解是干瘪的;如果没有内容的参与,对语言形式特点的归纳是空洞的。

我们回到备课第一位教师的设计中,"第一环节,理清课文思路",可以看到,丰富的课文内容,由于没有语言形式的助力,只能剩下干瘪思路:端午的风俗——家乡的鸭蛋——端午的鸭蛋。况且,这里提出的所谓"文章思路",恐怕是有问题的。

关于文学创作的结构,汪曾祺自己的主张是:

我的小说似乎不讲究结构。我在一篇谈小说的短文中,说结构的原则是:随便。有一位年龄略低我的作家每谈小说,必谈结构的重要。他说:"我讲了一辈子结构,你却说:随便!"我后来在谈结构的前面加了一句话:"苦心经营的随便",他同意了。(《自报家门》)

这里虽然谈的是小说的结构,但汪曾祺追求"文无定法",可见一斑。在其散文集《蒲桥集》中,他这样写道:

此集诸篇,记人事、写风景、谈文化、述掌故,兼及草木虫鱼、瓜果食物,皆有情致。间作小考证,亦可喜。娓娓而谈,态度亲切,不矜持作态。文求雅洁,少雕饰,如行云流水。春初新韭,秋末晚菘,滋味近似。

关于散文的行文结构,汪曾祺的追求是"娓娓而谈,态度亲切,不矜持作态","少雕饰,如行云流水"。也就是说,汪曾祺的散文是"形散"的,没有严密的"思路"规划。如果说,汪曾祺行文有结构,那一定是"文气"的贯通——"如行云流水,初无定质,但常行于所当行,常止于所不可不止,文理自然,姿态横生"。

因此,汪曾祺的散文,完全没有所谓的"课文思路",教学时,要关注其散文的"娓娓道来"之感和"行云流水"之形。这里,我们已经不是关于课文内容的讨论,而进入了课文的语言形式。

那么,汪曾祺散文在内容上教什么呢?

汪曾祺的散文,从内容上来看,无非是"记人事、写风景、谈文化、述掌故,兼及草木虫鱼、瓜果食物"。但是,汪曾祺强调,其散文的意图却不是"人事、风景、文化、掌故、草木虫鱼、瓜果食物"本身,而是"有情致",近似"春初新韭,秋末晚菘"的"滋味"。

如果没有对"娓娓而谈"、"行云流水"的体会,读者对内容的理解就会停留在所谈论的事物本身——人事、风景、文化、掌故、草木虫鱼、瓜果食物,很难到达"皆有情致"的层面。

内容上要表达的"情致"和"滋味",与"娓娓道来"和"行云流水"的语言形式,在汪曾祺的散文中是融合的、一体的。在其作品中,我们才能体会到汪曾祺的语言观——语言不是外部的,不只是形式和技巧,语言具有内容性。

二、教学方式隐含了教学的取向

备课前,语文教师对汪曾祺及其作品的语言特点显然是有所了解的。而且,教师也认为"语言"是重点,因此,设计了"品味语言"的教学环节:

汪曾祺曾经谈到自己在语言上的追求:平淡而有味,用适当的方言表现作品的地方特色,有淡淡的幽默。这三点在课文中能看出来吗?

关于汪曾祺作品的语言特点是什么,语文教师需要完成两项工作:第一,教师自我学习。查阅相关的文献及阅读其作品,尽可能广泛而深入地把握相关领域的研究结论;第二,在相关研究结论中确认这一篇课文的特点。这两项工作,都是"学生与这篇课文之间建立关联"的基础。

教师采用什么方式让学生与这篇课文之间建立关联,尤为重要。我们看看教师的做法——"这三点在课文中能看出来吗",教师或是对学生关注到的语句进行特点的归纳,或是让学生在课文中分别找出表现三个语言特征的语段。这种或归纳或例证式的"品味语言",实际上是让学生学习文学评论领域的研究成果——作家作品的语言特点是什么。这种教语言的方式,其落点是认识语言特征本身。

教学方式的选择,隐含着教师对中小学语文课程中阅读领域教学取向的回答,是借助文学评论的成果,让学生贴近作品;还是让学生通过这篇课文,学习文学评论的成果？也就是说，教师选择教学方式时，需要思考其落点——是让学生把握语言特征，还是推进对文本的体验？

关注语言形式，是语文教学的重要共识。但在教学中，不等于要让学生明确了解作家的语言特点究竟可以归纳为几点，因为学生语文学习的状态可以是语感的状态。

《端午的鸭蛋》的教学中，学生不一定要说出汪曾祺散文的语言具有"平淡而有味"的特点，但学生必须感受到课文不是在客观介绍家乡端午的风俗和鸭蛋，学生要体会到作者传达出的生活"情致"和"滋味"。

通过这次备课，我们主要讨论阅读教学中"教语言"方面存在的问题，倡导在教学方式上，从目前的概括语言特点，转向对内容和情感的体验。

备课状态反思

将备课过程的讨论和专家介入的要点，梳理成表1。

表1 备课过程要点

各阶段的讨论要点	专家介入的内容
初始教学设计： （一）理清文章思路 （二）品味语言特色 （三）领悟道理 （四）领悟创作风格	语言形式与内容是一个有机的整体
教学内容确定为体验作品的风格， ➢ 对六年级学生是否太难 ➢ 在教学实施上很难操作	➢ 教学设计的示例； ➢ "风格"特点是教师需要知道的知识，学生只要能够感觉到作品流露出的味道
教学目标应该如何表述： 品味什么样的语言，体会作者什么样的感情，或体会作品什么样的"滋味"	看似是表述的问题，其实表明我们能否精准地把握课文的特质
教学设计的讨论： 用删改语段、对比的教学方法，让学生感受到课文表现端午风俗中的生活味和有趣	

作品的内容与语言形式是一个有机整体,这是文学理论中的基本观念。教师在认知层面上普遍认同这一基本观念。

在备课的讨论过程中,我们发现,教师的实际教学行为——其教学活动的设计,却与这一基本观念相背离。并且,当专家提出尝试探索新的活动设计,以实践这一文学理论的观念时,教师首先的感觉就是"很难操作"。

可见,理念的落实,亟待打通的不是认知层面,而是教师对教学实践"可操作性"的认识。这就意味着,教师在教学实践中积累的一套经验性做法,被当作课堂教学的全部可能性,从而限制了教师对教学"操作性"的创造空间。

专家进行教学设计的示例,其意图是文学理论观念的落实,而非对教学活动设计方案本身的讨论。从这一意义上来看,教师是在教学设计、教学方法选择的层面上,理解文学理论的基本观念。也就是说,只有讨论到教学方式层面上,才能改善教学观念。

当然,理念的更新,并不意味着教学方法的创造,但一定伴随着对教学方法落点的思考。同样是"品味语言"的活动,教师要能够发现以往做法的指向是特点的归纳,而不是情感的体验,并且意识到,特点的归纳实际上割裂了文本内容和形式的关系,只有指向"情感体验"的"品味语言",才是对文学理论基本观念的践行。

因此,共同备课过程中,教学活动的讨论其价值在于,对自身的有关教学、有关阅读等基本观念的审视。这次备课,从结果上看,没有完成具体的环节设计。但教师认为最大的收获在于,在实践层面体认到教学重点应该发生转变——不是记住其语言的特征,而是让学生体会汪曾祺语言的魅力,这就是对认知层面文学理论观念的践行。

资源链接

1. 汪曾祺.思想·语言·结构.晚翠文谈新编[M].北京:生活·读书·新知三联书店,2002.

2. 汪曾祺."揉面"——谈语言.晚翠文谈新编[M].北京:生活·读书·新知三联书店,2002.

3. 汪曾祺.关于小说的语言.晚翠文谈新编[M].北京:生活·读书·新知三联书店,2002.

4. 陈日亮.《端午的鸭蛋》:试品尝那"淡而有味"[J].中学语文教学,2011(4).

后续学习活动

按照示例,罗列《端午的鸭蛋》中你能感受出情感的那些语句。

示例:

➤ 语句:一尺来长的黄色、蓝色,上面用朱笔画些莫名其妙的道道,这就能避邪吗?

感受:"莫名其妙的道道"写出了符的特点,也是孩子的口气。

➤ 语句:有一个风俗,不知别处有不:放黄烟子。黄烟子是大小如北方的麻雷子的炮仗,只是里面灌的不是硝药,而是雄黄。点着后不响,只是冒出一股黄烟,能冒好一会。

感受:"不知别处有不"是一句极爽净的家常口语。不用"装"用"灌",表示需要装满。补了一句"能冒好一会",因为后面要讲到可以熏五毒,画"一笔虎"。仔细有如此。①

语句:＿＿＿＿＿＿＿＿＿＿＿＿＿＿＿＿＿＿＿＿＿＿＿＿＿＿＿＿＿

感受:＿＿＿＿＿＿＿＿＿＿＿＿＿＿＿＿＿＿＿＿＿＿＿＿＿＿＿＿＿

---

① 陈日亮.《端午的鸭蛋》:试品尝那"淡而有味".中学语文教学,2011(4)

在阅读中学习写作是怎么回事
——《回忆鲁迅先生》共同备课的启示

教学现状描述

《回忆鲁迅先生》这篇课文,有的教材选放在初中年段,有的教材选放在高中年段。根据搜集到的教案,年段虽有所不同,较集中的教学目标有:

第一,学习写作方法。比如,掌握通过细节描写表现人物个性的方法;概括回忆鲁迅先生的几个事件,把握作者善于从生活琐事中表现人物性格的写作方法;学习本文善于撷取生活琐事去展现人物性格的写作方法;按照写作顺序概括回忆内容,把握本文以感情为线索的叙事特点。

第二,对鲁迅的认识。比如,重新发现鲁迅;体会伟人鲁迅日常生活中平易温和的一面;根据细节描写,概括鲁迅个性特点。

第三,体会作者的情感和本文的语言特点。比如,分析作者蕴含的情感,感受作者情感的深沉真挚,体会作者浅白质朴的语言。

根据分析,《回忆鲁迅先生》这篇课文教学的主要问题是对文体的认定,大多数老师把这篇课文当作了普通的写人记事的回忆性散文。

热身活动

阅读本专题之前,请先完成以下任务:

1. 在阅读中进行"读写结合",你的态度是什么?（　　）

   A. 非常必要,每篇课文都应该进行读写结合。

   B. 有必要,但对确定课文的读写结合点有困惑。

   C. 没必要,阅读是阅读,写作是写作。

   D. 其他：_____

2. 请结合具体的课例,阐释你对"读写结合"的认识。

   _____

   _____

共同备课进程

备课的《回忆鲁迅先生》是沪教版高中第二册的课文。备课前,老师们都提交了教案。

第一阶段：从"写法"开始讨论

师1：我在确定这篇课文的教学目标时,其实是有纠结的。

首先,这是一篇回忆性的散文。这篇文章字里行间透露着对鲁迅先生的怀念和崇敬以及热爱之情。

另外,我看了一些关于这篇散文的评论,说萧红的这篇回忆性的文章,跟其他人写的回忆性文章有点不一样。因为她和鲁迅的身份是有很大差异的,一个是无名小辈的文学青年,一个是名人。萧红是站在这样一个角度去回忆这样一位过世三年的导师的。

这篇文章是回忆鲁迅先生的文章里面最好的一篇,或者说是比较好的一篇。因为它非常的平淡,但是反而写出了一个不一样的鲁迅,就是普通的鲁迅。

萧红的身份与课文对材料的选取有关。课文选择了鲁迅日常生活当中的一些琐事,一些生活片段,通过这些细节,展示出这样一个普通的鲁迅。我想这样一篇回忆类的文章跟其他的回忆类的文章不同的地方,可能就在于此。

因此,我确定的第一个教学目标,就是作者是站在她的角度来回忆的,通过这样一种方式,很好地展示了这样一个伟大的人物。我觉得应该从这个方面着手。这样的文章高中教材也有,比如归有光的《项脊轩志》,也是从日常的生活琐事片段当中去传达一种很深的情感,看上去很平淡,但是其实里面的情感是很丰富的,是很细腻的。

第二个目标,感受课文的一种平淡却意蕴丰富的语言。也是顺着这个想法来的。

师2: 这篇课文可以用来学习写作,比如学习细节描写。

合作专家: 大家的教案中,有好几位老师确定的教学目标都是"学习写作"。那么,我们要先讨论明白,"学习写作"到底是什么意思?

老师们刚才讲了几个关键点,一个是回忆性散文。这篇散文和一般的散文不一样,是用萧红这样一个人物的回忆视角在写鲁迅。一个是这篇散文用了很多生活细节来表现鲁迅,像散记,类似于琐记。那么,老师们所指的"学习写作"指的是学习抓细节写人物的写作方法吗?有没有其他想法?

师1: 我感觉,文章中片段和片段的组合好像是没有章法的,是完全情绪化的。整篇课文的行文好像没有什么线索,完全是情绪化地呈现片段。这种写法学生不知道怎么把握,我们归纳为"抓住细节写人物"的写法,这样,比较容易让学生把握。

合作专家: 我分析一下你这句话。一方面,萧红写这篇文章时候是情绪化的,前后是没有逻辑的,或者说逻辑性不够。另一方面,"抓细节写人物"的写法,"抓细节写人物"是什么意思?选择有典型性的细节塑造人物吗?也就是"选材"吧?那么,什么是"选材"?选材,是从一堆内容中选择那些我需要的内容。这句话前后有矛盾。

【要点评议】

注意,这位老师说自己的阅读感觉是,文章片段间的组合没有章法,片段的呈现完全是情绪化的,但是因为要教学生这种写法,就归纳为"抓住细节写人物"。可见,教师解读中的误读问题,可能是由于对于写人记事的作品中的写法,教师所拥有的学科知识尚不多。这在一定程度上反映了语文教师文本解读的现状,即教师头脑中只"存储"了少数几套知识,因而在面对风格各异的文本时,所做的"解读"只能是似是而非的套用,以及略显牵强的解释。

基于现状的改善,知识的除旧纳新,可能会由于来自教学实践中对文学、语言学、文章学等相关领域的沟通需要,从而自下而上地完成课程层面的内容构建。

师6: 学生以前也学习过鲁迅的作品。高中学习《回忆鲁迅先生》,我感觉,教材的意图可能是让我们看到鲁迅先生平和、温和的一面。你看,课文选的都是鲁迅生活中最接近生活化的那些方面,把鲁迅从一个神变成一个人。

作为一个东北作家,萧红对当时整个社会时代的情形表现得非常细致,对于和鲁迅交往的整个过程也写得非常细致,比如课文提到电车要开到12点钟。课文里写的内容都非常生活化,展现的是一个伟大作家的温和。我想从选文的角度,学生可以了解鲁迅身上平和的一面。

学生平时写人物,总有主题先行或者想拔高人物的想法,学习这篇课文,可以帮助学生的写作返璞归真。写作的一开始,就可以将生活琐事作为我们选取的材料,在写作的过程中,把这些生活琐事进行分类、删减、组合和重整。

这点对高中生写作是有帮助的,让学生知道有很多素材可以选择。具体怎么做,还没想好。

合作专家:你刚才讲了两个意思。第一个意思,这篇课文给我们展示的是鲁迅不为人所知的一面。第二个意思,萧红在很多素材中最终选择课文里的这些内容。如果是这样,材料已经选过了,那么写在课文里的就是最好的。这里面可能有问题。

这篇课文在体式上是一篇传记,为一个人立传,向公众展示一个人,所以,课文的内容都是记事的。课文里记载的很多事情都是有日期的,比如刚才我们老师提到"晚上12点电车"的细节。后来有人拿这篇课文跟鲁迅日记进行对照,提出这篇课文有些内容可能记错了。这是传的写法。

传记的目的是什么?也就是萧红写这篇文章的目的是什么?她说,"鲁迅已经逝世三年,有很多纪念性的文章"。三年之后,萧红写了这样一篇很长的文章,当时是在报刊上连载的,2万多字,一共写了48件事。这是这篇文章的背景。我们应该从这里考虑。

关于萧红这篇文章的价值,我给大家念一段材料:

鲁迅是伟大的公众人物,一般读者只能通过他的作品了解,这种了解是不全面的。他的日常琐事,尤其是萧红所记录的最后日子里的一切,对于了解鲁迅这个人具有重要的意义。就史料本身,从这里可以看到,一切细节都有某种文献价值。

【要点提炼】《回忆鲁迅先生》是一篇传记体,展示本身就是价值。

这是第一点,从萧红呈现的原始材料的意义上来说,这篇文章是向公众展示这样一个她所认识的、其他人可能不太知道的鲁迅。

我再念一段材料,是大家的教案中的内容,刚才没有提到:"故本文的写法很特殊,似乎不追求章法结构,兴笔所至,事无巨细,散散写来,不求中心突出,亦不讲究选材,无统贯之事,有散漫之嫌。"这跟大家讲的"选材"是有矛盾的。

传记,就是把我知道的事情,把我看到的这个人展现给大家。展现本身就有它的价值。甚至有人认为,许广平所写的关于鲁迅的文章都不如萧红写的那么栩栩如生、那么生动可爱。

师6: 我的印象里,一般的人物传记都是人物完整生平的记录,但这篇文章好像不属于这种。

合作专家: 我应该这样讲,这篇文章是传记体的琐记。

师6: 我觉得,文章想给公众展示一个生活中的鲁迅。这一点,我们一定要讲。

合作专家: 对,这是我们要教给学生的一个内容。原文有一段这样的内容,我们的教材中删掉了——那上边画着一个穿大长裙子飞散着头发的女人在大风里边跑,在她旁边的地面上还有小小的红玫瑰的花朵。这里是讲鲁迅的一个木雕,钱理群先生特意找到了这个木雕,他说,现在我找到了这幅画的复印件,感到有些许失望,因为画本身似乎没有萧红的描述那么吸引人。从这里,老师们是不是能体会到点什么?钱理群想说的是,画拿来我们看,我们的感觉会是这样的,但是萧红的笔下却是那样的。

【要点提炼】《回忆鲁迅先生》是琐记体的写法。

我们能区分出两层意思吗?第一层是鲁迅本身以及他的生活侧面。第二层是怎么呈现在我们面前。我们是通过萧红的笔,通过萧红的眼睛,了解鲁迅的样子。

这样,萧红这篇文章的价值也是两方面的。第一方面,她写出了别人从来没见过的鲁迅。另一方面,这篇文章的写法特殊,大家公认这是回忆鲁迅文章中比较好的一篇。用大家的说法,"事无巨细,娓娓道来,好像从头到尾也没有什么关系"。所以,教材节选原文,在这里拣一段,在那里挑一段,好像也没什么影响。

师6: 我觉得,这跟萧红本身的文笔有关系,她的作品差不多都是这样一种兴笔所致的文风。

合作专家: 好了,我们有了一个关键词,大家记一下,"兴笔所致的文风"。我们慢慢会讨论出更多的内容。

我再念一段老师们教案里的材料:写法很散漫,但是从文章的内涵来看,似乎又不散漫。大家注意这句话,意思是说,课文所展示的鲁迅是有聚焦的。确实就像我们刚才这位老师说的,萧红这篇文章是有选材的,她写了自己跟鲁迅私交的那部分。从这个意义上,课文是有选材的。

这种琐记类的文体,并非萧红独创,鲁迅自己也写过《病中琐记》。"妙在散中见奇特,奇特中见平淡,无雕琢之痕,有自然之趣",意思是说,这个写法其实是很烂的写法,如果处理不好就是流水账。就像刚才我们老师讲到的,"这篇文章没有什么逻辑",因为是流水账的写法,她是把记忆中在鲁迅家里碰到的一些事,从记忆中翻过来,然后兴笔写来,包括内容和语言。

刚才我们的讨论是从写法开始的,大家提出要学习"抓住细节来展现人物"的写法。现在再看看,老师们所说的"抓住细节"其实是指选材,而这篇文章好像不存在选材的问题。萧红是将她知道的事情都堆在文章中。

第二阶段:讨论课文要紧的地方在哪里

师2: 关于写法,我还有一个困惑。我确定的目标是,根据细节描写,概括鲁迅个性特点,分析作者蕴含的情感,感受作者情感的深沉真挚。简单地说,就是从写法来看鲁迅这一人物以及作者的情感。其实,"学习写法"就有两个教学内容,一是从写法入手去感受人物,二是学习塑造人物的写法。这两个内容的着眼点不同。

合作专家: 这句话也是有歧义的。这里的"根据细节描写",有两个概念,一个是"根据细节",根据细节来看鲁迅的个性,比如根据鲁迅的笑声,鲁迅的走路,鲁迅的抽烟等等细节,来看鲁迅的性格。一个是"根据细节描写"。什么叫"细节描写"?

师2: 作为一线老师,我很难准确地解释什么是"细节描写"这个概念。不过,我备课在撰写这一目标的时候,脑子里想到的是,教学时,我会组织学生讨论文中的细节,从细节当中去看人物形象,分析作者的情感。

【要点提炼】文中的细节,是留在萧红记忆中的那些场景。

萧红是对那些记忆不加取舍的记叙。

其实,这个教学过程是对应着考试的。假设考试出这篇文章,题目肯定就是从文中几处细节——语言、动作,看出鲁迅是什么样的人。最后,说明文中的主题情感。

合作专家: 那我们来看一下,这篇课文是描写还是叙述?

师2: 肯定是叙述。

合作专家: 我们刚才讨论过,它是一个传记体,呈现这个人物的写作方法就是记叙。

师 2：白描。

合作专家：对，是白描。文中没有直接抒情的话语，也没有议论的话语。我要问的是，这篇文章为什么要学生找细节？找的是谁的细节呢？是鲁迅的细节，还是萧红写的细节？这是有差异的。否则，所有文章的教学都可以这么教，同学们找细节，细节当中看这个人物特征。我觉得这里面是需要讨论的。作为专业的语文教师，确定教学内容，要能说清楚为什么要教这个内容。教学内容要确定在这篇文章最要紧的地方。

我们刚才看出了两点，第一，写了一个与众不同的鲁迅。第二，萧红的写法看起来散散漫漫，像流水账一样，但是我们读起来很亲切，很受感染。这可能是这篇文章之所以是纪念鲁迅文章中比较好的一篇很重要的原因。

接下来，我们看看讨论能不能聚焦到文章最要紧的地方。比如说开头，"鲁迅先生的笑声是明朗的，是从心里的欢喜"。

师 2：开头给人的感觉很突兀。

合作专家：对啊，这就是写法。萧红给我们呈现了这样的一个鲁迅。换言之，一方面，鲁迅本身就是这么可爱；另一方面，透过萧红的文笔，我们才觉得鲁迅的可爱。就算我们跟鲁迅本人坐在一起，可能并不觉得他可爱。这一层就是写法，我们能不能聚焦到这一层？这一层可能就是这篇文章的关键处了。

师 9：她写了她心目中的形象。

合作专家："心目中的形象"，这就和一般的传记不同。一般的传记是客观地写，而回忆性的文章是带有个人主观性的。个人性，既包含她所接触到的事情，也包含她的写法。我觉得这个地方我们需要再打开。

在这里，我们不是就体式讨论体式，而是通过体式获得如何确定这篇文章关键处的方向或线索。

现在，我们有一个关键词——传记体，含义是写实，不编造，不塑造。有老师说，"学习用细节塑造人物形象的写法"。"塑造"这个词，对不对？不对。这篇文章是传记，传记就是记下来。另一个关键词是散文体。可能有老师会问，这篇文章是传记体，还是散文体？这个问题不需要纠结，一篇文章肯定可以有多个维度审视。关键是"传记体"给了我们什么启示，"散文体"又给了我们什么启示。

【要点提炼】依据文本体式确定教学内容，是指借助体式，获得确定文本关键处的线索。

"传记体"给我们的启示是，第一，写作的目的是展示鲁迅。第二，通过萧红的笔来展示鲁迅。

"散文体"的启示是,文章带着个人主观色彩。一般而言,传记是写实的。所以,萧红也在尽量避免主观情感的直接抒发。

这篇课文要教什么?老师们现在有没有一些新的想法?学习写作方法,现在看来不太妥当。我们目前的判断,萧红的这种写法,是我们要求中学生在写作中要避免的。学生不能头脑中有什么东西,就全部写出来。

但是,大家不要以为这种写法就不好,我们要返回到萧红的状态。写这篇文章的时候,萧红根本没想过表达技巧的问题,她是把郁积了几年的对鲁迅的情感,以及她所了解的鲁迅,找到了这样一个机会,一股脑儿地这样传递出来。

【要点提炼】文中呈现的鲁迅形象,既是鲁迅本人,也是萧红笔下的鲁迅。

大家看看,对"教什么"能不能达成共识?

合作专家：那么,对"教什么",大家看看是不是认同,一个是鲁迅本人,一个是萧红笔下所呈现的鲁迅。这样,我们就有了一个方向。

师6：我想,一定要把"鲁迅本人"和"萧红笔下的鲁迅"这两者结合起来。不是谈鲁迅,就谈鲁迅这个形象;谈萧红的笔触,就谈萧红的笔触下的这个形象。萧红用来写鲁迅的这个笔触和萧红的笔触写出来的那个鲁迅,这两点不能割裂开,成为两个独立的内容。

合作专家：是的。它是两个方面,但是教学的时候,不能第一个板块教鲁迅,第二个板块教萧红的笔触。那肯定不对。

师9：我们从这篇课文读出的鲁迅,不是凭空而来的,其实就是萧红的笔触下呈现出来的她心目中的鲁迅。至少在萧红心目中,鲁迅的形象一上来就是明朗的。

师6：还有,我在想,学习萧红的笔触对学生有什么样的意义呢?知道萧红是用了什么样的笔触来写鲁迅,增长了学生的一种语文经验吗?

师9：这篇文章的教学内容可能不能落在鲁迅的形象上。学生以后去阅读其他专门写鲁迅的文章,才可能全面地了解鲁迅。毕竟,萧红跟鲁迅的关系很特殊,他们的情感很特殊,而且是在鲁迅逝世三年之后写这篇文章来纪念鲁迅的,所以,真正全面地了解鲁迅,并不是这篇课文的一个教学重点。

师6：我觉得应该两个内容都有,有萧红个人化呈现鲁迅的一面,也有确实展示了生活中的鲁迅的一面。

那么认识鲁迅的人看了文章以后,会不会有同感呢?如果有同感,就是把生活当中真实的鲁迅展现出来了。

合作专家：这个就是我们所说的"体式的认定"。如果我们认为它是一篇散文，那么它呈现的就是个人化的鲁迅。如果我们认定它是传记体，那么它一定要客观写实，否则这个传记就不会流传下来。

师9：这两点课文可能都有。从客观上达到了传记效果，但是萧红最初写的时候不是给公众看的。只是我们阅读的时候，把课文里的有些资料当作传记来看。我认为，三年以后，萧红才能把当年这么多点点滴滴的事情写出来，这就是一种女性特殊的情愫。

师6：所以这篇课文从写作方法上很难学习，因为它不是技巧上的东西。如果学生内心没有这种深层次的情感，根本写不出这样的文章来。

【反思】
用自己的话，说一说这篇文章在写法上有何独特之处？

_____

_____

_____

合作专家：所有写鲁迅的文章，以及鲁迅自己写的文章中，给我们展示的鲁迅都是一种样子，而萧红回忆的鲁迅先生却是另外一种样子。这篇文章给很多当时的人，包括现在的我们，呈现了一个可爱的、生活化的鲁迅。这就是这篇文章的史料价值。这个价值是不容置疑的。

我们知道，萧红写作的年代，许广平等人都健在，大家都认识鲁迅，所以，她当时这样写，一定是她本人认为是客观地描绘了鲁迅的另一个侧面。对萧红这篇文章的评论，也都认可这一点。所以，我们可以排除这篇文章里面的情感。

如果我们从体式上推进有困难，那么我们转到学情的角度来分析：这篇文章，我们自己读的时候，什么地方一看就看明白了，什么地方我们觉得看不明白；什么地方一下就能感受到，什么地方可能感受不到。

第三阶段：从学情的角度寻找突破

师9：我搞不明白，为什么以"鲁迅先生的笑声是明朗"来开头？

师8：鲁迅先生的笑声给萧红留下了非常深的印象，或者说最深的印象，所以放在开头。这既跟萧红的笔触有关，也跟鲁迅本人有关。

合作专家：刚才我们老师也讲，这里包含两方面。一方面是谁的印象，萧红的印象。一方面是对谁的印象，鲁迅。刚才我们讲到，笔触和这个人物是分不开的，是不是可以用"印象"这个词，把这两个方面连接起来？

师3：还有一点，鲁迅在生活当中应该是很开朗的，但是在很多学生心目中，包括在我们心目当中，鲁迅是很严肃的。这样开头，实际上就是要改变人们对鲁迅性格的一些误解。

师8：我觉得，学生阅读这篇课文的问题，不是感受不到，而是会奇怪，为什么这个鲁迅跟印象中的鲁迅是不一样的？为什么萧红会写这样一个跟别人不一样的鲁迅？别人也写鲁迅，但萧红写出来的跟别人不一样。她站在一个什么样的角度？

合作专家：这还是牵涉到体式的问题。如果是传记体，就不会有这个问题。因为"我"看到的鲁迅就是这样的，"我"把"我"看到的东西记下来。你为什么不知道？因为你没看到，那么现在"我"告诉你，就是这样。

也就是说，如果认同是传记体，真和假就不是问题。或者说，真和假，不是由我们来判断的。课文中提到，3月5号吃饭，饭吃了没有？3月6号还有其他朋友，是谁？这些要根据当时的史料来判断。如果是传记体，我们就要这样追问，并寻找史料进行佐证，因为它是历史。

师7：还有一个王先生，是事实吗？

【要点提炼】对课文不同体式的认定，导致所确定的文本关键处就不同。

合作专家：但是，如果我们认为这篇课文的体式是散文，就该把它看成是个人心目中的鲁迅。

不过，这篇文章当时是在《大公报》上连载的，由此可见，萧红是把它当作传记来写的，是向公众展示"我"所接触、认识的鲁迅，并不是当作散文来写的。

我给老师们提供另外一个角度。很多评论家，包括研究鲁迅的专家，都认为这篇是写鲁迅的文章中的上乘之作。比如，钱理群先生就非常喜欢这篇。他在南京师范大学附中开设系列讲座讲鲁迅，第一讲就是讲萧红的《回忆鲁迅先生》，他要让学生和鲁迅"亲近"起来。

那么，它上乘在什么地方？第一，可能是由于和鲁迅的特殊关系，萧红能够写出别人看不到的一面。这就是刚才讲的"角度"。也就是说，除了萧红，其他人看不到、写不出。另外，萧红是一个很率真的人。历史上，关于萧红跟鲁迅的关系是有公案的。很多研究者都很困惑，为什么萧红后来到了日本，再没给鲁迅写一封信？因此，这篇文章有它的史料价值。

我们还是回到学情上。我觉得，这篇课文学生会有很多地方看不懂，学生会凭着既有的印象形成一个鲁迅的形象。阅读完这篇课文，学生会说，这是萧红眼里的鲁迅。

学生能把这两个鲁迅的形象合起来吗？文章中的这个鲁迅就是真实的鲁迅，是鲁迅的家人都认可的鲁迅形象。可以说，萧红用她的笔写下来的鲁迅，是比照片还要真实的鲁迅。用钱理群先生的话来说，"那是一篇写得非常真切的对鲁迅先生的回忆"。这句话的意思是，文中的鲁迅是真实的鲁迅，但是，在萧红的笔下，鲁迅才这么生动。我们这里用了一个词——萧红的"笔法"，这个"笔法"，使得文中鲁迅的形象很感染人。

师9：怎么使他感染人，怎么……

合作专家：现在不清楚。但是，鲁迅的形象和萧红的笔法，这两者之间肯定需要互动。我现在问，学生自己读课文，和我们老师教之后，对这两者的理解有什么变化？有什么差别？比如说，学生发现了，这篇课文明明是怀念鲁迅的，尤其是课文后面的部分很沉重，但是前面好像写得很轻巧，都是琐碎的内容。学生能理解吗？

第四阶段：重新探寻文本的特质和学情

师6：我们前面的讨论，否定了教写法，刚才您用的是"笔法"，那我们是不是必须要回避"写法"？

合作专家：不一定要回避。

师6：我用"笔法"，而没用"写法"，是指这篇文章不是用细节塑造人物的，是指通过生活中的那些琐事来写这个人的。

合作专家：是指"选材"吗？

师6：对。

合作专家：选材，我们刚才讨论过了，已经否决了。

从大的角度来说，萧红当然是有选择的。公共场合的鲁迅，不写，写私人交往生活中的鲁迅。但是，在私人交往中，还有选材吗？没有。

对这篇文章的评论，共识就是它的流水账的写法。有什么写什么，写到哪儿算哪儿。这也是萧红的写法，萧红一贯的写作风格，包括她的小说，也是这种"铺开来就收不起来"的风格。在这个层面上,没有所谓的"选材"。

师9:萧红写生活中的鲁迅,写的是生活中的琐事。而学生平时写回忆类的文章,如果也是写生活中的琐事,基本上就是流水账。萧红之所以写得这么感人,就是因为作家对语言有非常强的把握能力。

合作专家:对。关于这篇文章的"写法",我们确定教学内容时,不能用"学习"、"把握"、"掌握"这一类的词语。因为这种写法,不是我们学生学习的重点。"写法"的学习,其实可以从这篇,也可以从那篇。从这篇中学习和从那篇中学习,有什么区别呢?为什么这篇不可以学习"写法"?依据就是这篇文章的特质。特质,就是这个文本最要紧的地方。我们讨论这么久,为什么?就是因为没有抓到这篇课文的特质。

> 【要点提炼】为什么这篇课文选择教这个内容,而不教那个内容?
> 这是这篇课文的特质所决定的。

刚才我提了一个问题,这是写鲁迅的文章中的一篇上乘之作。"上乘"在哪里?萧红其实提供了一种写作的范例。整篇文章几乎没有用任何一个感性的词语,只呈现了鲁迅的语言和他的行为,不加太多的评论。

想想看,如果是让我们来写《回忆鲁迅先生》。第一句话是什么?肯定是,我好怀念鲁迅先生。

师9:很煽情的写法。

合作专家:这篇文章的情很深,笔下看起来很淡。这是我们要学的技巧。情如此之深,但不喷发出来。通过他的行为,通过两人之间的交往,通过一件件事情,来呈现那个人的某种面貌。

师8:平平淡淡的语言,蕴涵着很强烈的情感。

合作专家:刚刚我们老师说,这是"平淡"的语言。萧红的语言可不平淡,除非你理解的"平淡",是没有形容词。萧红的语言很厉害,是很有骨感的语言。

师6:这种写法《史记》就有,"互现法",就是不同的地方看到了不同的面貌。比如,不同的传里,呈现出了不同的刘邦。我看,萧红写鲁迅就是这样,提供另外一种样子的鲁迅,但是没有直接说,"我认为鲁迅是一个什么什么样的人"。没讲就是讲,这是精彩之处。

合作专家:刚才我们看,讲的部分是流水账,现在看没讲的部分,讲的是人,讲的是内心,讲的是情感。

师5：就是中国画里的"留白"。

合作专家：现在我们对这篇课文有点感觉了吧？通过这个讨论大家应该也能感受到，对一篇文章的讨论是没有止境的。同时，散文没有现成的、可依据的知识。

在讨论中，我们用了"呈现"、"最深印象"、"兴笔所致"、"留白"这些说法，对这篇文章教什么，逐渐有了清晰一些的认识。一是，认识一个更生活化的、更真实的鲁迅；二是，感受萧红文章的"上乘"。这个方向很清楚了。

师6：这两点就可以当作我们通过讨论所确定的教学终点、教学目标。

【反思】
➢ 讨论前，所确定的教学目标：
学习作者的写作方法，感知作者笔下的鲁迅先生的形象，体会鲁迅先生伟大的灵魂，以及作者由衷的爱戴之情。

➢ 讨论后，所确定的教学目标：
第一，清楚地认识鲁迅先生的另一个侧面。
第二，感受萧红文章的"上乘"。
请比较讨论前、后所确定的教学目标，并写下你的感受：
_____
_____
_____
_____

师9：我还有一个问题，"感受一个不一样的鲁迅"，其实不用教。因为，学生读了这篇文章就能感受到。那我还要教什么？什么是学生感受不到的呢？

合作专家：我们老师刚才不是有疑惑：这篇课文的内容是真的吗？还有，萧红的眼光，学生看得出来吗？其实，学生的疑惑，不会出现在字面意思的这一层，而是在更深的一层——这是真的吗？看起来好像不像鲁迅？鲁迅怎么会谈袜子，谈鞋呢？

师7：你又不是萧红，你怎么知道不像呢？

师9：告诉学生，这是真实的。

共同备课工作坊

【要点提炼】文本的特质，文本的关键处，往往就是学生在理解上存在困难的地方。

合作专家：能这样回答吗？我们要从文章本身去解释，这是一篇信史，呈现的是可靠的历史。萧红写的时候，至少许广平没有提出过任何疑义。那个时候鲁迅心情其实并不太好，和许广平之间可能还有一些问题。

师5：对，很多材料都说，鲁迅这个时候是非常抑郁的。

合作专家：课文里说，"他晚上睡不着觉，一个人躺在冰冷的地上睡觉"。这都是很率直的记录。信史，就是把看到的都写出来，几乎是毫无顾忌。

我们刚才讨论学情，分析学生什么地方读不懂，现在发现，就课文的真实性，学生会有疑问：这是真的吗？

那么，第一个教学目标就是，让学生知道这是真的。"认识鲁迅的另外一个侧面"的含义，我们就定义为"让学生知道，这是真的"。现在看看，第二个教学目标，"笔触"，我们怎么定义？

课文是散散漫漫地写，一会儿写一件事，一会儿写一件事，写鲁迅说了什么，写我说了什么。这跟我们写的记叙文不是一样的吗？怎么会成为纪念鲁迅文章中的"上乘之作"呢？学生会不会有这个困惑？还有，这些琐事怎么能与怀念鲁迅这种沉重的心情相配呢？学生可能也会有困惑吧？课文一开始写，鲁迅的笑声是明朗的，走路是轻捷的，我们知道，萧红积聚了三年的力量才写了这么一篇文章，以纪念鲁迅，这是一件很隆重的事情，这两者之间怎么相匹配呢？学生肯定要问这个问题。

教学内容的确定，我们可以从文章的体式入手，也可以从学生的问题入手。现在讨论下来发现，学生的问题，还是体式的问题。比如，学生的第一个问题——这个鲁迅是真的吗？我们谁也没有考证，怎么解决？只有从"传记体"的体式、"史"的写法的角度来解释。

师9：怎么让学生认同这个观点呢？告诉学生是传记体，学生就会认为是真的吗？

合作专家：要带领学生分析，为什么它是传记体。

师3：学生肯定会习惯性地分析课文中的若干细节，然后去概括。因为通常老师都是这样教的。但是，如果以这样的方式来分析，那么就会发现有一些细节肯定是讲不通的。比如，"'好久不见，好久不见。'一边说着一边向我点头"，我以前讲这部分的时候就发现，从塑造人物形象的角度来看，这个细节极不典型。你说，它表现了什么呢？

这样的细节,文中有很多。如果带领学生去注意到这些地方,学生就会发现这篇课文和一般的记叙文的不同,从而关注到,这篇课文其实是在客观地记录细节,客观地展现她眼睛所看到的,而不是在有选择情况下的选材。这不就是这篇文章最核心的东西吗?

师 5:作者的写作目的不是为了抒发主观感受,而是试图真实地再现。

合作专家:"真实地、客观地展现、展示、呈现鲁迅的另一面",在教学的时候,老师们千万不要去作分析,千万不要去推敲细节有什么含义:鲁迅这一笑有什么含义,体现了鲁迅的什么性格,等等。课文里所有的细节都不需要分析。这篇课文就是展现真实的鲁迅,到此为止。

> 【要点提炼】教学方法要与文本的特质相匹配。
>
> 分析细节含义的教学方法,适用"塑造"人物的文本。

师 3:萧红就是要展现真实的鲁迅,所以才不议论,才不煽情。

合作专家:对。作者没有选材的企图,只是想"表现"平常的鲁迅,生活中食人间烟火的鲁迅。

师 8:这篇文章的"上乘"在于真实,还有独特的笔法。

师 5:客观、冷静,加个人色彩的笔法。

师 8:开始很散淡的,其实是很有深意的笔法。

师 3:萧红就是这种风格,不是刻意去选用的写法。

合作专家:散记这种体式,其实很难写,这就是作者的厉害。有的时候,我们说文本写得好,并不是什么构思精巧,什么人物形象丰满,或者用词深刻,真正厉害的作者不在乎这些技巧。

师 9:就是说,这篇文章就是去欣赏它客观的眼光?

合作专家:"欣赏"肯定不行,可能要让学生体会一下。比如,让学生也写一写开头,然后比较课文的开头。课文第一句话写的是鲁迅的笑,然后是一个动作——"笑得连烟卷都拿不住"。通过比较,让学生体会这一句看起来很平常,其实是很难的。这是通过写的活动来读——体会课文的写法。

第五阶段:设计教学活动

师 9:课文现在已经基本解读清楚了,接下来我们应该讨论教学方式了。刚才的备课过程是启发式的,专家启发我们,现在我们要讨论:怎样才能启发学生?

师1：我觉得,要把问题抛给学生:你觉得萧红笔下的鲁迅是真的吗?只有这样,学生才会朝这个方向去思考,不然,学生肯定不会这么想,不会想得这么深。

合作专家：如果是你说的这种情况,那问题就更大了。阅读课文前,学生一定会有对鲁迅的既定印象,除非没上过中小学。现在有两个完全不同的鲁迅形象,他如果都相信了,那他肯定有问题。

我澄清一点,"学生的问题",不一定是要学生自己提出的问题。学生的问题,是学生由于语文经验或生活经验的不足,在理解这篇文章时遇到的障碍,在感受这篇文章时遇到的问题。

师7：我们可以猜测学生的问题?

合作专家：对。学生的阅读困难,很多时候很难自己明确地、准确地说出来,基本上需要教师在把握文本的基础上,对学生的理解状况进行专业的判断。

根据我们的判断,学生阅读这篇课文的难点在于,能够把"横眉冷对千夫指"的鲁迅和萧红笔下的鲁迅粘合起来,形成一个完整的鲁迅印象吗?通过这个问题,聚焦到萧红独特视角的记叙上。但不是简单地把两个形象放在一起,鲁迅一面是横眉冷对,一面是呵呵大笑。关键是,鲁迅对谁横眉冷对?什么时候是横眉冷对?什么时候是生活中的温情?鲁迅对谁满脸笑容?谈论到谁时满脸笑容?比如,对海婴,文章其实写了很多,我们节选中没有。

这个学生说,鲁迅亲切可爱。不是说鲁迅本人是亲切可爱的,而是说鲁迅和他亲密的朋友在一起的时候,展示了他亲切可爱的一面。这就是,真实的、完整的鲁迅形象,有横眉冷对的一面,也有温柔的一面。这里可以做很多设计。关键是要想明白,要让学生到哪里去。

师6：亲切的鲁迅和横眉冷对的鲁迅,都是真实的。不是否定以前的印象——在某些场合,在一般公众眼光里的鲁迅形象。这篇课文展示的是他作为平凡人生活的那个鲁迅,是在一个最亲近的朋友视角里的鲁迅。这样一个视角看到的是日常琐事,就是专家所讲的温情的一面。

合作专家：这样看起来,我们好像没看出什么特殊的地方。为什么说它是一个"上乘之作"呢?她就是一句话一句话地记录下来,没什么技巧。

师4：如果就是对鲁迅生活的记录,那什么叫萧红的"笔触"呢?

师9：不能局部一段一段地,要整体地看。

师 4：为什么萧红写的时候不改呢？

合作专家：这里有不同的方式，我们可能混淆了。传记体文章，分析人物形象，分析人物对话有什么深刻含义，是一种方式。还有一种方式，三个小时的时间里，鲁迅其实说了很多话，但是她就记这几句。她为什么只记这几句话啊？她的印象为什么在这里啊？我们就是用这种方法来分析这篇课文。这就是写历史的写法。

师 3：就是传记的写法。

师 5：白描。

师 3：我现在感觉自己原先的一些观念，比如传记体的不同种类，非常需要更新。

合作专家：其实不只是对文学体式的认识，还有对教学的认识，我们老师都需要更新。这种更新，一方面需要我们老师去关注文学理论的研究，教学理论的研究，另一方面，要求我们老师每篇课文的备课都应该像今天这样，研讨这篇课文的特质是什么，关键处在哪里。

今天的讨论，我们最大的共识就是，这是一篇回忆录。题目就能看出作者的这个意图——《回忆鲁迅先生》。能形成这样的结果，已经不错了。好了，由于时间的关系，我们只能讨论到这里了。

备课成果小结

1. 关于文本体式的共识：这是一篇回忆录

"回忆录"的体式，意味着课文是"呈现"，而不是"塑造"。在写法上，萧红既是带着个人化的回忆，又力图从另一个侧面"呈现"一个真实的鲁迅。因此，文章事无巨细地、看起来像流水账式的细节记录，从传记的史料价值层面来看，具有重要的意义——与我们熟知的鲁迅形象相互补充。

2. 关于教学目标的共识：教鲁迅的形象和作者的笔触

第一，认识鲁迅先生的"另一面"——私人场合中的真实的鲁迅。

第二，感受萧红的"笔触"。文章采用回忆录的写法，冷静而客观地叙述着与鲁迅的交往过程，全文较少议论，尽量不抒情。这种写法，与"呈现"的写作目的密切相关，给读者更真实、更客观的感觉。

问题研讨

为什么要在阅读教学中"学习写法"?

(1) 教师的想法之一:促进写作

阅读教学中应该,而且可以让学生学习写作,因为课文本身就是学生学习写作的天然范文。很多教师依据这样的观念,在备课时就会自觉地去"寻找"阅读和写作的结合点。备课时,思考的是阅读和写作如何结合的问题。其假设是,若学生了解作家的写作技巧,就能够将其应用到自己的写作中,以起到提高写作能力的作用。

例如,在备课之初,有老师找到的结合点是"如何选择素材"。

学生平时写人物,总有主题先行或者想拔高人物的想法。学习这篇课文,可以帮助学生的写作返璞归真。写作的一开始,就可以将生活琐事作为材料,在写作的过程中,把这些生活琐事进行分类、删减、组合和重整。这点对高中生写作是有帮助的,让学生知道有很多素材可以选择。

按照上面的描述,关于"如何选择素材",教师归纳的写作技巧有:第一,生活琐事可以成为写作的素材;第二,要对素材进行分类、删减、组合和重整。同时,教师的意图是,这些写作技巧能够指导学生的写作从主题先行走向返璞归真。

这里,我们要继续追问老师们两个问题:第一,这两条写作技巧,高中生在写作教学中是否已经有所了解和掌握?第二,这两条写作技巧,能帮助学生克服写作中主题先行的问题吗?

我们把这两条从阅读中归纳出来的写作技巧,与平常写作教学中反复强调的写作知识相比,发现并无二致。现在,问题就显现出来了。教师在阅读中归纳的写作技巧,对学生而言并不陌生。在初中的写作教学,甚至小学的写作教学中,语文教师肯定都详细地讲解过——注意观察生活,收集写作素材,并且要对素材进行删减、分类和组合。然而我们都知道的现实是,学生的写作仍出现主题先行的问题。

这样,我们基本可以断定,写作教学解决不了的问题,教师想依靠在阅读中让学生重复学习同样的写作知识,其实也是不能解决的。因此,在阅读中"学习写法",让学生掌握作者的写作技巧以提高其写作能力的假设,可能只是教师"自以为是"的空想。

综上,在阅读中"学习写法"要达成促进学生提高写作能力的目的,教师需要明确:阅读中教的这些写作知识或技巧在写作教学中教过吗?教这些写作知识或技巧能解决学生写作中的哪些问题？

(2) 教师的想法之二：促进阅读

有的老师是从促进阅读的角度来关注课文里的"写法"的。其基本认识是,语文教学不仅仅要让学生知道课文写了什么,还应该让他们了解课文是怎么写的,也就是教师常说的"知其然,知其所以然"。这里,可能需要分为两种情况。

第一,"得意忘言"的情况。

根据研究,学生的语文知识与教师的语文知识的差别,不仅仅体现在知识的量上,也体现在知识的存在状态上。教师的语文知识应该是语识状态；学生的语文知识可以是语感状态。

"得意忘言"指的是,学生以语感状态识别了课文"怎么写",从而直接获取"写了什么"。在这种情况下,教师让学生"了解课文是怎么写的",其实是要求学生将其语感的状态转化为语识的状态,即识别课文中所运用到的语文知识。

让学生"了解课文是怎么写的",如果主要指的是这种情况,即在"得意忘言"的情况下,强调教"怎么写"的知识,学生学习的是在课文中识别语文知识,或者说,学会使用语文知识的术语表述课文中的语文现象。或许,目前阅读教学中出现的支离破碎、贴标签等现象的原因或许就与此有关。因为这不是教阅读,更像是在阅读中教语文知识。

第二,不能尽得其意的情况。

主题学习工作坊《阅读教学研究的新进展》一讲中,将"理解"分为三个层次——表层理解、篇章理解和情境理解。《童庆炳谈文体创造》一书中,将文学作品的功能分为表意、表象和表现三种。其中,表意和表象的功能相当于索绪尔的语言"所指",而"表现功能已不受词、词组、词组群的原意的限定,而且不是那种既定的、明确的意义,只是一种间接暗示出来的意义,是'言外之意'、'弦外之音'、'韵外之致'"。这些区分对教学有很大的启示作用。

针对获取课文"写了什么"方面学生不能尽得其意的情况,以上研究揭示出学生理解的层次问题往往不是在字词层面上,而是在阅读的高层次理解上,即对文学作品的表现功能的理解不到位。

"文学的表现功能根植于暗示、象征",那么,教学生"尽得其意",其实就是让学生通过品味"怎么写"(言语形式)体会其所暗示、象征的含义——"写了什么"(言语内容)。

综上,在阅读中"学习写法"是为了促进学生阅读理解,需要教师明确两种情况,避免为教知识而教知识,而倡导为阅读而教知识。

以上讨论发现,在阅读教学中对"学习写法"的认识不能绝对化,关键是,教师要区分"得意忘言"和"不能尽得其意"两种情况,明确其限定的条件。如果不加以区分,教学很容易陷入"自以为教了,实际却没有达成"的困境。

备课状态反思

备课是从"学习写法"开始讨论的。有教师认为,要学习从生活琐事中选择写作素材;有教师认为,可以从写法来看鲁迅这一人物以及作者的感情。这两种观点分别代表了在阅读中"学习写法"的两种目的——为促进写作,为促进阅读。

接下来的备课,专家引导教师们讨论文本的体式特征并分析学情,实际上是迫使教师反思:为什么要在这篇课文的阅读中"学习写作"?也就是说,这篇课文中的写法,适合学生学习吗?

通过讨论,教师们发现这篇课文的作者萧红并不讲究写法和章法,完全是兴笔所致,文章没有结构布局,类似于流水账。而这些,却是我们在教学中反复强调学生写作需要避免的问题。可见,从促进学生写作的角度,这篇课文并不适合。

这篇文章为什么又被评论界认为是纪念鲁迅的文章中的"上乘之作"呢?专家提出这个问题,这一问题又将备课的讨论引回到作者的写法上:课文内容上看起来散散漫漫地记录着生活琐事,这与怀念鲁迅先生的沉重心情似乎并不匹配。

萧红为什么要这么写?这么写为什么被认为是纪念鲁迅先生的文章中的"上乘之作"?通过讨论,教师认识到,正是由于作者将三年来积郁的情感一股脑儿地迸发了出来,将自己记忆中印象深刻的一个个片段一股脑儿地呈现了出来,根本顾不及,也不讲究章法。恰恰是这种真实的呈现,不加以刻意塑造,没有任何评论的写法,才让读者感觉到真实,虽下笔很淡,实则用情很深,才让鲁迅的形象如此感人。因此,只有让学生感受这一写法,才能认识真实的鲁迅。

在这次备课中,教师的状态从学习写法,转变到体会萧红的笔触。

资源链接

1. 钱理群.钱理群中学讲鲁迅[M].北京:生活·读书·新知三联书店,2011年.

2. 林敏洁.鲁迅与萧红交往考察——兼论《回忆鲁迅先生》《民族魂鲁迅》[J].《新文学史料》,2001(8).

3. 张广录."越轨的笔致"——萧红《回忆鲁迅先生》的文学表达分析[J].《语文学习》,2012(6).

4. 孙绍振.解读萧红的《回忆鲁迅先生》[J].《语文学习》,2009(3).

后续学习活动

阅读完本专题,你对在阅读中教写作,或"读写结合"产生了哪些新的认识?

课例研究工作坊

小学低段阅读教学中的识字写字
——茹茉莉《小猴子下山》课堂教学研讨

执教教师简介

茹茉莉，中学高级教师，现任浙江省嵊州市城南小学校长、书记。全国模范教师、全国巾帼建功示范标兵，曾获得全国小学语文低年级课堂教学评比一等奖。

课例导读

《小猴子下山》是小学二年级的一篇课文。

识字写字是小学低段阅读教学的主要教学内容。根据对网络教案的整理，这篇课文的教学内容有：①读准8个生字的音，认识"掰、扛、扔、摘、捧、抱、蹦"7个字；②能正确、流利地朗读课文；③理解课文内容，从课文中体会：如果像小猴子那样看见一样好东西就丢掉原有的东西，最后就会一无所获。

借助这一课例，我们要讨论小学低段阅读教学中识字写字的问题。小学低段阅读教学有两种倾向，一是教字词，二是教阅读。倾向教字词的教学，关注的是课文中出现的生字生词。其假设是，课文是这些字词随文而教的背景或材料。倾向教阅读的教学，关注的是课文理解关键处的字词。在大多数情况下，课文中的生字生词和课文关键处的字词，并不一致。

选择教哪些字词是小学低段阅读教学的关键问题。

> **热身活动**

阅读课例之前,请先完成:

1. 罗列这篇课文中你认为应该教的字词:

_____

2. 分析以上所列的这些字词,尝试分类,并归纳分类的依据。

_____

> **教学实录**

一、导入

1. 板书课题,提醒注意"猴"的书写

师:小朋友们都知道我们这节课要学什么吧?来,伸出手,一起写。

师:(板书课题)"小"非常简单,"猴"要一笔一笔写了,左边是个?

生:反犬旁。

师:跟着写哦,中间是?

生:单人旁。

师:右边我们一笔一笔来,横折横撇横横撇捺。来叫叫它的名字。

生:小猴子。(学生连读,不是一字一字念)

师:叫得可真好听。"子"读得非常好,是一个轻声。好,读读故事的题目。

生:小猴子下山。

【观察者点评】对你班上的学生而言,"猴"字需要教吗?教什么?

【反思】你在热身活动中,是否将"猴"字列为这堂课要教的字词?将其归在哪类?

_____

【要点评议】

"猴"字,教师教了两个内容,用教师的原话说,一是"要一笔一笔写";二是"叫叫它的名字"。

"一笔一笔写",教师教的内容,或者说提醒学生注意的内容是,字的"形音义"中的"形",要求学生达到的目标是"会认、会读、会写"中的"会写"。

"叫叫它的名字",注意,这个提示语很关键,茹老师这里说的不是"读读这个字"。可以看出,教师不是为了识字而识字,而是关注到,日常生活的场景中,"猴子"是作为一个词出现的,读的时候其实是要注意"子"的读法的——"是一个轻声。"

低段阅读教学中,教哪些生字生词?当然,根据不同班级学生的情况,以及教师自己的分类,可以有不同的选择。

这里,对教学中生字词的分类,给我们的启发是,教师需要对所教生字词准确定位,即明确所达成的目标是什么。不是所有的生字生词都需要完成"会认、会读、会写"的目标,在这方面,一方面有课程标准 3500 个字词表,一方面,要充分了解所在班级学生的情况。

2. 用游戏检测学生对课文内容的熟悉程度

师:老师让大家都看过了这个故事。我相信下面这个游戏你们肯定能做得很好。图片中会出现很多的东西(出示以下物品的图片:小猴子、香蕉、桃子、向日葵、南瓜、西瓜、兔子、胡萝卜、苹果、玉米)哪些是故事里有的呢?如果有,就举"√",如果没有,就举"×"。

3. 分段朗读指导,纠正漏读

二、以路线图为教学线,学习词语

1. 梳理课文内容脉络,排线路图

师:读完了课文,咱们来排一排路线图:小猴子下山先到哪里,后到哪里。你能把这些图片按照先后顺序放进这张路线图里吗?

(教师提供了玉米、西瓜、桃子、兔子、猴子等五张图片。请一位学生上讲台排路线图,随后带领全班学生对路线图进行调整、纠正)

图1　教师画出路线图　　　　　图2　学生排列的路线图

2. 学习"又（　）又（　）"词组

【反思】

梳理这一环节中,教师设计了几个教学活动。

_____
_____
_____

师:一路上,小猴子看到了许多的好东西。孩子们,这个故事里有一些好词语,读了这些词语,就算小猴子不告诉你,你一读也能知道这东西有多好了。比如,玉米结得?

【要点评议】

　　学习"好词语"是这堂课的主要内容。这里说的"好词语",与通常的教学中教师所提到的"好词好句",含义并不相同。

　　小学教学中提到"好词好句",其语境是"积累好词好句",其所指是学生在阅读的文章中抽取一些文辞华丽的词句,以期在写作上能够直接铺陈。"好词好句"是能够脱离语境的,运用了修辞格的词语。

　　本课例中的"好词语",按照茹老师的话说,是指"你一读就知道东西有多好"的词语。这句话的意思是,学生学习这些"好词语",要能够达到在课文语境中体验到情感。因此,在这里找到"好词语"之后,教师的要求就是,"读读这些词语,词语也是可以读出感情来的,要读出小猴子的高兴"。

生：又大又多。

（教师将这一词组贴在路线图上）

师：看来真是好东西。这样的词语,你能找到吗?

生：又大又红。

师：又大又红说的是?

生：桃子。

师：又大又红的桃子,长得真好。

生：又大又圆。

师：又大又圆,那是说?

生：西瓜。

师：又大又圆的西瓜。

生：蹦蹦跳跳。

师：说的是?

生：小兔子。

师：真好。咱们来读读这些词语,词语也是可以读出感情来的,要读出小猴子的高兴。小猴子下山来看到玉米结得?

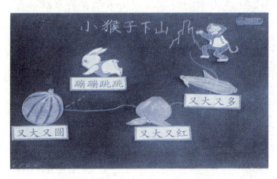

图3　学生将词组放入路线图中

生：(情感饱满地)又大又多。

师：看到满树的桃子?

生：又大又红。

师：看到满地的西瓜?

生：又大又圆。

师：看到小兔子？

生：蹦蹦跳跳。

师：真可爱。这一路上，你看小猴子光用眼睛看看这些东西，就已经那么吸引它了。要是小猴子用嘴巴咬一口这些好吃的，它会尝到怎么样的好味道？挑一样你们都熟悉的，说一说，吃起来味道怎么样？

生：我认为，小猴子吃桃子的时候会感觉这个桃子很甜，水分也很多。

师：吃起来甜甜的。你说呢？

生：我认为，吃桃子的时候感觉甜滋滋的。

师：甜滋滋的，说得更好了。你来说。

生：我认为，小猴子吃西瓜的时候会感到西瓜很甜。

师：而且汁水？

生：很多。

生：我觉得，小猴子吃玉米的时候会觉得玉米很香。

师：香，不仅可以用嘴巴尝到味道，还能用鼻子闻到味道。

生：我觉得，小猴子吃玉米的时候觉得玉米粒很饱满。

师：饱满，嚼起来很有嚼头。

生9：我认为，小猴子吃玉米的时候会觉得玉米又香又甜。

师：咱们刚学了"又（　）又（　）"，他就自己把这种形式用进去了。

刚才咱们描述了很多味道，茹老师也搜索了一些表示味道的词语，学习这位小朋友的样子，创造一个"又（　）又（　）"的词语。

（教师提供的词语：松、脆、香、甜、鲜、多汁）

生：又松又脆。

生：又香又甜。

生：又甜又鲜。

生：又甜又脆。

师：我发现小朋友真会创造！把你创造出来的词语，跟同桌交流一下。不过，我听到有些小朋友说"又松又可口"，这样听起来不是很顺口。最好前面是一个字，后面也是一个字。我们来改一改，改成"又松又甜"、"又松又脆"、"又松又鲜"，都可以。如果前面是两个字"可口"我们可以怎样搭配？

生：又可口又多汁。

师:"又可口又多汁",这读起来更好听了。孩子们,你能也用这样的形式来说一说可爱的兔子吗?

生:又可爱又活泼的兔子。

师:这小朋友真能干,两个字对两个字。

生:又蹦又跳的兔子。

师:他真聪明,把"蹦蹦跳跳"改成了"又蹦又跳",这兔子看来真是活泼可爱。

生:又小又白。

师:又白又小的兔子,也一定非常可爱。

生:又白又肥的兔子。

师:白白胖胖的兔子。

生:又可爱又洁白。

师:又可爱又洁白,听起来不是很顺口,能不能改一改:又可爱又活泼?好,你还有,来。

生:又爱又跳。

师:又爱又跳?你想说的是,很喜欢这样的兔子,但我们不说"又爱又跳",可以说"又可爱又活泼"。孩子们,那么多好东西摆在小猴子的面前,可是,你看它最后是?

生:空手而归。

师:我们都知道原因吧?

生:知道。

师:因为它一路上,怎么样啊?

生:看到一个就选一个,看到一个就把前面摘的东西扔掉。

【要点评议】

所谓的核心教学内容,从教学设计的角度解释,就是课堂上教师花费了大量的教学时间,设计了多种教学活动。也就是说,主要的教学内容可以从教学时间上来判断,可以从教学活动的数量上来判断。比如,这堂课中"又( )又( )"词组是重要的教学内容。在这一环节中,共设计了如下教学活动。

① 这样的词语,你能找到吗?

② 这些词语是可以读出感情来的,要读出小猴子的高兴。

③ 小猴子会尝到怎么样的好味道？
④ 创造一个"又（ ）又（ ）"的词语。
⑤ 用"又（ ）又（ ）"来说一说这可爱的兔子。

教师明确这一标准非常重要，可以帮助教师区分自己的教学中，哪些是主要的教学内容，哪些只是提到的内容？

对学生而言，能引发学习的是一堂课的主要教学内容；提到的内容，因为没有进行充分的教学设计，学生是否发生了学习，以及学习的效果如何，对教师来说，都是黑箱状态。

语文课，教师常常认为自己教了很多内容，但从学生的角度来看，真正学习的内容可能并不多。其中一部分原因就在于，教师在课堂上花费了很多时间提到了很多内容，而挤压了主要的教学内容在教学时间和教学活动上的安排。

三、配插图，学动词

师：咱们就跟着小猴子去看看它来到玉米地里的情景，这部分内容教材正好没有配插图，肯定是想请小朋友来配一配。咱们不用笔，咱们在头脑中想象，好吗？想象一幅插图，来听茹老师读，一边听一边在你的脑海里画一幅插图。闭上眼睛，（老师念第一段）你的脑海里出现了怎样的插图？

【反思】
这一环节中，让学生配插图与动词的学习有什么关系？
_____
_____

生：有很多很大很大的玉米，小猴子站在旁边。
师：表情是什么？
生：就是很高兴的那种。
师：很高兴的样子，他的插图里有玉米，有高兴的小猴子。你呢？
生：我脑海里的插图是，小猴子一边笑一边弯下腰去摘玉米地里的玉米。

师：它情不自禁地要去掰玉米了。咱们不用"摘"，用什么呀？

生：掰。

生：它看到那些玉米，直流口水，眼泪都要出来了。

师：这个小朋友的想象力真丰富，连课文中没有写到的小猴子的表情他都看到了。我相信每个小朋友都看到了，轻轻地告诉你的同桌，你看到的插图是怎么样的。

好，我发现，咱们班小朋友不仅会说、会想、会看、会听，而且还很会合作。当同桌跟你说他的插图时，小朋友都很认真地听同桌说，这表示对同桌的一种尊重，这就是会合作。

茹老师也想象了插图，像动画片一样，有很多的动作，有很多的情景。你看这就是我根据脑海里的想象画的玉米地，玉米结得怎么样？又大？

生：又多。

师：这是我想象的小猴子的动作，我想了那么多，你们能不能帮我来选一选？你觉得，几号图片用来作插图比较合适？

图4　教师提供的五幅插图

生：4号。

师：为什么？说说看。

生：因为它抱着那个玉米就在笑。

师：孩子们，什么叫插图？插图要根据课文的内容。你再去读读第一自然段，看看它是怎么走的？其他小朋友能不能给他来提提意见，是这么抱着走的吗？这个应该还不叫抱着，这个是夹着走的，它是夹着走的吗？

生：它是扛着走的。

师：所以你觉得应该选？

生：应该选3号插图。

师：3号插图，来，我们认识这个字——"扛"。

生：扛。

师：这个字蛮简单的，两部分组成，左边是？

生：提手旁。

师：右边是？

生：工。

师：合起来就是？

生：扛。

师：大家做个"扛"的动作，怎样的东西适合扛着走？

生：很重的东西。

师：不一定。

生：木棍子可以扛着走。

师：我听明白你的意思，就是稍微有点？

生：长。

师：长条形的扛起来就轻松一些，看来小猴子挺聪明的，长长的玉米它知道扛着走。我画了那么多，你们觉得就只有3号吗？你来。

生：我觉得还有2号图。

师：还有2号图，他说话很精确，你觉得3号也可以，2号也行？说说。

生：因为小猴子在"掰"玉米。

师：课文是这样写的，到了玉米地"就掰了一个"，这个动作也很有意思的，读。

生：掰。

师：这个字更有意思，发现了什么？请你吧。

生：手分手。

师：他发现是手分手组成了一个掰，还有补充吗？

生：就是两个手之间有一个分字。

师：它的结构还很有意思，还有补充吗？

生："掰"就是两个手掰一样东西，中间就是这样东西。

师：把这样东西分开来。真聪明，你看玉米如果力气大一点，一只手这么一掰也

【观察者点评】"扛"是生字吗？为什么要教"扛"？

能够掰下来。要是茹老师给你们一个橘子，你做做看，一只手能掰开吗？

生：不能，得两只手掰。

师：手伸出来，左手加右手，两手一分，橘子就怎么样？

生：分开。

师：两手一分就是掰，我们可以这样记。来一起读。

生：两手一分就是掰。

师：看上去这么难的字咱们也记住了。小猴子来到玉米地里，它先掰了一个玉米，然后扛着走。这些词都是表示小猴子的？

生：动作。

师：配上音乐，高高兴兴地来读读这一段。茹老师圈出了这两个表示小猴子动作的词。小猴子来到这些地方，看到这些好东西，它又是怎么做的呢？咱们就读读二三四自然段，像刚才茹老师那样找出表示动作的词，把它圈出来。我请一位小朋友来汇报一下，你找到了哪些动词。

生：我找到了"摘"。

生："捧"，"抱"，"追"。

师："摘"，"捧"，"抱"，"追"，还有补充吗？

生："扔"。

师：有些小朋友把"走"、"看"之类的字也圈出来了。我说的是小猴子看到这些好东西以后是怎么做的，所以正确的应该是"摘"，"捧"，"抱"，"追"，"扔"。咱们来读一读，开始。

师：发现了什么？

生：都是提手旁的。

生：都是动词。

师：都是动词，大多是"提手旁"，有一个是"走之旁"，这是大家都能发现的，你要发现别人发现不了的。

生：都是用手做的事。

师：能说得更精确一些吗？哪些是用手做的？

生：提手旁的字都是用手做的。

师：对了。

【观察者点评】这样的认字口诀，你也有很多吧？

生：走之底的字，都是用脚做的。

师：一般是跟脚有关的，咱们来试试看。手伸出来，我们一边做手的动作，一边来读这些字。

生：摘。

师：是用手的。

生：捧。

师：是用手的。

生：抱。

师：得用手帮忙。

生：扔。

师：都跟手有关。

生：追。

师：这个字，用脚了。孩子们，现在你能不能帮茹老师把这些动作送到路线图里去？你想送哪些？摘桃子，可以吗？

生：可以。

师：只能摘桃子？还可以摘什么？

生：摘西瓜。

师：既可以摘桃子又可以摘西瓜，我们把摘放在？

生：当中。

师：中间，很好，谢谢你，来，请你。捧西瓜，可以吗？

生：可以。

师：西瓜要是小一点确实可以捧，要是很大的西瓜呢？

生：抱。

师：哪个好一点，你觉得？

生：捧桃子。

师：为什么？

生：因为桃子比较小。

师：捧起来就？

生：方便。

图5　学生将动词放入路线图中

师：接着说？

生：西瓜比较大，所以必须得抱着。

师：也不一定是必须，但是抱起来就会轻松。看来这些动词也不是乱用的，这样用就更加地精确了，来，咱们说说"捧"。

生：捧桃子。

师：抱西瓜，还有两个，这个我相信你们都会。

生：追兔子。

师：那这个"扔"呢，你说说吧。

生：就是水果和蔬菜的都是用扔。

师：你想说的是，这些吃的都被它扔了，那我把"扔"放在三样中间，同意吗？

生：同意。

四、讲故事，谈感悟

师：真好！在你们的帮助下，整个故事都呈现在黑板上了。同学们可以看着黑板来讲这个故事了，想试试吗？我们来合作。

小猴子下山来，走到一块玉米地里，它看见玉米结得是？

生：又大又多。

师：非常高兴，就？

生：掰了一个扛着往前走。

师：小猴子扛着玉米往前走，来到一棵？

生：桃树底下。

师：看见满树的桃子？

生：又大又红。

师：非常高兴，就？

生：扔了玉米。

师：去？

生：去摘桃子。

师：小猴子？

生：捧着桃子往前走。

师：来到了一片瓜地里，看到满地的西瓜？

生：又大又圆。

师：非常高兴，就？

生：扔了桃子去摘西瓜。

师：扔了桃子去摘西瓜，小猴子？

生：抱着西瓜，往回走。

师：真好，往回走，走着走着，看到了一只小兔子。

生：蹦蹦跳跳的真可爱。

师：就？

生：扔了西瓜去追小兔子。

师：结果小兔子跑进？

生：树林里。

师：不见了，小猴子只好空着手回家去，咱们来读读故事的结尾。预备起。

生（齐读）：小兔子跑进树林里，不见了，小猴子只好空着手回家去。

师：孩子们，从这小猴子满脸懊丧的表情中，我们知道它心里肯定？

生：很伤心。

师：很后悔吧?！那么多好东西，一样都没有拿到，是吧？你们肯定也为小猴子感到可惜，很想帮它想想办法，拿到更多的好东西，是吧？

其实，我们人有的时候跟小猴子还挺像的，在生活中我们也难免会犯一些错误，做一些傻事。今天来不及了，小猴子只好空着手回家去了。不过，没关系，你看，第二天太阳又出来了，你看，小猴子又满脸笑容地出发了。

你觉得，那小猴子第二次下山会发生怎么样的故事呢？这个咱们留到课外去做，大家可以去编一个故事。老师给大家三个建议，题目你可以选用"小猴子第二次下山"，也可以自己取。内容呢？就想象小猴子第二次下山的故事。形式呢？编故事的形式。你可以在头脑中想象，也可以画画，可以写字，可以既有图画又有文字。如果有兴趣，大家可以把编出来的故事交给自己的语文老师，一起交流，好吗？

好，这节课就上到这里。下课。

问题研讨

小学低段阅读教学中，识字写字教学的关键在于分类。"将字词进行归类"，教学就可依据字词的不同类型设计相应的教学活动。因此,字词分类的标准就成为问题讨论的核心。

一、教字词

识字写字教学中,教师常会提到"生字生词"的说法,大致表明了教师对字词分类的标准之一,就是依据课文中出现的字词是否是学生能认读、能认写的字词。所隐含的假设是,教学所要教的就是那些"生字生词",也就是学生不能认读、不能认写的字词。教学就是要让学生从不能认读、不能认写,达到能认读、能认写。

然而,从优秀课例来看,情况远不是这么单一,也就是说,生字生词和所要教的字词(作为教学内容的字词)之间不能简单地划一个等号。

当然,学生在认读认写上出现的困难,是对字词进行分类所要参照的一条重要标准。其中的"困难"有几个层面是非常值得我们认真分析和揭示的。在这一课例中,茹老师用教生字的方式教了三个字,"猴"、"扛"、"掰"。为方便对比,我们将这三个字的教学片断放置在一个表格中。

"猴"	"扛"	"掰"
(板书课题) 师:"猴"要一笔一笔写了,左边是个? 生:反犬旁。 师:跟着写哦,中间是个? 生:单人旁。 师:右边我们一笔一笔来,横折横撇横横撇捺。来叫叫它的名字。	师:我们认认这个字,"扛"。这个字两部分组成,左边是? 生:提手旁。 师:右边是? 生:工。 师:合起来就是? 生:扛。 师:大家做个"扛"的动作,怎样的东西适合扛着走? 生:很重的东西。 师:不一定。 生:木棍子可以扛着走。 师:我听明白你的意思,就是稍微有点? 生:长。 师:长条形的扛起来就轻松一些,看来小猴子挺聪明的,长长的玉米它知道扛着走。	师:这个字更有意思,发现了什么? 生:手分手。 师:他发现是手分手组成了一个掰。它的结构还很有意思,还有补充吗? 生:"掰"就是两个手掰一样东西,中间就是这样东西。 师:把这样东西分开来。真聪明,你看玉米如果力气大一点,一只手这么一掰也能够掰下来。要是茹老师给你们一个橘子,你做做看,一只手能掰开吗? 生:不能,得两只手掰。 师:手伸出来,左手加右手,两手一分,橘子就怎么样? 生:分开。 师:两手一分就是掰,我们可以这样记。

对比这三个字的教学片断,我们发现教师在这三个字的教学中有侧重点的不同。教学侧重点的不同,隐含着的逻辑是教师认为学生的学习困难是有所不同的。

"猴"的教学,教师提醒学生"跟着写",重点是带领学生识认和会写偏旁、结构、笔画。我们从教学侧重点推导到教师判断的学生的学习困难上,"猴"字的困难是在"写"上结构复杂和笔画众多。

"掰"的教学,教师教的是识记。教学中,以字的结构特点为抓手,不仅让学生通过做"掰"的动作来体验字的结构,更根据"掰"结构特点编识记口诀——"两手一分就是掰"。

"扛"的教学,教师同样带领学生识认偏旁、结构,但重点在"大家做个扛的动作"、"怎样的东西适合扛着走"。这一片段的背景是,为课文配插图。学生选错了插图,教师发现问题是出在学生对课文中"扛"这一动词的理解上。很明显,学生的困难是不知晓作为动词的"抱"、"夹"和"扛"的区别。这里,"扛"的教学目标,不是定位在达到认读会写,即学习"生字生词",而是能够正确使用这一动词。

从这一片段来看,学生学习动词的困难包括两层,一是认识这个词,二是能够准确使用这一动词,也就是,知道什么动作是"扛"以及知道在什么情形下使用这一动作。因为所谓动词,是描述具体情境中的动作。动词都是附着具体情境的。就这一具体教学片段而言,"能够准确使用动词"是指能够注意到课文中所使用的动词"扛",并在"抱"和"夹"等插图中准确地辨识出来。

说到动词,我们延展一点。动词是阅读教学中非常重要的教学内容之一。尤其是在高年段的阅读教学中,对动词的学习,要求在"准确使用"的基础上,重点"品味动词,体会动词的蕴味"。能够品味动词的蕴味,可能是学生在高年段阅读教学动词学习中的第三层困难。这里不作展开,但对我们要讨论的问题——学生在认读认写上的困难有不同的层面,是有启发的。

借助这一课例我们要讨论的问题是:小学低段阅读教学中的识字写字。那么,识字写字与阅读是什么关系?从学习领域的角度,识字写字是与阅读相并列的语文学习领域之一。从教学的角度,"随文而教"是在长期的识字写字教学实践中积累的重要经验。《义务教育语文课程标准(2011年版)》在"教学建议"中也有这样一点:识字教学要注意儿童心理特点,将学生熟识的语言因素作为主要材料,结合学生的生活经验,引导他们利用各种机会主动识字,力求识用结合。因此,阅读教学中的课文是识字写字教学中重要的语言材料。基于这样的背景,我们说的"小学低段阅读教学中的识字写字",指的是"教字词"。

这一课例中,我们在"教字词"的讨论中所选取的字词相当于"生字生词"这一类型,换句话说,是可以脱离这篇课文或那篇课文这一语篇情境的字词。《识字写字教学基本字表》和《义务教育语文课程常用字表》规定了特定年段的教学中必须教的字词。从某种意义上来说,字表中字词的学习与具体课文之间没有必然的关联。这篇课文中教哪几个字,那篇课文中教哪几个字,是教师在单元、学期或年级的层面上所做的规划和安排。

根据对三个字词教学片断的分析,我们可以区分出学生学习字词的困难存在着两类情况:第一类出现在"能够认读认写"上,包括笔画、结构等方面的困难。第二类出现在"能够正确使用"上。与此相对应的是,教师在教学中要能够设计有针对性的教学活动,帮助学生解决学习中的困难。

二、教课文中的字词

小学低段阅读教学中"识字写字"问题的第二种理解是"教课文中的字词",其重点是"教课文"。在这样的背景下,教师选择教哪些字词,学生是否能认会写不再是唯一判断依据,更主要的是,对这些字词的理解能否促进学生对课文的理解和体验。

语文教学中有"重点字词"这一说法。何为"重点"?我们用这一课例来阐释。这一课例中,教师教的词组"又( )又( )"和一系列动词,就属于"重点字词"。

为什么"又( )又( )"和动词是这篇课文的"重点字词"?"重点字词"又具有什么属性?

关于"阅读教学中的重点字词",主题学习工作坊中《阅读教学研究的新进展》有详细的阐述。简单地说,阅读教学中的重点字词就是课文的关键处。课文的关键处,是学生理解上有困难的地方,以及由文体特征所规定的文本的关键地方。

《小猴子下山》是什么文体?课文《小猴子下山》的关键处在哪里?我们教师需要首先了解儿童文学文体研究已有的成果,这些研究成果实际上就是对这些问题的回答。

【材料1】
　　动物故事指取材于动物世界,以动物为主人公,描写它们的生态、习性,或借动物形象象征人类社会生活和社会关系的故事。**动物故事又分两种类**

型,其一为**解释型**,即通过对动物的描写,或主观或客观地解释动物的习性。其二是**象征寓意型**,即借动物形象来象征人类社会生活和社会关系的故事。①

【材料2】

儿童故事与儿童小说都具有较强的叙事性,且两种体裁都有人物、环境、情节等因素,但它们又有着明显的区别。一般而言,儿童小说的读者是小学高年级以上的儿童,从儿童的接受能力出发,儿童小说所反映的社会生活较儿童故事更为复杂。在艺术表现上,儿童小说比较注重人物形象的塑造、人物性格的立体表现和人物心理以及人物活动的环境的描写,在语言运用上使用小说笔法。而儿童故事一般供学龄前儿童阅读或讲述,因此更侧重于概述故事,表现完整的情节。在叙述方式上要求口语化,而淡化对人物的心态、外貌及其生活的环境的描写。

材料1和材料2分别从不同角度对文体的分类,为我们确认这篇课文的关键处带来了启发。

根据材料1,我们能够判断出《小猴子下山》属于儿童文学中动物故事的第二种类型——象征寓意型。这一文体规定了阅读这篇课文的目的是理解小猴子形象的象征意味。从搜集到的教案来看,大部分语文教师也都将此作为教学的目标之一,如"通过学习获得一定的启示",或者"知道课文所讲的道理"。虽然教师们总结出的启示和道理不尽相同(有:在成长过程中,我们总会像小猴子那样犯些错,而事后难过后悔是无用的,重要的是能以今天的教训为基础,用积极的心态展望明天。也有:做事不能三心二意,见异思迁,应该一心一意),但教师们对课文的文体总体上是能够判断的。

根据材料2,这篇课文属于动物故事,在艺术表现上,不侧重人物形象的塑造,以概述故事、表现完整的情节为特征。这篇课文的教学也设计了复述故事的教学内容。

根据"课例导读"的综述,大多数教师设计的教学过程基本上都是围绕着以上这两

---

① 方卫平,王昆建主编.儿童文学教程[M].北京:高等教育出版社,2004:156.

个教学内容——复述故事,谈阅读感悟。过程中穿插生字词的认识和朗读。教学成败的关键在于,教学中这两个教学内容之间是彼此独立的,还是相互关联的。优秀课例注重教学内容之间的关联,也就是说,让学生始终在故事阅读体验的增进中,获得自己的阅读感受,而不是以故事为引子,重点去谈论和学习生活道理。

那么,如何让学生在故事阅读体验的增进中,获得自己的阅读感受?

茹老师这堂课,以画小猴子下山路线图的形式贯穿教学。其中,以"又( )又( )"和一系列的动词为抓手,促进学生对故事的理解和体验。

"又( )又( )",茹老师强调这一词组的形式与情感的关联——"又( )又( )"是好词语,一读就知道东西有多好,要读出这些词语的感情,读出小猴子的高兴。"掰"、"扛"、"摘"、"捧"、"抱"、"追"、"扔"等 7 个动词,茹老师在教学中强调情境中动作的体验——小猴子看到好东西做了什么?通过配插图、找动作、做动作、放动词到路线图等多种方式,让学生体验小猴子在情境中的动作。课例最后的故事接龙,茹老师让学生接龙的部分就是"又( )又( )"和这 7 个动词。

我们从叙事结构的角度,将整篇故事的叙事线路描绘如下。

可见,"又( )又( )"和这 7 个动词是课文的关键处,是教学的"重点字词"。

总结,这一课例所要讨论的问题是"小学低段阅读教学中的识字写字",大致分为两类字词。一类相当于生字生词,教师根据年段、学期和单元的整体安排,确定让学生在某篇课文中要学习的字词,达到认读、会写、能够正确使用的水平。第二类是课文中的重点字词,通过品味字词的情境含义,促进学生对课文的理解和体验。

资源链接

1. 方卫平,王昆建主编. 儿童文学教程[M]. 北京:高等教育出版社,2004.
2. [加]佩里·诺德曼,梅维丝·雷默著,陈中美译. 儿童文学的乐趣[M]. 上海:少年儿童出版社,2008.

后续学习活动

任务1：在二年级教材中选取一个单元，根据你所在班级学生的学习情况，将字词进行归类整理。

_____

_____

_____

任务2：再次写出你分类的标准，与"热身活动"中的标准进行对比，说一说发生了哪些不同？为什么？

_____

_____

_____

阅读教学设计的关键：在关键语词上"大"做文章
——周益民《一起看声音》课堂教学研讨

执教教师简介

周益民，任教于江苏省南京市琅琊路小学。特级教师，儿童阅读推广人。著有《回到话语之乡》《儿童的阅读与为了儿童的阅读》《上读书课啦：班级读书会案例精选》《周益民讲语文》《童年爱上一本书》《故事、儿童和作家的秘密》等。

课例导读

这是在周益民老师任教的南京市琅琊路小学听到的一堂四年级课，所使用的阅读材料也是周益民老师以"一起看声音"为主题选取的六首诗歌组成的一个多重文本。

语文教学中，教师自编阅读材料的情况并不少见，大多以文本内容为主题。比如，在"亲情"的主题下组合几篇关于父爱或母爱的文章。而这一课例中，"一起看声音"这一主题凸显的则是非常明确的教学内容。该材料本身已经完成了我们日常教学中对课文进行教学内容确定的工作。

正因如此，我们可以在这一课例的讨论中，回避教学内容确定的部分，清晰地讨论阅读教学设计本身的奥秘。

> 热身活动

阅读课例之前,请先完成:

1. 圈划每首诗歌中的关键语词或语句。

_____

2. 说一说,你所圈划的关键语词或语句与"一起看声音"这个主题之间的关系。

_____

_____

> 阅读材料

一起看声音

1. 两个呼噜噜

王宜振

小猫睡得香,

小猫睡得熟,

小猫喜欢打呼噜,

呼噜噜,呼噜噜……

爸爸睡得香,

爸爸睡得熟,

爸爸喜欢打呼噜,

呼噜噜,呼噜噜……

两个呼噜噜,

串成一串糖葫芦,

两个呼噜噜,

吓跑两只小老鼠。

2. 笑声

(马来西亚)梁志庆

下课钟声响后，
笑声也就响了，
它挂满教室，
串在走廊上，
然后跳下梯级，
越远，声音越细。

笑声，
追逐在操场上，
给抓住的笑声，
又和几个笑声，
扭成一团，
分不开来了。

上课钟声一响，
笑声就和解了。
走进教室后的同学们，
再也不乱丢笑声了！

3. 深笑(节选)

林徽因

是谁笑成这百层塔高耸，
让不知名鸟雀来盘旋？是谁
笑成这万千个风铃的转动，
从每一层琉(liú)璃的檐边
摇上
云天？

4. 雪花，是冬日的偏旁（节选）

张晓楠

无雪的冬日

是不完整的

无雪的冬日

到处，是错别字

枯寂的草木

昏黄的墙垛（duǒ）

僵硬的表情

连鸟儿的叫声

也缺斤少两

5. 声音的味道

王宜振

渴了

饮你的声音

饿了

餐你的声音

你的声音

从电话里传来

有风的味道

有雨的味道

有甜的味道

有酸的味道

有冰激凌的味道

有巧克力的味道

有果酱面包的味道

有蛋黄饼干的味道

……

嚼（jiáo）着、嚼着

把日子嚼甜了

把生活嚼甜了

把小虾嚼驼背了

把月牙儿嚼成弯弯的香蕉了

把天上的小雨点儿

嚼成五颜六色的虹了

……

你用你的声音

做成美味的佳肴（yáo）

让我去嚼

让我去品

那独特的风味儿

只需那么一丁点儿

就足够营养我的一生

6. 这一夜（节选）

王立春

这一夜

这位叫张继的书生

落榜后

投宿在枫桥边的客船上

……

这寒山寺悠长的钟声

撞了一位书生

也撞着了　无数颗

落寞的心

> **教学实录**

一起看声音

执教者：周益民

一、根据动词猜

师：请看一句诗（投影仪）：

它挂满教室，

谁来猜是什么挂满了教室？

【观察者点评】猜一猜：根据课题和阅读材料，这堂课的教学内容是什么？

生：是黑板。

师：教室里面挂满了黑板？再想想。请你说。

生：灯。

师：还有吗？请你说。

生：灯笼。

师：有这么多灯笼很喜庆的。请你说。

生：电风扇。

师：教室里密密麻麻都是电风扇？再想想。

生：一幅画。

师：好，继续往下看（投影仪上）：

它挂满教室，

串在走廊上，

什么东西能够串在走廊上？

【反思】
请勾划这一活动中学生的回答，并以此判断这一阶段学生的学习状态如何？
_____
_____

生：是水吗？是水在走廊上走路。

师：水在走廊上走路？我觉得不是很明确，请你说。

生：我认为是栏杆。

生：我觉得应该是电灯，因为走廊上也可以有电灯。

师：好。继续看（投影仪上）：

它挂满教室，
串在走廊上，
然后跳下梯级，

猜猜看，又是什么能够跳下梯级？

生：同学的心就挂满了教室，因为他日日夜夜都很思念上学。串在走廊，就是下课之后同学们很想跑出来玩，然后跳下梯级，跳舞。

师：有没有其他意见？那你来说一说。

生：我觉得是青蛙。（生笑）

师：大家都别笑，听他解释一下。

生：我觉得，青蛙才会一蹦一跳的。

师：想不想看看谜底？读（投影仪上）：

笑　声
它挂满教室，
串在走廊上，
然后跳下梯级，

师：你们怎么一点也不惊讶？笑声挂满教室，然后串在走廊上，然后跳向梯级。这是怎么回事？我们继续看（投影仪上）：

笑　声
下课钟声响后，
笑声也就响了，
它挂满教室，
串在走廊上，
然后跳下梯级，
越远，声音越细。

想象一下，谁来描绘一下，这是怎样的情节？请你说。

> 【要点提炼】"猜"是一种教学方法；"通过想象描绘诗歌中的情节"，也是一种教学方法。
>
> 教学方法的调整，是由于学生"一点也不惊讶"的状态。

生：下课的铃声响了，同学们就一窝蜂地涌出教室玩，很高兴，就笑起来了。有的在教室里面玩，有的在走廊上，有的还会在楼梯的地方玩。这首诗就是说，同学们会跑得越来越远，声音就会越来越小，越来越细。

生：下课铃一响，有一帮同学跑到走廊上，有人冲下楼梯，下楼的时候一般都是蹦着跳下去，跑得很快，声音就越来越小了。

师：这首诗，很有意思吧！它把我们听到的声音变成了我们能看到的。

【要点评议】

本堂课所涉及的语文学科知识是通感的修辞手法。

通感是指某一感观在受到刺激时产生的两种或两种以上的感觉经验。在文学上，这一术语表示用一种感觉来描述另一种感觉，如用色彩描绘声音，用气味描绘色彩，用声音描绘气味等等。从荷马开始，诗人们就已经运用通感的意象[①]。

很显然，这堂课的教学目标，不是让学生"学习"这一知识。这里的"学习"，指的是理解和掌握，也就是能够复述这一概念。这堂课的教学目标是让学生体验和感受这一知识，或者说，是让学生浸润在这一知识中，又或者说，是让这一知识始终处于学生的不可言传的状态中。

这一点，可以从很多地方看出来。比如，教师选择阅读材料的类型是诗歌。其中最主要，也是最重要的地方，就是教师对这一学科知识在课堂的表述。

周益民老师整堂课没有介绍过"通感"这一知识，准确地说，没有讲解这一术语在文学词典中的含义。

"将听到的变成看到的"，"这些动词，使得原来只能听到的，现在看到了。把听觉的化作视觉，这样的写法在诗歌里是非常常见的"。

后面的活动中，周益民老师还有很多这样的表述。

二、猜动词

师：我们继续往下看这首诗（投影仪上）：

---

① （美）艾布拉姆斯著，吴松江等编译. 文学术语词典（第七版）[M]. 北京：北京大学出版社，2009：631.

笑声，

追逐在操场上，

给抓住的笑声，

又和几个笑声，

_____成一团，

分不开来了。

谁来填一个动词,使得听见的声音,可以看到？你来填。

生：扭成一团。

师：为什么？

生：因为操场上有人追逐打闹。

师：嗯，同学们追逐打闹，扭成一团。

生：我觉得应该是揉成一团。

师：揉？同学们在干嘛，会揉成一团？

生：我觉得应该是融成一团。

师：解释一下。

生：下课了，操场上有很多同学在一起，根本就不知道是谁在笑了，因为全部的笑都融在一起了。

师：笑声"融"在一起，这个词还是"听到"的，我们的要求是"看到"。你看前面两个同学，"扭成一团"、"揉成一团"，都是视觉的感觉。再想想。

生：蜷成一团。

师：蜷缩的"蜷"？为什么？

生：他们扭到一起哈哈笑，就变成蜷了。

生：笑声本来是很美好的，刚才讲的"扭"、"揉"，感觉好像几个人在打架一样。所以，我觉得，应该是笑成一团，因为他本来就是笑的，然后这边再加一个笑，这样就突出了它的层次感，就让人感觉，几个同学笑在一起，分不开来了。

"笑"，第一个层次的意思是，几个笑声和在一起，分不清楚是哪一个在笑。深层次的意思是，这几个同学很开心，都在一起笑。

师：他刚才说的貌似很深刻的样子（众笑），但是说笑成一团，还只是"听到"。刚才说的一个词，"和"成一团，倒是很好，像面团一样"和"在一块儿了。"和"就使听到的变成看到的了。另外，他说"扭成一团"，感觉在打架，但我感觉还是非常欢乐的样子。

生：打成一团。

生：曲成一团。

生：闹成一团。

生：抱成一团。

师："抱"成一团，像摔跤一样。

咱们来看看诗人填的是什么？（投影仪上）

扭成一团。

刚才我们已经有同学和诗人想到了一起。那么，我们来听听这首完整的诗。（学生读）

笑　声
（马来西亚）梁志庆
下课钟声响后，
笑声也就响了，
它挂满教室，
串在走廊上，
然后跳下梯级，
越远，声音越细。

笑声，
追逐在操场上，
给抓住的笑声，
又和几个笑声，
扭成一团，
分不开来了。

上课钟声一响，
笑声就和解了。
走进教室后的同学们，
再也不乱丢笑声了！

师：你们看到了什么？

生：下课钟声响后，笑声也就响了，它挂满教室，串在走廊上，然后跳下梯级，越来越远，声音越来越细。笑声在操场上追逐，给抓住了的笑声，和几个笑声扭成一团，分不开来了。上课钟声一响，笑声就和解了，走进教室里的同学们，也不再乱笑了。

师：好的。你们有没有发现这首诗最特别的地方是什么？想一想，他用了这么多动词，使得这个笑声怎么样？你看，笑声竟然会挂，会串，会跳。

生：感觉原来只能听到的，现在好像在你面前能看到一样。

师：是的，非常好。这些动词，使得原来只能听到的，现在看到了。把听觉的化作视觉，这样的写法在诗歌里是非常常见的。

【观察者点评】如果你设计这堂课，会给学生讲解"通感"这一知识吗？会怎么讲？

三、猜题目

师：请各位同学再看一首诗。我请一位同学读，大家看看，这回的"笑"是怎么样的笑？（一生读）

是谁笑成这百层塔高耸，
让不知名鸟雀来盘旋？是谁
笑成这万千个风铃的转动，
从每一层琉(liú)璃的檐边
摇上
云天？

师："万千个风铃的转动"，这是怎样的笑声？笑成"百层塔高耸"，笑成"万千个风铃的转动"？

生：我觉得，这个笑应该是很多很多人一起笑，而且笑得应该比较厉害吧？

师：厉害地笑，很多人一齐在笑。

生：我觉得，这个笑声应该很欢快。他们笑声很大，表现出快乐。

师：好，大笑，欢笑。

生：我觉得这个声音特别特别地大，它能传到云天了，因为只有鸟雀能够飞得那么高，这个笑声都传到那么高了。

师：你看笑成百层塔高耸了，这首诗题目就叫（投影仪上显示）：

深笑（节选）

林徽因

是谁笑成这百层塔高耸，

让不知名鸟雀来盘旋？是谁

笑成这万千个风铃的转动，

从每一层琉(liú)璃的檐边

摇上

云天？

作者是我国现代很有名的一位才女，叫林徽因。这个名字，大家可以记一记。结合刚才第一首，两首诗都是写笑声，在写作上有什么相似的地方？

生：两首诗好像都让我们看见了笑声的样子。

师：你这句话特别关键，再说一遍。

生：都让我们看见了笑声的样子。

师：也就是把听到的化作看到的。刚才已经说了，这种写法在诗歌里面是非常常见的。

四、猜句子

师：再看一首（投影仪上）。（学生们和老师分段读诗）

两个呼噜噜

王宜振

小猫睡得香，

小猫睡得熟，

小猫喜欢打呼噜，

呼噜噜，呼噜噜……

爸爸睡得香，

爸爸睡得熟，

爸爸喜欢打呼噜，

呼噜噜，呼噜噜……

两个呼噜噜，

串成_____，

【要点提炼】这里清晰地呈现出"通感"这一学科知识的教学形态，即"把听到的化作看到的"。

教师的专业性就体现在，面对特定的学生，能够将特定的内容（学科知识）转化为可教的教学形态。

优秀教师的特质也体现于此。

两个呼噜噜，

吓跑两只小老鼠。

师： 同学们想一想，两个呼噜噜，串成什么？要把呼噜噜的声音，让大家能够看到。大家讨论一下。

生： 两个呼噜噜，/串成一个捕鼠夹。

师： 好。还有吗？

生： 两个呼噜噜，/串成一个大黑猫。

生： 两个呼噜噜，/串成一个机器人。

生： 两个呼噜噜，/串成一座欢乐屋。

师： 你考虑到了声音的特点。呼噜噜的"噜"，和欢乐屋的"屋"，读起来朗朗上口。继续。

生： 两个呼噜噜，/串成糖葫芦。

生： 两个呼噜噜，/串成一只猪。

生： 两个呼噜噜，/串成一支舞。

师： 好。我们来看诗人的原句：

两个呼噜噜，

串成一串糖葫芦，

跟刚才这个小朋友讲的一样，掌声送给他。我也想了一个：穿成一根小木棍。你们比较一下，哪个更好？

生： 我觉得第一个更好，因为读起来更顺畅，更押韵。

师： 请你读。（生读）

师： 好。他是从声音的角度比较。从形象的角度，再来比较一下。

生： 我也觉得第一个比较好，因为糖葫芦很甜嘛，吃起来就很开心。打呼噜的感觉，其实也是很开心的。

师： 不是很开心，是睡得很甜。

生： 而小木棍，就没有糖葫芦给人的感觉深切。

师： 他是从睡觉的感觉来说的，还有吗？模仿一下打呼噜，感觉怎么样？（学生模仿打呼噜）

师： 好。从形象来看，打呼噜跟糖葫芦有什么相似，谁来说一说？

生： 我感觉，打呼噜的声音就好像是圆圆的，那个糖葫芦也是圆圆的。

> 【要点提炼】这里,教师让学生注意到,通感修辞方法中的两种感觉在某方面具有相同性。

师:那小木棍呢?
生:小木棍是长条的。
师:还有其他的感觉吗?请你说。
生:糖葫芦是一个连一个,很清楚。不像小木棍的感觉,一直就连下去了。
师:说得非常好,体会得非常好。我们一起来读一读。(生读)
师:我们可以看到,声音可以是百层塔高耸,可以是万千个风铃在转动,可以是一串糖葫芦。

五、说句子

师:我们也来试试,让只能听到的声音也能看到。试着说一说,生气的吼叫声是什么?看你说的能不能让我们看到?

> 【反思】
> 圈划这一环节中学生的回答,以此判断学生的学习状态,并与第一环节中学生的状态进行对比。
> _____
> _____

生:是猛兽的咆哮。
师:那还是能听到的,要说看到的。
生:生气的吼叫,是老虎。
生:生气的吼叫,是猛虎野狼。
师:这跟他说的是一样的。
生:生气的吼叫,是火山爆发。
师:非常好,是爆发的火山。
生:生气的吼叫,是惊涛骇浪。
生:生气的吼叫,是一声鞭子。
生:生气的吼叫,是冰山崩塌。

师：好。继续试着说一说，安静的哼唱，是什么？

生：是燕子归来。

师：我觉得可以改成，是春天里低飞的燕子。

生：安静的哼唱，是潺潺的溪流。

师：很好！

生：安静的哼唱，是柔风细雨。

师：很好！

生：安静的哼唱，是蜻蜓的羽毛。

师：好的。刚才我们说的都是看到的形状，继续想一想，声音会不会有颜色？哪位同学能够用颜色来说说，生气的吼叫，是什么？安静的哼唱，是什么？选择一个。你说。

生：生气的吼叫，是红色的熔岩。

生：生气的吼叫，是黑色的乌云。

生：生气的吼叫，是红红的火焰。

生：生气的吼叫，是白色的闪电。

生：安静的哼唱，是冰山。

师：颜色呢？

生：冰山是白色的。

师：哦，把颜色涵盖在里面了。安静的哼唱，除了白色以外，还有什么颜色？

生：安静的哼唱，蓝色调子。

师：好。蓝色的。

生：安静的哼唱，是充沛的阳光。

生：安静的哼唱，是淡蓝的河流。

生：安静的哼唱，是洁白的云彩。

生：安静的哼唱，是火红的太阳。

师：火红的太阳？那肯定是春天清晨的那个，而不是夏天中午的那个。

生：安静的哼唱，是彩虹。

师：嗯。彩虹是七彩的，颜色在里面。

生：安静的哼唱，是蔚蓝的天空。

师：同学们说得非常好。刚才我们说过，声音是可以看到的，这是视觉。声音也许还可能？

生：闻到。

师：从嗅觉闻到。还可能清楚地摸到，这是触觉。还可能？

生：还可能尝到。

师：还有味道。

生：应该还可以感觉到。

师：也就是可以有温度，是不是？声音也可能有温度，有味觉，有嗅觉，有触觉，等等等等。下面来看几首诗，我们来评选一个最特别的声音。

这时，教师将印有六首诗的阅读材料发给学生。

【要点评议】

这里，我们暂时跳出关于教学内容和教学环节的直接讨论。

前面那些"（投影仪上）"的内容，在课堂实录中被不惜笔墨地呈现出来，就是为了和这里"（这时，教师将印有六首诗的阅读材料发给学生）"结合起来，说说语文教师对阅读材料的教学处理能力。通常括号中的内容没有实质意义，只是对教学现场情况的补充或说明，不需要我们格外注意。

而我们所说的对阅读材料的教学处理能力，其中"阅读材料"一般而言是指教材，是学生在课前能够阅读到的材料。这里的阅读材料是教师自编的，学生提前阅读的可能性很小，因此给了教师对阅读材料更大的处理空间，或者说对教师提出了额外的要求。什么时候出示一个语句？该出示哪个语句？什么时候出示一个语段？出示的不同顺序或者不同语段，都可能使教学内容、教学目标发生转向。

我们发现，教师对阅读材料的处理方式，其背后隐含着教师的语文学科课程理念。上海师范大学吴忠豪教授将"教课文"和"教语文"进行区别，语文教学中也盛行着"用课文教"还是"教课文"的讨论。教师对这些语文学科课程理论问题的思考，才是制约教师处理阅读材料能力的关键因素。

六、交流读诗的感受

师：交流一下，你觉得，最特别的声音在哪一首里面？

生：我觉得，最特别的声音在《声音的味道》里面。（学生读这首诗）

师：你觉得这首诗哪里最特别？

生：最特别的是"你的声音，从电话里传来"这一小节。

师：这一小节里有很多的味道。声音的味道是最丰富的。你觉得这是谁的声音？

生：我觉得，这是圣诞老人的声音。

师：其他同学也说一说。

生：我觉得是爸爸的声音。

生：我觉得是同学的声音。因为只有同学的声音，听起来才那么地好玩。

师：那肯定是你的好朋友。

生：我觉得是您的声音。

师：谢谢你。那我一定要抽空给你打个电话。

生：我觉得是外卖的声音。

师：哦？因为有巧克力，有面包，有饼干，所以你感觉是打电话订餐了。还有同学觉得其他的诗也特别吗？

生：我觉得第六首诗《这一夜》很特别。

师：这首诗让你想到了哪首诗？

生：《枫桥夜泊》。

师：这首诗里面的声音特别在哪里？

生：声音，我们是可以听到，却看不到的。而在这里，声音还可以"撞"，"撞"那个书生。

师：也就是说，声音也有重量，是吗？"撞了"，你觉得，读的时候应该重重地读，还是轻轻地读？

生：我觉得是重读。

师：你来读吧。（生读，"撞"读得重）

师：有没有同学觉得应该轻轻地读？（另一生读，"撞"读得轻了一些）

师：轻轻的感觉没有读出来。谁能读出轻轻的感觉？很轻很轻地一碰。（再一生读，"撞"读得又轻了一些）

师：还有点重，再读一遍。（生再读。"撞"读得又轻了一些）

【要点提炼】"看到"，从形状，延展到颜色；从"看到"，延展到"闻到"，到"嗅到"，到"触觉"，到"重量"，是对"通感"这一知识体验的不断丰厚。

师：再读一遍，不要拖。（生再读。"撞"读得轻）

师：重"撞"和轻"撞"感觉是不一样的。你们自己读读看，哪种感觉更有味道？你可以选择你认为最好的方式。

师：还有第四首诗《雪花是冬日的偏旁》。（师读）

这个声音是怎样的？你说。

生：我觉得有点寂寞。

师："缺斤短两"这个声音有什么？（生答：有重量）这里面其实也是描述了一幅场景，你所看到、听到的场景，是怎样的？请你用简洁的语言说一说。

生：冬天没有下雪，草木都枯了，角落里到处都显得很旧，有一点孤独凄凉的感觉，作者僵硬的表情，听到鸟儿的叫声，也觉得缺斤短两。

师：鸟儿的叫声，应该是怎样？

生：应该是断断续续的。

补充：科学松鼠会.当彩色的声音尝起来是甜的[M].上海：上海三联书店,2009.

师：只是偶尔地来那么一声，这就是缺斤短两。有意思吧？

刚才我们读了那么多诗，看到了声音的形状、颜色，谈到了它的味道，感受到了它的温度，它的重量。非常有意思，给大家推荐一本科普书，题目就叫《当彩色的声音尝起来是甜的》。

七、作业：尝试创作

师：下面，我们也来试着创造我们的声音，看看声音的动作、形状、色彩、触觉、滋味、重量、温度是怎样的。我给大家听几段音乐，把你们听到的化作看到的，或者是别的感觉。（教师播放一段女高音的歌曲）再听一个。（教师又播放了一段重金属的音乐）如果对这些都没有感觉，你还可以听摇篮曲。

想一想刚才听到的一些声音，试一试将听觉化作视觉，或者化作嗅觉，化作味觉，化作触觉。

今天这堂课就到这里。（下课铃响）下课。

问题研讨

这一课例中的阅读材料，虽然不是传统教学中的课文，但我们依然可以讨论关于阅读教学的问题。在讲座中,我们知道阅读的关键是关键语词。由于文本类型的不同,关键语词也不同。因此,阅读教学设计的关键就是抓住关键语词。这是从教学内容确定的角度。

如果从教学设计本身的角度,阅读教学设计的关键,是在关键语词上"大"做文章。其重点在于"大"做文章。

本课例中的阅读材料是周益民老师根据教学内容的主题进行的选择和组合,反而从研究的角度上,降低了我们判断、确认关键语词的难度。当然,能够通过主题清晰地呈现出教学内容,这其中的功力肯定是要非常丰厚的。由此可见周益民老师作为特级教师非同一般的教学能力,关于这一点在此不做展开。

选择本课例用来讨论,恰恰是因为它能够让我们撇开语文教学内容的问题,清晰而单纯地讨论阅读教学设计的问题,讨论这堂课是如何在关键语词上"大"做文章的。

其实,只要我们梳理一下教学活动,这一点就可以很明显地表现出来。

活动	教师的行为	学生的状态
根据动词猜	① 猜是什么挂满了教室 ② 什么东西能够串在走廊上 ③ 又是什么能够跳下梯级 ④ 想不想看看谜底 ⑤ 你们怎么一点也不惊讶?想象一下,谁来描绘一下,这首诗是怎样的情节 ⑥ 这首诗,很有意思吧!它把我们听到的声音变成了我们看到的	① 黑板、灯、灯笼、电风扇、画 ② 水、栏杆、电灯 ③ 同学的心、青蛙 ④ 学生读诗 ⑤ 学生描述(略)

我们将第一个活动中教师和学生的行为巨细无遗地罗列出来,目的是能够描画出教师和学生这两条线,以及这两条线的走向。在第一个活动中,教师出示了三个语句让学生猜,从此时学生的答案,可以判断出学生的"猜"是根据语句中的某些信息,依照自己真实的生活经验进行的逻辑推理。学生的想法是"黑板是可以挂在教室里的","灯挂在教室上","灯笼是可以挂在教室里的","电风扇是可以挂在教室里的","画是可以挂在教室里的"。学生这种逻辑推理的"猜",与老师所希望的"对诗歌中的通感有体验"的"猜",其间的距离有十万八千里之遥。

我们再将第五个"说句子"活动中,学生的回答罗列出来。

生气的吼叫是老虎
生气的吼叫是猛虎野狼
生气的吼叫,是火山爆发
生气的吼叫,是惊涛骇浪
生气的吼叫,是一声鞭子
生气的吼叫,是冰山崩塌

安静的哼唱,是燕子归来
安静的哼唱,是潺潺的溪流
安静的哼唱,是柔风细雨
安静的哼唱,是蜻蜓的羽毛

生气的吼叫,是红色的熔岩
生气的吼叫,是黑色的乌云
生气的吼叫,是红红的火焰
生气的吼叫,是白色的闪电

安静的哼唱,是冰山
安静的哼唱,蓝色调子
安静的哼唱,是充沛的阳光
安静的哼唱,是淡蓝的河流
安静的哼唱,是洁白云彩
安静的哼唱,是火红太阳
安静的哼唱,是彩虹
安静的哼唱,是蔚蓝的天空

可以说,学生的"说句子"已经达到了教师所希望的"对诗歌中的通感有体验"的"说"。从十万八千里的距离到目标的达成,周益民老师是如何实现的?其关键就是在关键语词上"大"做文章。

所谓"大"做文章,在本课例中有两点含义:

第一,从不同侧面打开一个点。这堂课共设计了七个活动,"根据动词猜——猜动词——猜标题——猜语句——说句子——交流读诗的感受——作业:尝试创作",均聚焦一个内容,那就是对诗歌中通感的体验。

"从不同侧面打开一个点",包括两个层次,一是用不同的方式让学生达到"有所感受",二是不断突破学生对通感的体验。这一点,我们可以通过罗列教师的行为来验证。

(a) 用不同的方式让学生达到"有所感受"

◆ 猜是什么挂满了教室?什么东西能够串在走廊上?又是什么能够跳下梯级?想不想看看谜底?

◆ 想象一下,谁来描绘一下,这首诗是怎样的情节?

◆ 谁来填一个动词,使得听见的声音,可以看到?

◆ 你们有没有发现这首诗最特别的地方是什么?想一想,它用了这么多动词,使得这个笑声怎么样?

◆ 这回的"笑"是怎么样的笑?

◆ 结合刚才第一首,它们有什么相似的地方?发现了吗?两首诗都是写笑声,在写作上有什么相似的地方?

◆ "两首诗好像都让我们看见了笑声的样子",你这句话特别关键,再说一遍。

◆ 同学们想一想,两个呼噜噜,串成什么?

(b) 不断突破学生对通感的体验

◆ 你考虑到了声音的特点,呼噜噜的"噜",和欢乐屋的"屋",读起来朗朗上口。

◆ 他是从声音的角度比较。从形象的角度,再来比较一下。

◆ 从形象来看,打呼噜跟糖葫芦有什么相似,谁来说一说?

◆ 让听到的声音也能看到,试着说一说,生气的吼叫声是什么?继续试着说一说,安静的哼唱,是什么?

◆ 刚才我们说的都是看到的形状。继续想一想,声音会不会有颜色?哪位同学能够用颜色来说说,生气的吼叫声是什么?安静的哼唱,是什么?

◆ 刚才我们说过,声音是可以看到的,这是视觉。声音也许还可能?

◆ 从嗅觉,可以闻到。还可能清楚地摸到,这是触觉。还可能?

◆ 还有味道,还有吗?

- ◆ 声音也可能有<u>温度</u>,有<u>味觉</u>,有嗅觉,有<u>触觉</u>等等。
- ◆ 声音的味道是最丰富的。你觉得,这是谁的声音?
- ◆ 也就是说,声音也有<u>重量</u>,是吗?

第二,为学生的辨认和体验提供多种场景。

(a) 在多种场景中拨正学生的辨认

学生的成长不是线性的,对知识的辨认和体验,会呈现出迂回反复的状态。

我们看到,即便是到了第五个活动中,学生仍然会出现这样那样的问题。周益民老师依然不放松对学生的纠正。

师: 试着说说,生气的吼叫声是什么?看你说的能不能让我们看到?

生: 是猛兽的咆哮。

师: 那还是能听到的,要说看到的。

生(改为): 生气的吼叫是老虎。

(b) 变换场景触发学生体验

周益民老师让学生感受到"声音也可能有温度,有味觉,有嗅觉,有触觉"等不同感觉。此外,还设计了一个直接跟学生聊"声音感觉"的活动。

师: 声音的味道是最丰富的。你觉得,这是谁的声音?

生: 我觉得,这是圣诞老人的声音。

生: 我觉得是爸爸的声音。

生: 我觉得是同学的声音。因为只有同学的声音,听起来才那么地好玩。

生: 我觉得是您的声音。

生: 我觉得是外卖的声音。

"声音的味道是丰富的。你觉得,这是谁的声音?"这一问,引导学生回归到自己的生活。在日常生活中,那些爸爸的声音、老师的声音、同伴的声音、外卖的声音,学生习以为常,毫无新奇的感受,但是,在味道的场境下,触发了学生对习以为常的爸爸、老师、同伴、外卖的声音感受。这才是诗歌的逻辑。这才是诗歌中通感的逻辑。不同生活经验的学生、不同性格特征的学生,共同体验到了诗歌的逻辑。

到这里,我们有必要回顾一下主题讲座。《阅读教学研究的新进展》告诉我们:"阅读教学的基本原理是寻找课文与学生之间的落差"。《教学内容的选择与教学环节的组织》告诉我们:"教学内容的确定和教学环节的组织,简而言之:研体式,定终点;研学情,定起点;中间搭上两三个台阶。"因此,所谓阅读教学设计的关键,就是思考如何在落差上搭设台阶的问题。解决在落差上搭设台阶的问题,就是要在关键语词上"大"做文章。

用这一课例讨论阅读教学设计的问题,到此已经可以结束了。但关于这一课例的讨论,必须再往前走一步。对学生而言,会想象,能够创作,从来都不是一件平地而起的事情。从教学上讲,让学生学会想象,让学生学会创作和创造,也从来都不可能凭口头上的指令就能够达成。其背后不仅要有相应的语文学科知识作为基础和根据,更重要的是,教学中教师要先学会进行大量细致的、精巧的设计,搭设台阶,让学生从没有感觉到一步一步地迈向有灵感的创作尝试。这堂课给了我们这一重要提醒。

资源链接

1. 周益民.儿童的阅读与为了儿童的阅读[M].长春:长春出版社,2009.
2. 周益民.周益民讲语文[M].北京:语文出版社,2009.
3. 周益民.回到话语之乡:周益民的"另类课堂"[M].上海:上海教育出版社,2012.

后续学习活动

在小学语文课程教学领域的探索道路上,从最初的班级读书会,到近年来将自己课堂的触角延伸到民间文学上,开发出一系列课例,如颠倒歌、绕口令等,周益民老师总是能开辟出新的领地。

周益民老师将自己在民间文学上的探索称之为"另类课堂"。阅读以下材料,谈一谈你对周益民"另类课堂"的认识。

我们通常将语言理解为交流工具,这自然有其重要的意义。如果没有语言这种交流媒介,没有共同的语法规则,如果社会话语是一种如诗歌那样不透明的媒介,充满隐喻、象征和歧义,那么社会生活中就不可能进行任何有效的协作,也难以彼此理解。

……

语言的理性功能,即其公共性与交流功能,注重的不是贯彻某一权力话语主体所表达的确定的真理,而是充分注重达成公共准则的合理前提,只有分析、论争性的语言,即表述怀疑、论证、反驳式的话语才具备这一理性功能。

  理性的、分析式的语言并不是全部,如果从公共生活领域来到个人的内在世界,面对个人的内心感受,自然也就会从语言的交流功能转移到语言的表现功能或诗化功能上。语文课本中的诗篇和一些"美文",应该就是注重表达主体感受和抒发情感的,据我有限的了解,周益民老师教学的热情与创新性恰恰就是集中在语言的诗化功能上。诗歌的语言既是对语言的突出,也是对语言的边界意识的强调。在内心生活、情感与感受领域,语言不再是透明的工具,书不尽言,言不尽意,甚至不可言传等语言体验都成为内心经验表述的一部分。让孩子们充分注意到语言的魅力,又注重经验与感知的"不可言传"性,渗透在周益民老师的教学中。也许,对不可言传的体验,将会对学生们的感受力进行启蒙——这也是对"成见"和固有观念的去蔽。尤其是周益民对一系列"颠倒歌"所做的课堂实践,深为符合孩子们自由嬉戏的天性,使他们得以自由地参与到快乐的话语实践中来。作为一个中小学教师,他肯定不止一次地听说过孩子们课下自己编排的那些看似没有什么确定意义的"你拍一,我拍一,马兰开花二十一"之类的"童谣",还有孩子们经常恣意窜改的"诗歌"。童谣、儿歌,是孩子们最初的自由运用语言的自主实践。在童谣和颠倒歌里,语言不是表达客观事实的工具,而是表达着"语言的欢乐",表达着依赖语言而存在的自由嬉戏精神,同时,也深刻地传达出自由的想象力,传递着他们的世界将以人的意志为转移的意愿。"颠倒歌"表达的是人们心中的意愿。弱小的孩子们是那么容易体会"颠倒歌"的快乐,伴随着孩子们的阵阵笑声,是天性的唤醒。人的意愿就根植于话语的自由表达之中。通常的语言用法都只是聚焦于作为交流工具的语言,或者作为"思想的外壳"这样陈腐的见解,而周益民老师的诗教却旨在唤醒孩子们对语言自身的感知,唤醒孩子们对话语的虚构力量的认识,借以唤醒他们心中对世界的想象力与感受力,唤醒某种来自语言深处的欢乐感与节日感。

  (摘自:耿占春:《人是一种来自于语言的造物》,见周益民:《回到话语之乡:周益民"另类课堂"》)

我的认识:
_____
_____
_____
_____

教师教学改善的关键迹象
——《陋室铭》课堂教学研讨

课例导读

为什么要选择这个课例？

教师发展的研究表明，教师的专业发展和其自身的教学改进，并不是单向的直线前进，而是反复、迂回的艰难过程。在这一过程中，理念的认知往往比较容易更新，而教学行为却难逃以往经验惯性的隐性禁锢。这就导致了教师课堂教学行为背后的教学意图是对的、错的、清晰的、含混的互相杂糅。

本课例就是这一现象的典型样本。

> 根据收集到的课例，《陋室铭》主要的教学内容有：①学习托物言志的写作技巧；②了解本文的押韵；③了解"铭"这种文体的特征；④体会作者安贫乐道的生活情趣；⑤背诵全文。

教学实录

教学环节一：读课文，学习语言特色

活动1：故事导入

师：同学们，先来看这样一个故事。这个故事的结局就在今天要学的这篇课文里。

唐朝有位著名的诗人,因参加过当时的政治革新运动而得罪了权贵,被贬至安徽和州县当一名小小的通判。按规定,通判应在县衙里住三间三厢的房子。可和州知县看人下菜碟,对这位被贬的诗人故意刁难。先是安排他住在城南,面江而居。这位诗人不但没有埋怨,反而还撰写了一副对联贴于房门口:"面对大江观白帆,身在和州思争辩。"这个举动可气坏了知县,于是他将这位诗人的住所由城南调到城北,并把房屋从三间缩小到一间半。新宅临河,杨柳依依,这位诗人触景生情,又写了一幅对联:"杨柳青青江水边,人在历阳心在京。"知县见他仍悠然自得,又把他的住房再度调到城中,而且只给他一间仅能容下一床一桌一椅的房间。半年的时光,搬了三次家,这位诗人想,这也实在太不像话了,想作弄我,你要我愁,我偏乐,于是……

【要点评议】

　　这则故事实际上是对这篇文章写作背景的揭示。"铭"这种文体,是古人刻在器物上警诫自己或称述功德的文章,也就是说,是作者在特定时间地点对特定事件的有感而发。

　　教师以此故事导入教学,链接起文章与特定的情境,将学生放置在情境中理解文章内容,体验作者情感。

活动2:读通顺

教师组织学生多种形式朗读,散读——齐读——点名读,要求读通顺,注意音准、节奏、停顿、重读、语调和感情。

活动3:散读翻译

学生借助注释自主翻译课文,提出有困难的语句。师生交流。

生1:草色入帘青,"入"是什么意思?

生2:映入。

师:这一句怎么翻译?

生2:苔藓长在台阶上,青草的颜色映入眼帘。

生3："谈笑有鸿儒，往来无白丁"，不理解。

生4：这个陋室里谈话往来的人是学识渊博的人。

师3："白丁"在这里的意思是什么？

生4：没有学问的人。

师：他的翻译意思已经对了。到这个陋室来谈话交往的都是鸿儒。鸿儒是什么人？博学的人，知识渊博的人。交往的人里面都没有什么人？没有白丁。交往的人都是有学问的人。

师：无丝竹之乱耳，无案牍之劳形。其中，"之"的用法，同学们知道吗？对，没有什么意义。那"乱耳"和"丝竹"什么意思？大家说一说，你认为能扰乱耳朵的声音是什么？

生6：是生活喧嚣。

师：你觉得这个音乐里有生活的喧嚣。音乐不是能陶冶情操吗？哦，这里是歌舞升平之类的音乐，而周围的环境是比较清静的。"劳形"呢？对，翻译成劳累。

师：我提一个问题，"斯是陋室，惟吾德馨"里的"斯"是什么意思？

生：这。

师：很好。那"馨"是什么意思？

生：品德高尚。

师：这句话的意思是，这是简陋的屋子，而我的品德高尚。有没有觉得这句话意思没有说完，后面可以补充什么？前面说到，山不在高，有仙则名；水不在深，有龙则灵。因此，这句话的意思是说，虽然是简陋的屋子，但是因为我的品德好，于是也就感觉不到简陋了。"不感觉简陋了"，我们翻译的时候要补充出来。同学们注意翻译时要把那些省略的内容补充完整。

【反思】

文言文教学，教师要求逐字逐句翻译，主要是为考试，还是为扫清理解障碍？

_____

_____

活动4：齐读,感受朗朗上口的特点

学生齐读,感受课文朗朗上口的特点。教师提醒学生找到课文的韵脚,同时注意课文中的对仗和对偶的形式。

结论：本文具有音韵和谐之美,并且对仗、对偶,因此节奏明快,有整齐匀称之美。

活动5：再次齐读,感受课文的语言特色

教学环节二：分析作者的情怀

活动6：讨论课文是写陋,还是不陋

师：A同学和B同学在学习过程中,各执己见。A同学说文章仅仅围绕题目来,陋室之陋,B同学说,觉得作者表面上写陋室之陋,实际上是写陋室不陋。你赞同A同学的观点,还是B同学的观点?用文中的句子具体说明你的理由。

生：写的是不陋。"草色入帘青",这对古代人来说,环境还是很清幽的。还有一点,"谈笑有鸿儒,往来无白丁",也说明陋室不陋。

师：是的。无论是古代,还是现代,从居住环境来说,"陋室"都是清幽的,生机盎然的。"草色入帘青",也能够感觉出作者对所谓的陋室充满喜悦和喜爱之情。"谈笑有鸿儒,往来无白丁",点明了与作者交往的都是儒雅的、有学问的人。他们的交往"可以调素琴,阅金经。无丝竹之乱耳,无案牍之劳形",可以看出作者的生活非常丰富。作者在写这句话的时候充满了一种什么情感?很好。自豪。来这里的都是博学的人,这里的活动都是高雅的,因此,作者充满了自豪的感情。还有吗?"可以调素琴,阅金经"。这叫生活的——?生活的情趣,生活情趣也是高雅的。

我们从这几个角度来理解陋室不陋。"斯是陋室,惟吾德馨。"不陋的根本原因是作者的品德高尚。"斯是陋室,惟吾德馨",这是文章的——?对,中心句。

结论：《陋室铭》从居住环境、交往的人、生活情趣三个方面,写陋室不陋。"斯是陋室,惟吾德馨"是课文的中心句。

活动7：讨论,理解作者的情怀

师：同学们,思考一下,作者为什么要提诸葛亮、杨雄、孔子等人?诸葛亮、杨雄、孔子都是什么人?

生11：他们都是后世的典范。

师：对。孔子曰：君子居之,何陋之有?"君子"是指什么人?

生12：淡泊的人,品德高尚的人。

师：诸葛亮、杨雄、孔子这些淡泊名利的人,坚持自己的梦想和追求。作者提到这些人物是要告诉大家,"我"是不顾名利的、安贫乐道的人。诸葛亮和杨雄因为品德高尚,其南阳草庐和成都宅第就显得不陋。何陋之有,对吧?"我"的屋子也不会是陋室。所以这就是这篇文章当中内容最精华的部分。它不仅具有外在的美,我们还要看到它的内在美。文章最终表达的是作者淡泊的一种情怀,这是生活当中很有价值的东西。希望大家都保持这样的情怀来努力追求你的梦想。"何陋之有",带有一种?

生 13:自豪。

师:自豪,有一种坚定的感觉。何陋之有!其中是坚定、自信的情感和语气。

结论:作者自比先贤,以淡泊名利、安贫乐道自勉。这种高尚情怀是从古至今文人的一贯追求。

【要点评议】

这里,对环节一和环节二的教学意图进行分析。

环节一,前3个活动要求学生读通顺、翻译,其意图是疏通文言,理解大意。活动4和活动5,通过读的方式,让学生体会课文语言形式上的美,具体是音韵美和匀称美。

环节二,活动6和活动7,让学生讨论两个问题,其意图是理解课文的主旨,以及作者的情怀。

通过以上的梳理,可以看出教师确定的教学内容:第一,解决学生文言字词理解的困难;第二,关注语言的形式特点;第三,理解课文的主旨和作者的情怀。这样的教学内容,看起来既体现出了课文的文言特点,也深入到了课文的语言形式和内容。

但是,教学内容之间是什么关系呢?本课例中三个教学内容相对独立,这合适吗?

教学环节三:体验作者情感,讲解"铭"的特征

活动8:读出作者的情感

师:"孔子曰:何陋之有"是一种什么语气?

生 16:自信。

生 17：坚定。

生 18：不容辩驳的语气。

师：很好。这句话里有一种坚定感，作者感到很喜悦、很自豪。现在我们读一遍，<u>读出这种情感</u>。酝酿一下。好，预备齐。

学生齐读全篇（坚定的语气）。

师：还记得课堂开始时那个故事吗？故事的结尾就是刘禹锡提笔写下了这篇情趣高雅、超凡脱俗的《陋室铭》。

师：注意，<u>怒气冲冲的知县前来兴师问罪</u>，刘禹锡大声读起了《陋室铭》。

学生齐读全篇（喜悦的语气）。

师：<u>作为鸿儒，然后慢条斯理地读</u>。

学生齐读全篇（自信的语气）。

师：我们再来读一遍，来，更投入一点。<u>假如你就是刘禹锡，可以试着摇头晃脑一下</u>。

学生齐读全篇（不容辩驳的语气）。

【要点评议】

这里，教师设计了四次读的活动。

① 讨论"孔子曰：何陋之有"的语气，然后让学生带着这种语气读。

② 面对怒气冲冲前来兴师问罪的知县，读。

③ 身为鸿儒，慢条斯理地读。

④ 假如你是刘禹锡，试着摇头晃脑地读。

语文课程标准提出，学生能够"正确流利有感情地朗读"。下面，通过分析这四次读的活动设计，我们可以对"有感情地朗读"进行阐释。

第一，"有感情地朗读"中的"有感情"不是抽象的。

不同文本，情感也不同。所谓"有感情"是指具体情境中的特定的情感。因此，"有感情地朗读"与具体情境、与特定的情感密不可分。

第二，"读"可以是有感情的表达，也可以是体会感情的方法。

讨论"何陋之有"的语气，然后带着特定的语气读。这种"读"，学生先知道情感是什么，"读出"这种情感是教师追求的结果。"读"是目的。教师设定三个不同的情境——面对知县，身为鸿儒，如果你是刘禹锡，这三次"读"是学

> 生情感体验的过程,"读"是方法。
> 在具体教学中,"读"可能是目的,也可能是形式。

活动9:讲解"铭"的特征

教师向学生出示"铭"的文体特征:古代用来警示自己的文章,具有诗的特性。

活动10:散读,体会感情

师: 假设读给知县,想象一下,刘禹锡会有什么表情?该如何读?

学生各自散读,体会作者的表情和情感。

> 【要点评议】
> 刘禹锡与知县的故事,如果只出现在导入环节,其教学功能就停滞在对学生兴趣的引发上。在体会情感的过程中,再次被提及,故事就演变成了学生身处其境体验情感的教学情境。

活动11:尝试背诵

学生再次自由读,教师提出的要求是感受外表与内涵兼具的刘禹锡。之后,让学生尝试齐声背诵。教师的结束语是,刘禹锡《陋室铭》体现出的高尚情操永远留在人间。

问题研讨

选择本课例,是要揭示当前语文教师在教学改善过程中的一个凸显现象——教师的意图和教学活动设计之间的背离。根据研究,这种现象是教师专业发展的重要迹象,以及教学改善深层推进的瓶颈。

一、教师想教好的努力

本课例中,教师有明显意图想要教的内容有两个。第一,言语形式上的特点;第二,作者刘禹锡的德馨情怀。它们确实是这篇课文主要的教学内容。教师选择的也是文言文教学中常用的教学方法——读。

1. 文言文教学强调多读

文言文教学强调多读，学生当堂能够达到背诵，这是文言文教学长期积累的宝贵经验。对此，语文课程标准中也有明确要求。《全日制义务教育语文课程标准（实验稿）》初中学段对阅读的要求是："浅易文言文，能借助注释和工具书理解基本内容。背诵优秀诗文 80 篇。"实施建议部分中关于阅读的要求是："各个学段的阅读教学都要重视朗读和默读。加强对阅读方法的指导，让学生逐步学会精读、略读和浏览。有些诗文还应要求学生诵读，以利于积累、体验、培养语感。"不仅如此，语文课程总目标中也提出，"认识中华文化的丰厚博大，吸收民族文化智慧"。①

文言是中国传统文化的载体。同时，"文言有一套相当严格的词汇、语法系统。文言与现代汉语的差异主要表现在词汇和语法方面"。② 在文言文教学中重视朗读、默读、诵读等，有利于积累、体验、培养语感。

本课例中，教师使用的最多方法就是读。不同教学环节的"读"，教师的教学意图都不同。

教学环节一，用"读"理解课文。这里的"理解"，包括：①初步熟悉课文；②发现文言理解障碍；③检查理解障碍的解决情况；④发现课文在音韵上的特点；⑤感受课文的音韵美。

教学环节三，用"读"体验作者的情感。这一环节中教师设计了多个"读"的活动。或者提出要求，"要读出其中作者的情感"；或者设计情感体验的情境，"怒气冲冲的知县前来兴师问罪，刘禹锡大声读起了《陋室铭》"、"作为鸿儒，慢条斯理地读一读"、"假如你是刘禹锡，可以试着摇头晃脑一下"；或者用"读"表现体验的过程和结果，"假设读给知县，该如何读？体会应读出什么感情、是什么表情"、"自由读，感受内外兼修的刘禹锡"。

本课例中，教师在文言文的教学中强调多读——多种形式以及多种教学意图。

2. 关注文本的体式特征

教学中关注文本的体式特征，就是关注文本的形式问题。文体作为文学形式的问题，绝不是小问题。首先，文学作品的内容，不能独立于形式，而是应贯穿、融解于

---

① 中华人民共和国教育部.全日制义务教育语文课程标准（实验稿）[M].北京：北京师范大学出版社，2003：7,10,2.
② 张中行.文言和白话[M].北京：中华书局，2007：16.

特定的形式中。内容是表现在形式中的内容,形式是表现着内容的形式。其次,文学作品中内容与形式之间存在着一种双向逆反的相互征服的运动。根据童庆炳的研究,文体是指一定的话语秩序所形成的文本体式。从表层看,文体是作品的语言秩序、语言体式;从里层看,文体负载着社会的文化精神和作家、批评家的个体的人格内涵。①

总之,文体的问题既是作品形式的问题,同时也是关涉作品内容的问题。从心理学的角度解释,文学作品引起读者的情绪,一方面是由内容引起的,另一方面则是由形式引起的。

在课例中,教师对文本语言特征有所关注,比如,让学生注意到押韵、句式和结构上对仗、对偶的手法;让学生读一读,感受课文朗朗上口的特点。教师还让学生关注"铭"这种体裁的特点:用来警示自己,带有诗的特征。

3. 引导学生理解作者德馨情怀

本课例中,教师设计了三个活动引导学生"理解"。

第一个活动,外部的故事导入。这一故事在教学中的功用可以分两层,第一层较为明显,交代《陋室铭》的写作背景;第二层为学生解读文中作者德馨情怀提供"矛盾处"②。

从故事中可以看出,作者当时的客观境况是,原本应住在县衙,现在却被安排到城南,面江而居。在作者眼中这一境况却是,"面对大江观白帆,身在和州思争辩"。作为正常人的知县,正常的反应当然是"气坏了"。于是,作者身处的境况变为,被调到城北,房屋从三间缩小到一间半。而作者眼中的境况却又是,"杨柳青青江水边,人在历阳心在京"。知县见他仍悠然自得,不能理解,第三次改变作者的境况,调到城中,只给一间仅能容下一床一桌一椅的房间。半年时间,三次被迫搬家。与这样动荡漂泊的境遇形成鲜明对比的,是作者乐观豁达的反应,从"面对大江观白帆",到"杨柳依依江水边",再到《陋室铭》中的"斯是陋室,惟吾德馨"。故事中,作者的客观境况与其反应的巨大反差,为理解文本深层的作者人格情怀提供了很好的"矛盾处"。

---

① 童庆炳. 童庆炳谈文体创造[M]. 开封:河南大学出版社,2008:17,88,89.
② 孙绍振认为,解读文本方法就是要发现文本中的"矛盾处",然后进行还原和比较。具体参考:孙绍振. 名著细读[M]. 上海:上海教育出版社,2006. 孙绍振. 孙绍振如是解读作品[M]. 福州:福建教育出版社,2007.

第二个活动是教学环节二的活动6,即让学生讨论《陋室铭》写的是陋还是不陋,并用文中的句子说明理由。这是对课文进行内容分析。通过讨论,结论是,课文是从居住环境、交往的人、生活情趣三个方面来表现《陋室铭》写的是陋室不陋。"惟吾德馨",是课文的中心句。

第三个活动是教学环节三中的活动8和活动10。通过揣摩不同情境下"读"的态度和语气,理解作者的情怀;也通过"读",表现出学生对作者情怀的理解。

第一个活动,让学生看到作者的现实境遇;第二个活动,让学生看到作者眼中的自身境遇;第三个活动,学生读出自己的理解。可以说,在"理解"作者情怀这一教学内容上,三个活动形成了层阶,推进着学生的认识。

二、与意图相悖的活动设计

1. 读与理解、感悟意图的实现

将本课例中的活动整理为表格,标注其中"读"的活动。(见表1)可见,这堂课主要的教学活动是"读"。

表1　课例中的教学活动设计

环节一	活动1:故事导入 √ 活动2:读通顺 √ 活动3:散读翻译 √ 活动4:齐读,感受朗朗上口的特点 √ 活动5:再次齐读,感受课文的语言特色
环节二	活动6:讨论课文是写陋,还是不陋 活动7:讨论,理解作者的情怀
环节三	√ 活动8:读出作者的情感 活动9:讲解"铭"的特征 √ 活动10:散读,体会感情 √ 活动11:尝试背诵

以上"读"的活动,根据设计的要点,可以分为:

类型一:增加数次

活动2读通顺,是这种类型的设计。

教师组织学生多种形式朗读,散读——齐读——点名读,要求读通顺。

学生借助注释，通过多次读就可以自然达到读通顺的要求。教师"散读——齐读——点名读"的设计，其要点是增加学生读的数次。

类型二：提供支架

活动8读出作者的情感，是这种类型的设计。

➢ "何陋之有"是什么语气？读出这种语气。
➢ 怒气冲冲的知县前来兴师问罪，刘禹锡大声读起了《陋室铭》。
➢ 作为鸿儒，慢条斯理地读一读。
➢ 假如你是刘禹锡，可以试着摇头晃脑地读一下。
➢ 假设读给知县，应该是什么表情，应该怎么读？

这类"读"活动的设计，其要点不在数次的增加。因为学生通过多次读也很难自然地达成体验情感的目标。本课例中，学生是在教师设置的特定情境中，以特定的身份"读"，才达成了体验作者情感的目标。"何陋之有"是什么语气？怒气冲冲的知县前来兴师问罪；作为鸿儒；假如你是刘禹锡；假设读给知县……这些就是教师设置的情境和设定的身份。其要点在于，为学生达成学习目标搭设了学习的支架。

针对通过增加读的数次学生也难以自行达成的那些目标，教学活动的要点在于对学习支架的设计，即如何读的设计。也就是说，在学生自读，"读书百遍，其义不能自现"的情况下，教师就必须在教学中设计学习支架——让学生"这样读"，实现学生体验和感受等目标。

以上，我们是将学生的"读"区分为"读书百遍，其义自现"和"读书百遍，其义不能自现"两种情况。"读书百遍，其义自现"的情况下，文本的阅读难度和教学的目标都在学生自主阅读能力范围之内，教师教学中设计的"读"，其功效就是促进学生的"读书百遍"。而"读书百遍，其义不能自现"的情况下，文本的阅读难度和教学的目标都在学生自主阅读能力范围之外，这时，教师教学中设计的"读"，其功效就不能停留在促进学生的"读书百遍"上。学生如何读才能使得"其义自现"，这就要求教师对"读"的设计必须起到为学生学习搭设支架的作用。

学生"读"的两种情况，实际上规定了教师活动设计的两种类型。

类型三：指令—结论

本课例中，活动4和活动5的设计属于"指令—结论"类型。我们对这两个活动进行如下描述。

教师的行为：	学生的行为：
让学生齐读	齐读
让学生找到课文的韵脚	找到课文的韵脚
让学生注意课文中对仗和对偶的形式	注意到课文对仗、对偶的形式
让学生注意音准、节奏、停顿、重读、语调和感情	

教师的结论：本文具有音韵和谐之美，并且对仗、对偶，使得节奏明快、整齐匀称

教师的意图：感受朗朗上口的特点，感受课文的语言特点

教师教学意图的落实，最终要体现在学生的行为和状态中，而不是教师的行为和结论上。于是，我们需要问：在这两个活动中，学生是达到"知道课文语言特点"的状态，还是能够实现"感受到课文的语言特点"的意图？

学生能够注意到课文对仗和对偶的形式，不等于就能够感受到这种形式的美；学生注意到节奏、停顿、重读、语调，不等于就能够感受到这种语言的特点。这里，教师需要设计教学活动以解决：学生怎样读节奏、停顿、重读语调和感情，才能够感受到本文的音韵美和匀称美？

主题学习工作坊《教学内容的选择与教学环节的组织》的讲座中提出，一节课，核心的教学环节以两到三个为宜，每个教学环节包括内容落点和学习方式两部分。内容落点，是指这一环节中教师的意图；学习方式，是指这一环节中学生的学习活动。其含义是，教学环节的设计，就是教师设计与其教学意图相匹配的学生的学习方式。

"指令—结论"型的活动最大的问题就在于，教学意图停留在教师的指令上，停留在教师的教学结论上。

研究表明，教学中有不同的"读"的学习活动。

在文言文教学中，"诵读"与"背诵"是有区别的学习活动。

诵读是心、眼、口、耳并用的一种学习方法，它可以让读者在感知言语声音、形态的同时，实现对文本的感悟理解。"诵读"的要义是"得他滋味"。"诵读"重在"味"，重在"玩"，"须是沉潜讽咏，玩味义理，咀嚼滋味，方有所益。"

"诵读"包含"背诵"，但能背出不等于"诵读"。"诵读"也不一定要延伸到"默

写出"。"诵读"与记背、默写有联系,但不完全是一回事。滋味索然,仅得其声音,得其字形,不是真正意义的"诵读"。①

以上的分析说明,教师要根据意图设计学生"读"的活动。要达成读通顺的目的,教师就要设计类似背诵的活动,其要点是增加读的数次。要达成体验感悟的目的,尤其在"读书百遍,其义不能自现"的情况下,教师就要设计类似诵读的活动,其要点是提供学习支架,帮助学生综合运用心、眼、口、耳,沉潜讽咏,感受声音、形态,玩味义理,咀嚼滋味。

"指令—结论"类型的教学活动,由于没有促进学生的理解和感悟进入"沉潜"、"玩味"和"咀嚼"的层面(深层次的理解和感受),而停留在教师的指令和结论上,这实际上落空了教师的教学意图。

2. 教学活动对教学内容的割裂

语文教学中常引用《文心雕龙》的语句:"夫缀文者情动而辞发,观文者披文以入情,沿波讨源,虽幽必显。"这句话的意思是,作者的创作是情动而辞发的过程;而读者的阅读须得"披文","沿波讨源",才能将"幽"的情感"显"出来。同理,在阅读教学中,"辞"是"波","情"是"源";"辞"是路径,"情"是目的;"辞"与"情"是不可分离的。教学活动是学生学习教学内容的方式。教学内容之间的彼此关联,实际上对教学活动的设计具有着规定性。也就是说,阅读教学中的教学活动设计,要遵循教学内容("辞"和"情"不可分离的关系)的特点。

在教学中,让学生在品味语言的过程中,深入理解课文的内容,而不是脱离文本语境讨论所描写对象的现实特征。这一点,语文教学理论与实践研究已经形成了普遍的共识。此前,我们曾经出现过偏离。比如,学习《百合花开》,就组织学生讨论百合花本身具有的精神;学习《荷塘月色》,就组织学生讨论荷花本身的美;学习《斑羚飞渡》,就组织学生讨论斑羚羊这种动物本身的特性,等等。近些年来,语文教学界提出"语文味"的概念,所反对的就是这种倾向,而指向强调在这篇文本"辞"的语境中所体现出的"情"。

那么,怎样的教学活动做到了"披文以入情"、"沿波讨源"? 而怎样的教学活动割裂了文本的"辞"与"情"?

---

① 王荣生,宋冬生主编. 语文学科知识与教学能力(初中)[M]. 北京:高等教育出版社,2011:208.

下面我们就来讨论这一问题。先摘录一则对这篇课文其中一句的鉴赏材料。

"苔痕上阶绿,草色入帘青"是写室内外之景,妙在精切地传达出了陋室的佳处,以诗的语言表现诗的意境。"痕"、"色"二字,变概念化的"苔"、"草"为可感、可视的具体形象。"上阶"、"入帘",化静为动,写出"苔"、"草"的神态,又将外景引入室内,为陋室增添了勃勃生机,洋溢一片盎然春意。而一"绿"一"青",色彩鲜明,更映衬出陋室的闲雅、清幽与别致。这两句为叙写陋室中的人和事创造了适宜的环境。[1]

"苔痕上阶绿,草色入帘青"是全文唯一一处的景物描写。鉴赏材料认为这一句"精切地传达出了陋室的佳处"。这句"佳处"何在?

> 形式主义文学理论认为,文学语言与日常语言不同。日常语言有表意功能;文学语言具有陌生化的特点,有美学功能。
> 参见:[美]韦勒克·沃伦.文学理论.刘象愚等译[M].南京:江苏教育出版社,2005.

这句话描写的是陋室里的"苔"、"草"。一间遍地青苔和野草的屋舍,在常人看来是十足的陋室,但在文中我们感受到的却是另一番景象。这另一番的景象呈现是作者以其独特的言语形式建立起来的。首先,作者对描写这两种景物的哪些方面有所取舍。关于苔青,作者描绘其痕;关于野草,作者紧扣其色。其次,作者表现青苔和野草的动态与鲜艳,以表现其生命的活力。鉴赏片段让读者品味"痕"、"色","上阶"、"入帘","绿"、"青"三组字词,体会这一语句中勾描出的"陋室"景象——经过作者眼光过滤的、赋予了作者情怀的、被塑造出来的主观化"陋室"。这一"陋室"只存在于文本世界中。

现在,我们对以上材料的鉴赏过程进行总结:对这一"写室内外之景"语句的鉴赏,是在三组字词意味的揣摩中感受作者构筑的意境般的"陋室"景象。因此,这三组字词是鉴赏这一句的关键。这三组字词,打破了读者对苔青、野草的原有认知经验,为读者创造了新的感受经验——"陋室"的环境是闲雅、清幽与别致的。

反观课例中的教学活动。

---

[1] 陈振鹏,章培恒主编.古文鉴赏辞典(上)[M].上海:上海辞书出版社,2014:967—969.

表2　教学内容与教学活动设计

环节一教学内容 读通课文,感受课文的语言特色	活动1:故事导入 活动2:读通顺 活动3:散读翻译 活动4:齐读,感受朗朗上口的特点 活动5:再次齐读,感受课文的语言特色
环节二教学内容 理解课文内容和作者的情怀	活动6:讨论课文是写陋,还是不陋 活动7:讨论,理解作者的情怀
环节三教学内容 了解课文的文体特征,体会作者感情	活动8:读出作者的情感 活动9:讲解"铭"的特征 活动10:散读,体会感情 活动11:尝试背诵

根据梳理,环节一的教学内容是语言特色的感受;环节二的教学内容是理解课文内容和作者的情怀;环节三的教学内容是了解课文的文体特征,体会作者感情。

本课例中的教学活动,从某种意义上说,也呈现出了相互关联的教学内容——品味语言、理解内容、体会情感。这一课例基本上能够反映目前的阅读教学的现状。大部分的语文教师教大部分的课文时,教学设计都分为这三个部分。

这样的教学设计在引导学生对课文的理解和感受上,与上面鉴赏材料引导读者鉴赏的过程,有区别吗?下面将鉴赏材料与本课例进行对比。

鉴赏材料	紧扣三组字词,让读者看出意境般陋室的景象 ➢ "痕"、"色",将概念化的"苔"、"草"可感、可视化 ➢ "上阶"、"入帘",化静为动,写出"苔"、"草"生机勃勃的神态 ➢ "绿"、"青",表现"苔"、"草"的色彩鲜明,映衬出陋室清幽
本课例的内容	环节一: 朗朗上口的特点;课文中有韵脚、对仗和对偶等语言形式 环节二: ➢ 课文从居住环境、交往对象、生活情趣三个角度,写陋室的不陋 ➢ "斯是陋室,惟吾德馨",是文章的中心句 ➢ 提到诸葛亮、杨雄、孔子,作者自比是淡泊名利、安贫乐道的人 环节三: ➢ 创设情境,读出作者的情感 ➢ 讲解"铭":古代用来警示自己的文章,具有诗的特性

本课例中的"品味语言"是指，感受课文朗朗上口的语言特点，包括课文有韵脚、对仗和对偶的语言形式等。"理解内容"是指，理解课文写的是陋室不陋、了解文章的中心句、理解作者自比先贤体现出的高尚情怀、了解"铭"的文体特征。"体会情感"是指，学生在教师创设的情境中能够读出自豪等语气。

　　比较发现，课例引导学生对课文的语言、内容、情感三个方面的理解和感受，没有聚焦；而鉴赏材料引导读者对语句的理解和感受也包括这三个方面，但这三个方面形成了聚焦，聚焦到语句中的三组字词上。

　　阅读教学，引导学生对课文语言、内容和情感的理解和感受，能否聚焦，本质上意味着学生学习阅读的两种不同状态。

　　阅读教学能够聚焦，学生是以明里探讨的方式学习阅读——揣摩关键字词的意味，看出文章的深层内涵和作者的情怀。

　　阅读教学没有聚焦，学生是以暗中摸索的方式学习阅读。从课文朗朗上口的特点，能看出课文写的是陋室不陋吗？能看出作者的高尚情怀吗？那么，如何能从"文"入"情"呢？阅读教学没有聚焦，语言、内容与情感的关联，只能停留在宏观理论的层面上。因此，学生的阅读，实际上依靠的是个人或深或浅的感悟方式来完成的。阅读教学并没有介入这一过程。

　　前面说过，语文教学理论与实践的研究已经形成了共识：阅读教学，要让学生在品味语言的过程中，走向对课文内容和作者情感的深入理解与感受。

　　讨论至此发现，这一共识需要进一步补充：阅读教学不是分别归纳课文的语言特点、文章的内容和作者的情感，而是要能够发现语言特点与课文理解、作者情感之间的"交涉点"。这样才能让学生以明里探讨的方式学习阅读——从哪些"辞"（关键字词）切入，能将文中幽藏的"情"显现出来。因此，教学内容之间是否聚焦，是判断教学活动是"披文以入情"、"沿波讨源"，还是割裂了"辞"、"情"关系的重要标准。

　　教学内容之间的聚焦点，其实就是教师引导学生走向高层次阅读的切入点。不同教师的教学可以有不同聚焦点的设计。比如，下面的课例就是选择课文内容的矛盾处作为教学内容的聚焦点。

　　"苔痕上阶绿，草色入帘青"，是隐居的环境；"无丝竹之乱耳，无案牍之劳形"，是隐居之人。但是，文章的开头是"山不在高，有仙则名；水不在深，有龙则灵"。一个把自己比成龙和仙的人会是真正的隐居者吗？由此看出，《陋室铭》中的场景是经过刘禹锡夸张的。城里的一间小屋,条件肯定很糟糕,来来往往的人可能不会那么高雅,环境也可能不会那么清幽,不过是由于刘禹锡的心很开阔、很宁静罢了。

刘禹锡是乐观豁达、富有生命力的。因此,《陋室铭》不是一个落魄文人郁郁不得志时的自我沉醉、自我安慰,而是一篇特殊的战斗檄文。官场的险恶、人情的冷暖并没有浇灭刘禹锡心中的战斗之火,他潇潇洒洒地提起笔,对炎凉世态、坎坷仕途作出了最昂扬、最诗意的回答。①

在上面的课例中,教师引导学生发现内容之间有矛盾——全文看似描述的是一个隐居者的隐居生活,但不知不觉地又流露出要有所作为的想法。从课文这些矛盾的地方可以看出,作者并非是安贫乐道、独善其身,而是乐观豁达。与其说《陋室铭》是作者自我警示的文章,不如说是面对险恶官场和人情冷暖的一篇战斗檄文。这一点为学生精准地理解作者的情怀和文体的特征提供了切入点。

总之,没有聚焦的教学活动割裂了教学内容之间的内在关联。

综上,本课例可以说明,教师专业发展是迂回反复的过程,教师的含混状态是专业发展过程中的关键迹象。这一含混状态,既包含教师想要教对的清晰意图,也包含教师往往会设计与意图相悖的教学活动。

资源链接

1. 李卫东.《陋室铭》教学实录[J].语文教学通讯,2003(3).
2. 王君.刘禹锡的心灵世界探幽——《陋室铭》《爱莲说》整合教学实录片段[J].语文建设,2008(6).

后续学习活动

任务1:你在专业成长的过程中,一定有过很多次的磨课经历。挑选其中记录较完整的一次,描述多次打磨的过程中教学内容或教学活动设计发生了怎样的改变。

---

① 王君.刘禹锡的心灵世界探幽——《陋室铭》《爱莲说》整合教学实录片段[J].语文建设,2008(6).

第一次打磨	教学内容： 教学活动设计：
第二次打磨	教学内容： 教学活动设计：
第三次打磨	教学内容： 教学活动设计：

任务2：对任务1的表格进行分析，记录教学改善过程中的一次次努力的意图与未能实现的冲突，体验教学改善过程中的艰难。

第一次打磨	
第二次打磨	
第三次打磨	

经典的细节魅力
——《孔乙己》课堂教学研讨

执教教师简介

黄厚江,江苏省语文特级教师,江苏省首席教授级中学高级教师。首倡的"本色语文"获江苏省首届基础教育成果特等奖。著有《语文课堂教学诊断》(江苏教育出版社)、《语文的原点——本色语文的主张和实践》(江苏教育出版社)、《享受语文课堂:黄厚江本色语文教学经典案例》(教育科学出版社)。

课例导读

《孔乙己》可以说是中学语文教材中的一篇传统经典篇目。经典作品,具有内涵的丰富性、实质上的创造性、时空的跨越性和无限的可读性[①]。经得起多角度的解读,也经得起细

根据余映潮老师的总结,《孔乙己》的教学可以从以下四个角度带动对全篇的整体赏析。角度一,作者通过手的描写来表现孔乙己的悲剧命运。角度二,课文对孔乙己的脸色进行了多角度的描写。角度三,孔乙己的"偷"。角度四:《孔乙己》中的"笑"。

也有的教师在教学中将《孔乙己》与吴敬梓《范进中举》进行比较阅读。或者将《孔乙己》置于鲁迅的小说集《呐喊》和《彷徨》的背景下进行比较阅读。

---

① 刘象愚.经典的解构与重建——经典、经典性与关于"经典"的论争[J].《中国比较文学》,2006(2).

节的推敲。

黄厚江老师执教的《孔乙己》，就指向表现人物性格特征的细节处。

热身活动

阅读本课例前，请完成：

鲁迅先生曾自己评价《孔乙己》：能于寥寥数页之中将社会对于苦人的冷淡，不慌不忙地描写出来，讽刺又不很显露，有大家的作风。

请结合你的解读，举例说明"不慌不忙""讽刺又不很显露"的含义。

_____

_____

_____

教学实录

一、关注孔乙己的"手"

师：鲁迅先生曾说过，要极省俭地画出一个人的特点，最好是画他的眼睛。根据你的阅读印象，《孔乙己》这篇小说写了人物的哪些方面？

> 鲁迅《我怎么做起小说来》(1933年3月5日)：
> 忘记是谁说的了，总之是，要极省俭的画出一个人的特点，最好是画他的眼睛。我以为这话是极对的，倘若画了全副的头发，即使细得逼真，也毫无意思。

生：脸。

师：脸，肖像描写。还有什么？

生：衣服。

生：动作。

生：语言。

师：对。还记得孔乙己的话吗？能说出一句来吗？

生："多乎哉，不多也。"

师：对。鲁迅先生写孔乙己的话，很有个性。还有吗？

生："君子固穷。"

师：嗯。刚才大家谈到了《孔乙己》中的肖像描写和语言描写。我的阅读感受是，作者别出心裁地花了很多笔墨去写孔乙己的"手"。现在我们来看看,鲁迅先生写了几次他的手。请大家一起到小说里去找一找,并划上标记。有想法的地方,也可以写上评点。

> 【要点评议】
>
> 　　教师提醒学生关注课文中写孔乙己"手"的部分。黄老师说,这部分"作者别出心裁地花了很多笔墨"。这是小说的读法。
>
> 　　小说不是故事,读小说也不是读故事。小说、人物、环境和情节等等都是作者精心构筑的。读小说,就是要读出作者的别出心裁,读出作者花费笔墨的心思。

生:第7小节,"孔乙己显出极高兴的样子,将两个指头的长指甲敲着柜台"。这里的"长指甲",可见他好久没有修了,写出了他的不修边幅。

师:好的。还有吗?

生:"伸开五指将碟子罩住。"

师:对。

生:"见他满手是泥,原来他便用这手走来的。"

师:这里强调"用手走",很重要。大家看一看,孔乙己第一次出场的时候,作者有没有写他的手啊?

学生沉默。

师:看来黄老师要带着同学们一起找了。第四小节,除了肖像和语言,还写了什么?喝酒的时候,别人嘲笑他,他是怎么拿钱的?

生:"便排出九文大钱。"

师:这个"排"字,不能放过。这也是写手的。除了这个,还有——

生:"摸出四文大钱。"

师:现在我们看看,作者主要从哪些方面写孔乙己的手?

生:动作和外形。

二、品析"手"的动作

板书:
　　排——敲——伸开——罩——摸——走

师：一是写外形，形状，一是写动作，以动作为主。写了哪些动作？再找一找，把动作加圈，觉得重要的动作加两个圈，特别重要的动作加三个圈。

你觉得这些动作哪一个最能表现人物的个性？

生："排"，表明他不欠账。

师：还表示什么？表示没偷，借以摆脱尴尬。其实这个"排"，和另一个动词联系起来表意就更丰富。哪个呢？

生："摸"，表现孔乙己没几个钱。

师：对，没钱，所以要"摸"。但是，要炫耀有钱，所以用"排"。等到用"摸"的时候，就表明更没钱了。对不对？

生：用了对比。

师：嗯，对比。除了有钱和没钱的对比，还有什么对比？从性格的角度，"排"可以看出自命清高，而"摸"可以看出自卑。对比中，让我们看清了人物个性。从其个性和性格来讲，哪个动作最形象？

【要点提炼】人物的动作，体现着人物的个性、性格以及命运。

生："罩"字，表现他吝啬，怕孩子们把豆吃光。

师：我们来看看，孔乙己是不是只有吝啬的一面？能否看到可贵的一面？他是不是很有钱？

生（齐）：没有钱。

师：孔乙己没钱，那他有没有给孩子们豆？哎，给了。是别人跟他要的，还是主动给的？对，是主动给的，可见他也有善良的一面。给豆的同时，有了炫耀学问的余地，这是他孩子气的一面。我们分析人物性格离不开具体的语境。如果更多关注命运，哪个动作最重要呢？

生："走"。

师：对，"走"。我们都是用脚走的，他为什么用"手"走？对，腿被打折了。我们不用"走"，用"爬"行不行？

生：不行。

师："爬"是手脚并用，所以不能用。你想，爬的时候，腰怎么样？对，弯曲。（随手画了幅简笔画，简洁而传神。众笑）让我们一起想象：命运如此悲惨的孔乙己还要喝酒，为了喝酒被打折了腿，两条腿不能动了，用两手"走"过来，这是一个畸形的动作，这是一个畸形的社会。

三、创作孔乙己的"手"

师：下面我们也和鲁迅先生一起来塑造孔乙己。你自己找一找小说里哪个地方还可以写手？要求找一处，写一句，表现孔乙己的性格特点，契合当时的环境。

生：教伙计写字时，他的长长的指甲在空中一划，但是，看到小伙计一脸不屑，又僵在了空中，然后无力地垂了下来。

师：嗯。你想表现他的什么个性？

生：热心，卖弄。

师：对。在人物第一次出场时，可不可以写手？

生：别人笑他时，他涨红了脸，手指在桌上胡乱地拨弄来拨弄去。

师：为什么他的手指要拨弄来拨弄去呢？

生：为了掩饰心中的不安。因为窃书，别人都嘲笑他。

师：不错。还有呢？

生：我补写的是最后一次到店喝酒时，他脸上黑而且瘦，两手使劲地撑在地上。

师：为什么要撑呢？

生：他饿得有气无力，又死要面子，所以用手撑着地。

师：对！科举制度迫害了他的身体，还迫害了他的心。都这个时候了还硬撑着。还有——

生：我也是补写的最后一次喝酒，他两只满是污泥的手紧紧地抱着那只酒坛子。

师：他的手为什么抱的是酒坛子？

生：我是为了表现他好酒如命。

师：小说里是怎么交代的？

生（不好意思地轻声答）：温一碗酒。

师：孔乙己只有四文大钱，能买整坛子酒吗？我们在读小说的过程中参与想象和创造，不能离开文本。

【要点评议】

"塑造孔乙己"作为教学方法，意在表现学生对孔乙己这一人物个性特征和命运的把握。

> 这里的"塑造"不是再创造,而是要符合小说中的性格特征,符合小说中的社会环境。因此,黄老师一再追问写作片段里人物行为中性格和命运的关联。

生:他从破衣袋里摸出四文大钱,放在我手里,见他满手是泥,都干裂开来。我写它干裂是因为孔乙己的手很辛苦,"走"得很辛苦。

师:哦,我还以为,他是因为劳动才干裂的呢?他的手可能因为是劳动而干裂的吗?

生:不可能。从小说里可知,他好吃懒做,绝不是劳动的。

师:大家的想象非常合理。好,我们来齐读末段——"我到现在终于没有见——大约孔乙己的确死了。"这里,"大约"和"的确"矛盾吗?

生:不矛盾。"大约"是猜想,因为没有人看到他究竟有没有死;"的确"是必然结果,在那种社会中他又被打折了腿,不可能活下去。

师:对。看似矛盾,其实主题更加深刻了。想象一下,如果你亲眼看到他死,写一两句话,还必须写他的手。

生:斜靠在墙角,两手撑在地上。

师:为什么要强调靠在墙上呢?

生:说明直到死他心底的那一点自尊还没有放弃。

生:我看见他的一双手上布满了厚厚的灰黄的茧子。我这样写是强调这是用手走路走来的。

生:他的手伸向天空,好像还在要一碗酒。我想说孔乙己到死仍贪酒,他想通过酒来麻木自己的心。

师:很好!

生:他的两只脚早已不规则了,两只手已经不能被称为手了,看不清形状了。

师:"不规则"是什么意思?好像在讲几何图形(生笑),我们把它改一改好吧?对,扭曲。这个好。

黄老师眼前也展现了孔乙己死时的画面,给大家念一念——人们发现他时,他已经在寒风中冻僵了,他的蜷曲的身子像一个大大的问号,也像一个圆。两只手,一只手紧紧地攥着破碗,一只手紧紧地攥着……你们想象一下,攥着什么呢?

生:攥着另一只手。

师:哦,他是扼腕,很悲愤的,是吧?(生笑)

生:打狗棍!

师:哦,不能写成洪七公吧?(满堂大笑)

生:攥着本破书。我想他是为了在生命的最后一刻保有读书人的尊严。

师:知音啊!我真想紧紧地握住你的手。(又笑)

这双手折射出孔乙己的悲剧命运,需要我们思考的是,孔乙己为什么会有这样的悲剧命运?

生:社会不关心。

师:太轻了。用肯定的说法,重一点。

生:冷漠。

师:对啊,孔乙己的遭遇如此悲惨,可小说里却始终回响着阵阵笑声,可见人们的冷酷无情。

生:还有封建社会的黑暗。

师:封建社会的黑暗太多了,具体点。

生:应该是科举制度。

生:我觉得还有他本身的惰性,他不能自食其力。

师:他为什么不劳动? 一种是懒,还有一种是什么? 现在想起孔乙己的另一句名言了吗?

生:窃书不能算偷……窃书!……读书人的事,能算偷么?

师:对,他骨子里很清高,认为"万般皆下品,只有读书高"。清高导致他不肯劳动。读这篇小说,我们为社会的冷漠愤慨,为他的悲惨遭遇而感到同情,但同时也惋惜。大家想一想,孔乙己有没有办法避免悲剧呢?

生:应该不能吧,他处在那样黑暗的封建社会。

师:嗯。黄老师读《孔乙己》,先想到了《范进中举》里的范进,这个范进你们知道他后来成了什么样的人吗——丁举人。我后来又想到一个人,他科举考试一直考到71岁,朝廷才赏给他一个贡生。他一直失败,但没有因为这个梦破灭而被打倒,而是一直搜集素材,写了一本书——

生:《聊斋志异》。

课例研究工作坊

【要点提炼】"画眼睛",是指能体现人物特征的关键细节。

师:对,他就是——蒲松龄。这说明,人啊,只要能走出那个破灭的梦想,人生就会开辟出另一条出路。好,我们来重温一下,鲁迅先生讲"画眼睛",但本文没有写眼睛啊——对,这里不是指具体的眼睛,而是能体现人物特征的东西。

我想问问大家,如果接着学《孔乙己》,应该深入探讨些什么呢?

生:探讨社会背景。

生:探讨小说中的其他人物。

师:今天我们就学到这里。课下大家可以继续探讨这些方面。

问题研讨

一、多角度的解读

作为中学语文课本中的经典篇目,《孔乙己》的教学至少可以有四个角度解读。

角度一:作者通过手的描写来表现孔乙己的悲剧命运。

在鲁迅的笔下,孔乙己有一双与别人既一样又不一样的手。这不仅表现在这双手特有的形状和极富个性特征的动作之上,更表现在这双手特有的用途之上。除了替别人抄东西赚点钱之外,孔乙己的双手还有四种特殊用途:一、蘸酒写字,二、偷窃东西,三、书写服辩,四、代脚"走路"。

课文对孔乙己双手特殊用途的描写,贯穿着故事由开始到结束的全过程,"陪伴"着孔乙己的出现和消逝。孔乙己这样一个写得一笔好字的人,其功夫的最后显现,竟是在一个中了举人的"读书人"面前写认罪书;孔乙己那双本应具有谋生本领的手,最终成为他爬向死亡的工具。

可见,作者对孔乙己双手的"反常"描叙,深刻地表现了孔乙己的悲剧,也强化了这个悲剧带给人们的思索。

角度二:课文对孔乙己的脸色进行了多角度的描写。

作者在课文里,用"青白""红""灰""黑"等寥寥数字,对孔乙己的脸色变化进行了五次描写。这些极为简省的笔墨,也是表现人物性格、揭示人物命运的不可缺少的因素。

孔乙己脸色由"青白"到"黑"的变化,有一个较长的过程,它包含着冷漠无情的社会里,孔乙己的许多悲哀,表现了封建制度和封建文化对孔乙己的愚弄和毒害,预示着他一步一步地走向死亡。

角度三：孔乙己的"偷"。

孔乙己地位的地下，是由于他的贫穷潦倒、好喝懒做和行为不端。作者在小说中不厌其烦地描写他的"偷"，用一个"偷"字贯穿全文。

第一，偷——喝酒的经济来源之一。孔乙己替人抄书，只能混口饭吃，但他好喝，便免不了做些偷窃的事。第二，偷——旁人取笑的中心内容。小说中浓墨重彩地描绘了众人、酒客、掌柜的几次无情嘲笑和无聊哄笑，都与"偷"字有关。"偷"成了人们取笑、挖苦、揭短的把柄，由"偷"引出的笑，表现了社会环境的冷漠。第三，偷——挨打的直接原因。小说中的孔乙己不管是皱纹间时常夹杂些伤痕，还是脸上又添新伤疤，以至被打折了双腿，他始终都没有醒悟过来，世人也没有停止对他的"打"。具有悲剧意义的是，丁举人没有打折孔乙己那双偷东西的手，却残酷地打折了他的双腿，最终断了孔乙己的生活之路。这其中的含义该是多么深刻。

值得一说的是，作者写孔乙己的"偷"，全部采用侧面表现的形式，且写的仅是小偷小摸之类，这其中又包含着作者多少又怒又哀的情！

角度四：《孔乙己》的"笑"。

《孔乙己》中有十几处写到众人的"笑"。作者处处突出旁人的嘲弄、哄笑，在每一层描叙之后，都以"哄笑""笑声"一类语句作结，以至形成一种节奏。笑声，在小说中显示出独特的艺术力量。

第一，笑声中融贯着情节。孔乙己在笑声中出场，在笑声中演出了一幕更比一幕惨的悲剧，又在笑声中凄然消逝，在人们的笑声中，孔乙己一步一步走向死亡。第二，笑声中表现着不同的任务。众人把孔乙己当作笑料和玩物，大声地哄笑；酒客以揭短为乐，幸灾乐祸地嘲笑。"我"能够附和着"笑"，掌柜的"笑"也参与其中。各种不同表情、不同心态的笑表现了人们的麻木不仁和冷漠无情。第三，笑声中展现了孔乙己的音容笑貌，展示了孔乙己的性格。两次众人的哄笑，巧妙地解释了形成孔乙己思想的主要原因；孩子们的笑，表现了孔乙己的迂腐和善良；打折腿后人们的嘲笑，表现了孔乙己的至死而不悟。

总之，作者以"笑"的描写贯穿全文，既是对孔乙己性格的批判，也是对社会冷酷、人们的麻木的批判。同时，全文悲剧的内容在喜剧的气氛中进行，以笑写悲，更增加了故事的悲剧色彩。[1]

---

[1] 余映潮.说说《孔乙己》的教学[J].《语文世界(教师之窗)》,2011(1).

二、经典的细节魅力

经典的细节经得起推敲。阅读经典,要关注细节,体验其中的魅力。

这一课例,以"手"为线索,让学生品味这双"手"折射出的孔乙己的悲剧命运,继而讨论导致孔乙己悲剧命运的原因。

这双手,折射出孔乙己的悲剧命运 "画眼睛",是指能体现人物特征的关键细节	**品析文中动作所表现出的孔乙己的个性、性格和命运** 动作:排——敲——伸开——罩——摸——走 孔乙己的个性、性格和命运:不欠账、炫耀、自命清高;没钱、自卑;吝啬、善良、孩子气;畸形的动作、畸形的社会
	写动作,表现孔乙己的个性 孔乙己的个性:热心、卖弄;掩饰不安;有气无力、死要面子;好酒如命;好吃懒做、读书人的尊严
	为什么会有这样的悲剧命运?孔乙己有没有办法避免悲剧 科举制度;社会的冷酷无情;最主要的是,孔乙己"惟有读书高",不肯劳动的思想

课例中,黄厚江老师聚焦"排——敲——伸开——罩——摸——走"这六个动词,认为这些动词是理解人物性格特征及其悲剧命运的关键细节,是全文的"眼睛"。

其他经典篇目,类似课例还有很多。孙双金老师执教的《林冲棒打洪教头》在分析林冲和洪教头性格的教学环节,也同样关注细节的魅力。

"( )的林冲",这个填空对学生而言并不困难。谦虚、心胸宽广、勇敢、机智、善于观察、镇定自若,学生能够从文本中把握林冲这一人物。那么,教师如何使学生的阅读更进一步,如何让学生深入地感受到经典的魅力呢?孙老师让学生关注这样一个不容易被重视的细节:洪教头是招招致命,而武功高强的林冲仅仅打了一下洪教头的小腿骨,点到为止。这就能够看出林冲是个心胸广阔的人。同样,关于洪教头形象的把握,学生也能够基本把握洪教头这一人物的骄傲性格,而孙老师让学生关注洪教头出场的着装——歪戴头巾,挺着个胸脯,从中读出洪教头高傲自大的性格特征。

用孙老师自己的话说,《水浒传》是经典,经典就在于,一句话就把人物的性格写出来了。那么,经典的教学,就应该这样让学生体会:它的每一句话、每一个词当中都有着丰富的内涵,都能够读出人物的形象,读出人物的性格来。

资源链接

1. 王富仁.《呐喊》和《彷徨》的环境描写[J].《名作欣赏》,1985(3).
2. 孙绍振.无人悲哀的死亡——读《孔乙己》[J].《语文学习》,2007(11).
3. 余映潮.说说《孔乙己》的教学[J].《语文世界(教师之窗)》,2011(1).
4. 孙绍振.杂文家鲁迅和小说家鲁迅的矛盾(一)[J].《名作欣赏》,2009(4).
5. 孙绍振.杂文家鲁迅和小说家鲁迅的矛盾(二)[J].《名作欣赏》,2009(5).
6. 孙绍振.杂文家鲁迅和小说家鲁迅的矛盾(三)[J].《名作欣赏》,2009(6).

后续学习活动

鲁迅说"不慌不忙地描写"、"讽刺又不很显露",又说"要极省俭的画出一个人的特点,最好是画他的眼睛"。

请联系这两个观点,举例说明名著细节的魅力在哪里。